대구 10월폭동/제주4·3사건/ 여·순 반란사건

대구 10월폭동/제주4·3사건/ 여·순 반란사건

김용삼 지음

백년동안

차 례

반란사건 제대로 보기

1946년의 대구 10·1 폭동, 1948년의 제주 4·3 폭동, 같은 해의 국군 제14연대의 반란(이른바 여수 순천 반란)은 발생 원인이나 진행과정은 제각각 달랐지만 궁극적으로는 해방 정국에서 남한 사회를 공산화하기 위해 좌익 및 공산당이 일으킨 대사건이다.

어찌된 영문인지 최근 들어서는 사건의 명칭에서 폭동, 반란 등의 용어가 감쪽같이 사라지고 그 의미조차 애매모호하고 불분명한 '여·순10·19사건'이니 '4·3사건'이니 하는 명칭으로 세탁이 되었다.

나는 이 원고를 쓰면서 사건의 본질을 '국군 제14연대 반란사건'으로 정의했고, 표기도 이 정의에 따랐다. 1948년 10월 19일부터 10월 27일까지 국군 제14연대가 대한민국에 반란을 일으켰고, 여기에 여수·순천 등 전남 일부지역의 좌익계 시민과 학생들이 호응하여 확대된 것이 역사적 사실(historical fact)이다. 따라서 사건의 핵심 본질은 누가 뭐래도 대한민국에 반역한 무장 반란이다.

불행인지 다행인지 반란세력들은 자신들의 행위를 정당화하기 위해 너무나 많은 증거들을 남겨놓았다. 그 중 한 가지가 반란이 발생한 다음날 여수를 점령한 반란군과, 반란에 합세한 좌익들이 인민대회에서 채택한 '혁명과업 6개항'이다. 내용은 이렇다.

1. 오늘부터 인민위원회는 여수지구 행정기관을 접수한다.
2. 우리는 유일하며 통일된 민족적 정부인 조선인민공화국을 보위하고 충성할 것을 맹세한다.
3. 우리는 조국을 미 제국주의에 통째로 팔아먹으려 하는 이승만 분단정권의 분쇄를 맹세한다.
4. 무상몰수·무상분배에 의한 민주적인 토지개혁을 실시한다.
5. 미 제국주의를 위해 한국을 식민화하려는 현존하는 비민주적인 법령을 철폐한다.
6. 모든 친일 민족 반역자와 악질 경찰관 등을 철저히 처단한다.

이들이 내건 '혁명 과업'으로 미루어 볼 때 국군 14연대가 일으킨 사건은 누가 뭐래도 명백한 반역일 수밖에 없다. 이제 갓 탄생한 지 두 달밖에 안 된 대한민국을 타도하고 조선인민공화국에 충성을 맹세한 사람들의 명백한 반란 행위를 봉기나 항쟁이란 용어로 그럴 듯하게 포장하여 '정당한 저항'이라고 주장한다면, 그것은 대한민국의 체제 자체를 부정하는 논거가 된다.

간과할 수 없는 것은 대구와 제주, 여수와 순천 일대에서 발생한 폭동과 반란의 와중에 공산주의자들의 잔혹한 폭력 행사에 의해 숱한 사람들이 목숨을 잃었다는 점이다. 그에 대한 보복으로 진압군과 경찰, 우익세력에 의해 또 많은 사람들이 희생됐다.

공산주의자들은 기회가 생겼다 하면 왜 상상조차 하기 힘든 끔찍하고 잔인한 폭력을 행사하는 것일까. 여기에 공산주의의 무서운 작동원리가 숨어 있음을 우리는 기억해야 한다.

공산주의의 존재 이유는 자신들이 정권을 잡기 위해 혁명을 일으켜 현존 질서를 파괴하는 것이다. 공산 혁명이란 한 마디로 인간이 인간을 착취하는 제도를 폐지하기 위해 수단 방법을 가리지 않고 악착스럽게, 무자비하게, 비타협적으로 권력을 탈취하는 것을 뜻한다. 이를 위해 먼저 공산당을 조직하고, 당의 주위에 대중을 끌어들인 다음, 결정적 시기를 택해 상대를 파괴하는 일에 나선다.

상대를 파괴하기 위해 협박·공갈·납치·살인, 기타 무자비한 폭력적 수단을 동원해 공포 분위기를 조성함으로써 적과 그 동조자들의 투지를 꺾거나 약화시켜 공산주의에 대항하지 못하도록 만든다. 한 걸음 나아가 공산주의에 대한 지지와 협조를 강요한다. 이것이 공산당이 즐겨 사용하는 테러 전술의 핵심이다. 이와 관련하여 마르크스는 「공산당 선언」의 말미에서 다음과 같이 주장했다.

"지배계급들로 하여금 공산주의 혁명 앞에서 전율케 하라!"

남의 것을 빼앗기 위해서는 폭력이 필수이고, 폭력이 행사되는 곳에서는 반드시 피가 흐른다. 공산주의는 필연적으로 '폭력'과 '피'의 제단 위에 서 있는 파괴적 이데올로기다.

레닌은 자신의 저서 『국가와 혁명』에서 '부르주아 국가는 폭력 없이는 혁명이 불가능하다'고 주장했다. 즉 공산주의가 프롤레타리아 혁명과 그들의 독재를 마르크스·레닌주의의 최고 원칙으로 하는 한 폭력 혁명 노선에서 벗어날 수 없다는 뜻이다.

공산주의자들은 "프롤레타리아의 권력 획득은 폭력에 의한 부르주아 권력의 타도이며, 자본주의적 국가기구(부르주아, 군벌, 경찰, 관료제도, 재판, 의회 등)의 파괴"라고 자신들의 폭력 행위에 정당성을 부여한다.

마르크스·레닌의 충실한 신봉자이며 실천론자인 스탈린도 자신의 저서 『레닌주의 기본에 대하여』에서 "프롤레타리아 독재는 폭력

혁명 과정에서 창조되는 것이며, 그것은 폭력에 입각한 혁명적 권력"이라고 공언한 바 있다.

공산주의자들은 자신들이 정권을 잡기 위한 투쟁에서 승리하기 위해 철저한 속임수를 전략·전술의 핵심 논리로 내세운다. 이기려면 상대방을 속여야 한다. 대중을 공산당으로 끌어들이기 위해 거짓말을 해야 하고, 거짓말을 해야 하니까 자신들의 주장을 이중적 구조로 숨겨놓는다. 따라서 공산주의의 본질은 계획적이고 의도된 속임수 체계이고, 체계적 속임수다.

저들은 자신들의 궁극적 목표인 정권 장악을 위해 거친 폭력과 함께 선전·선동을 강력한 무기로 무장하고 있다. 공산주의자들에게 있어 "잉크는 독가스요, 펜은 기관총"이다. 폭력과 파괴, 선전·선동의 공산주의 작동원리가 해방 공간에서 적나라하게 자행된 것이 바로 대구 10월 폭동이요, 제주 4·3 폭동이며 14연대 반란사건이었다.

1945년부터 힘겹게 진행된 대한민국 건국 및 국가건설의 세계사적인 키워드는 공산주의에 대한 승리, 즉 반공 투쟁의 살아 있는 역사다. 동유럽과 중앙아시아, 중국과 몽골, 인도차이나 반도를 휩쓸며 질풍노도처럼 밀려오는 공산주의의 거센 공격을 이승만은 경찰과 군대를 강화하여 온몸으로 막아냈다. 대한민국은 유라시아 대륙을 붉게 물들인 공산주의의 기세등등한 진격을 휴전선에서 막아냄으로써 세계사에서 공산주의에 대해 통렬한 승리를 기록한 경이와 기적의 존재가 됐다.

오늘날 좌파들과 공산주의 신봉자들이 '반공'이란 말만 나오면 집단 히스테리 증세를 보이는 이유를 냉정하게 분석하면 해방 후부터 건국 초기의 혼란기에 한반도 전체를 손쉽게 공산화할 수 있었는데, 고집쟁이 영감(이승만)의 강력한 반공주의 때문에 실패했다는 자책감, 자괴감의 발로 아닌가.

이미 1923년 3월에 「공산당의 당부당(當不當)」이란 논문을 통해 세계의 지성인들이 공산주의에 대한 유토피아적 환상에 빠져 헤매고 있을 때 공산주의의 핵심 본질을 통렬하게 비판한 선각자가 이승만이다. 이승만은 공산주의의 악마적 논리를 꿰뚫어 본 석학으로서 그들의 머리 위에 올라 앉아서 공산주의자들의 수를 읽고 그에 대한 대처법까지를 처방전으로 내놓은 존재였다.

공산주의와의 싸움에 있어서는 당대 최고의 이론적 기반과 승리의 비법을 보유한 이승만이기에 반공을 위해 일본 제국주의의 때가 덕지덕지 묻은 경찰과 군인, 관료들까지 총동원하고, 유엔을 움직이고, 적당히 휴전으로 미봉하고 떠나려는 미국의 뒷다리를 붙잡고 늘어져 공산군의 남침을 원천 봉쇄하는 한미동맹의 원대한 포석을 놓는 데 성공한다. 그 대가로 이승만이 미국에 제공한 것은 "우리는 휴전에 반대하지 않는다"는 종이 한 장이었다.

물론 해방 정국에서 자유민주주의로 남북이 하나 된 통일 국가가 건국되는 것이 한민족의 열망이었음은 누구도 부인하지 못한다. 그러나 당시의 세계 정세는 냉전이 이제 막 시작되어 지구가 공산권 블록과 자유민주주의·시장경제 블록으로 쪼개지면서 대결구도가 한층 더 선명하고 살벌해졌다. 이 와중에 발언권조차 없는 약소민족의 통일국가 건설 열망이 현실화될 가능성은 거의 0퍼센트에 가까운 절망적인 상황이었다.

이승만의 건국으로 시작된 대한민국 만들기는 박정희 시절 겨우 그 산업화의 기틀을 완성하는 단계에 이른다. 좌파 연구자들은 건국 직후 국가건설의 그 혼란스러운 상황에서조차 "완전한 민주주의를 실행했어야 하는데 이승만과 박정희는 그렇지 못했다"면서 두 사람이야말로 민족반역자, 친일파, 민주주의를 말살한 독재자라고 입에 담지 못할 민망한 용어까지 동원하여 모욕을 가한다.

이것은 대한민국의 핵심 본질을 파괴하겠다는 의도를 적나라하게 드러내는 공격이나 다름없다. 알렉산더 솔제니친은 좌파들의 비현실적이며 무지몽매한 주의·주장에 대해 다음과 같이 점잖은 말로 반박한다.

"세계에서 전체주의와 대치하여 방어의 제1선에 있는 어느 나라가 완전한 민주주의를 유지할 수 있을 것인가? 여러분은, 미국은 할 수 있단 말인가? 세계의 민주국가들 예컨대 미국, 영국, 캐나다, 오스트레일리아를 통합하더라도 그렇게는 할 수 없을 것이다."

건국과 같은 혼란기에는 아무리 '부당한 행위'가 있더라도 그것을 비난할 수 없다고 말한 사람이 마키아벨리다. 마키아벨리는 건국의 시기에는 여우와 사자의 기질을 겸비한 교활하면서도 잔인한 지도자가 필요하다고 역설했다.

이승만의 건국에서 시작하여 대한민국이란 나라의 국가 만들기가 그 뼈대를 완성한 시기는 박정희 시대다. 민주주의 이론의 대가인 로버트 달을 비롯한 학자들의 연구 결과에 의하면 자유민주주의가 정상적으로 작동하기 위해서는 1인당 국민소득 4,000~7,000달러 정도의 물적 기반, 잘 교육된 탄탄한 중산층, 그리고 민주주의를 유지하기 위한 민주시민교육이 필수적이라고 지적한다.

대한민국이 1인당 국민소득 4,000~7,000달러에 이른 시기는 전두환 정권 말기에서 노태우 정부 시기였다. 바로 이 시기에 이 나라가 민주주의 시대로 이행한 것은 학자들의 연구 결과와 일치한다.

그 전까지, 특히 건국 초기는 공산세력과 국가의 존망을 놓고 생존을 건 싸움을 할 수밖에 없는 극한의 시기였다. 아직 국가로서의 기초가 취약한 최악의 혼란기에 국가 전복을 획책하는 공산주의자들과의 투쟁을 위해 사력을 다할 수밖에 없었던 시절이 '이승만' 시대였다. 이 와중에, 즉 신생 국가가 망하든 말든 일제 출신 군인과 경찰관을 당연히 척결했어야 마땅하다는 좌파들의 철부지 주장은 치안과 안보를 총체적으로 취약하게 만듦으로써 남한이 공산화 되건 말건 상관없다는 주장으로 해석될 소지가 없지 않다.

이런 엉터리 주장을 백주에, 그것도 중인환시리(衆人環視裡)에 아무런 거리낌 없이, 부끄러움조차 못 느끼면서 자학적으로 외쳐대는 백면서생적 학자와 지식인, 운동권과 정치 지도자들이 득실대도 누가 뭐라는 사람 하나 없는 것이 이 나라의 서글픈 현실이다. 14연대 반란사건에 대해 '반란'이라고 발언하는 것은 좌파들에게 '극우 파시스트'니 '친일파 민족반역자' '시대착오적 반공주의자' 등등의 용어로 인격살인을 당할 각오를 해야 한다.

'반란'을 '반란'이라고 외치는 일은 뒤집히고 사실관계가 왜곡 날조되어 엉망진창이 되어버린 우리의 근현대사를 제 자리로 돌려놓는 힘들고 외로운 작업의 출발점이다. 나의 딸들에게 부끄러움을 물려주지 않기 위해 이 책을 쓴다.

2017년, 힘찬 새해가 시작된 1월에
저자 김용삼 쓰다

1부

한국, 공산주의의 세례를 받다

"프롤레타리아트가 잃을 것은 사슬밖에 없으며, 그들에게는 쟁취할 세계가 있다. 모든 나라의 노동자들이여, 단결하라!"

러일전쟁에서 일본에게 패하며 한반도에 부동항을 건설하려던 자신들의 꿈을 접은 제정 러시아는 1917년 공산주의자들의 혁명으로 붕괴되고 레닌이 주도하는 공산 소비에트 정권이 출범했다. 그것은 공산주의자들의 폭력에 의한 적나라한 '피의 혁명'이었다.

마르크스와 엥겔스의 외침을 받든 레닌이 소수의 공산주의자들과 함께 러시아의 짜르(황제)를 타도하고 정권을 장악한 이래 러시아는 국제 공산주의 운동의 지도적 위치에 올라 전 세계의 공산화, 즉 혁명의 세계 수출에 전력투구하게 된다. 서구 여러 나라는 공산주의가 확산될 경우 자국 안보에 큰 위협이 될 것으로 판단하고 적백(赤白) 내전이 벌어진 시베리아에 군대를 파견하여 공산주의의 전파를 봉쇄하고자 했다.

시베리아에 파병한 나라는 영국(4만 명), 그리스(2만 4,000명), 미국(1만 3,000명), 프랑스(1만 2,000명), 폴란드(1만 2,000명), 그밖에 캐나다와 세르비아·루마니아·이탈리아·중국·오스트레일리아 등이었다. 일본도 시베리아에 병력을 보냈는데, 다른 나라들과는 달리 7만 3,000여 명의 대병력을 보내 4억 3,859만 엔이라는 거액의 전비를 사용했다.

당초 각국의 시베리아 파병 목적은 볼세비키 적군(赤軍·붉은 군대)에 맞서 싸우는 반(反)혁명군(白軍)을 지원하여 공산주의의 전파를 막기 위한 것이었다. 일본도 이에 동의했으나, 한 가지 목표가 더 추가되었다. 일본 군부는 막대한 예산을 들여 대병력을 러시아에 파병한 이상 일본의 영향력을 시베리아 일대까지 확장하려는 의도가 숨어 있었다.

일본군은 블라디보스토크 일대에 머문다는 연합국과의 약속을 깨고 사할린, 연해주, 만주철도 등을 침공했다. 일본군이 바이칼 호 서쪽의 이르쿠츠크까지 점령하자 미국·영국·프랑스 등 연합국들은 일본군의 행동에 의심을 품기 시작했다.

일본군이 드넓은 시베리아를 자신들의 영향력 하에 두고자 했던 시도는 한여름 밤의 꿈에 불과했다. 7만 3,000명의 일본군이 시베리아 일대에서 할 수 있는 작전이라고는 교통의 요지를 점령하는 데 급급했고, 나머지 빈 공간은 적군과 이들을 지지하는 빨치산들이 치고 들어와 게릴라전으로 맞섰다. 일본군은 백군과 함께 잔인한 보복전을 전개했으나 점점 더 진창에 빠져들었다.

1920년 반혁명세력이 시베리아에 수립한 알렉산드르 콜차크 정부가 적군의 공세로 붕괴하자 일본군도 5,000여 명의 사상자를 내고 막대한 전비만 낭비한 채 시베리아에서 철수했다.

유토피아적 공산주의

일본의 시베리아 파병으로 인해 이제 갓 탄생한 공산 종주국 소련은 시베리아·극동지역에서 일본군의 압박을 받기 시작했다. 특히 소련과 국경을 맞대고 있는 조선이 일본의 식민지가 되어 군사기지화된 것이 소련에게는 중대한 위협 요인이었다. 적백(赤白) 내전에 시달리며 취약해진 소련은 자신들과 손잡을 우군이 절실했다. 이 와중에 일본의 식민정책에 저항하는 한인들(당시엔 조선인)의 민족해방 투쟁이 일본과 맞서 싸워야 하는 소련의 이해관계와 일치한다는 사실을 알게 되었다. 소련 공산당 지도부는 한인 독립운동가나 혁명가들의 망명을 적극 받아들이고, 그들을 훈련시킨 다음 만주나 조선으로 잠입시켜 일본 제국주의에 대항하는 세력으로 키웠다.

당시 간도와 연해주 일대에서 일본과 맞서 싸우던 조선의 무장 독립 세력을 지원한 것은 공산혁명을 성공시킨 볼셰비키 정부와 적군이었다. 한인 무장 세력들은 일본과 싸우기 위해 볼셰비키 공산세력과 손을 잡았다. 한국 근·현대사에 공산주의가 접목된 것은 '제국주의 일본' 덕분이다.

볼셰비키 혁명으로 공산 종주국이 된 소련은 자본주의 국가들의 반혁명 전선에 대항하여 각국 공산당들과의 연계를 강화하고, 그들의 활동을 지도하여 자본주의 국가를 전복하고 전 세계를 공산주의화하기 위해 1919년 3월 2일 코민테른(Communist International)을 설립했다.

공산주의 인터내셔널, 제3 인터내셔널, 혹은 국제공산당이라 불리는 코민테른의 설립 목적은 "가능한 모든 수단을 동원하여 세계의 부르주아 타도와 완전한 국가 철폐의 과도기적인 단계로서 세계 소비에트 공화국 창립을 위해 싸우는 것"이었다. 이를 위해 각국에는 1국 1당 원칙에 따라 국제공산당 지부를 두었고, 각국 공산당은 모스크바를 중심으로 한 중앙집권적 통제 하에 들어갔다.

코민테른의 1국 1당 원칙에 따라 일본의 식민지가 되어 국가가 소멸한 조선의 공산주의 및 사회주의 계열 독립운동가들은 만주 지역에서 활동하던 조직이나 단체는 중국 공산당에, 일본에 있던 조직이나 단체는 일본 공산당에 입당하게 된다.

소련은 볼셰비키 혁명 이후 코민테른을 앞세워 공산주의 사상을 세계의 약소민족 국가는 물론, 유럽과 아시아의 지식인들에게 파급시키고자 했다. 독점자본가들이 노동과 임금을 가혹하게 착취하면서 독점자본으로 인한 자본주의의 모순이 폭발 직전에 있던 유럽에서 자본가 계급을 타도하고 만민평등을 부르짖는 공산주의는 "인류가 나아갈 유토피아"라는 평을 들을 정도로 센세이션을 일으켰다.

폭력과 피로 얼룩진 유토피아

1929년 미국 월스트리트에서 시작된 대공황이 전 세계로 파급되면서 자본주의와 자유 시장경제 체제에 근본적인 의문이 증폭되기 시작했고 민주주의에 대한 신념이 크게 흔들리기 시작했다. 반면에 소련은 스탈린 체제 하에서 중공업 발전을 위한 5개년 계획을 착실하고 강력하게 밀고 나가면서 지식인들의 주목을 받기 시작했다.

다수의 좌파 지식인들과 자유주의 언론들은 자본주의의 모순을 겪지 않고 미증유의 경제 위기에도 끄떡없이 발전을 거듭하는 소련의 사회주의 실험을 호기심에 가득 찬 눈으로 바라보았다. 대공황의 충격파에도 불구하고 소련은 서방 자본주의 국가들이 겪는 대량실업을 피할 수 있었다. 이런 요인들이 서구 지식인들에게 소련식 계획경제가 자유시장의 병폐를 해결할 수 있는 대안이 될 수도 있다는 유혹으로 다가왔다.

서방 세계의 지식인들은 수백만 명의 사람들을 빈궁의 늪으로 몰아넣은 '자본주의의 적(敵)'이라고 생각했던 공산주의 소련에서 인류의 '유토피아적 사회'가 창조되는 것을 목격하고 충격을 받았다. 그들에게 공산주의 소련 모델은 말할 수 없이 매혹적인 것이었다. 이런 분위기 하에서 공산주의는 은밀하고 조용하게, 때로는 과격하게 젊은 계층과 지식인, 노동자들에게 퍼져나가기 시작했다.

그러나 공산주의는 '폭력'과 '피'의 제단 위에 서 있는 파괴적 이데올로기였다. 남의 것을 빼앗아 나누기 위해서는 폭력이 필수였고, 폭력이 행사되는 곳에서는 반드시 피가 흘렀다. 레닌은 자신의 저서 『국가와 혁명』에서 '부르주아 국가는 폭력 없이는 혁명이 불가능하다'고 주장했다. 즉 공산주의가 프롤레타리아 혁명과 그들의 독재를 마르크스·레닌주의의 최고 원칙으로 하는 한 폭력 혁명 노선에서 벗어날 수 없다는 뜻이다.

마르크스·레닌주의와 그 교리를 충실하게 이어받은 코민테른은 1928년 제6차 대회에서 채택된 강령과 동시에 결의된 '반제(反帝) 테제'에서 "프롤레타리아의 권력 획득은 폭력에 의한 부르주아 권력의 타도이며, 자본주의적 국가기구(부르주아, 군벌, 경찰, 관료제도, 재판, 의회 등)의 파괴"라고 선언했다.

마르크스 레닌의 충실한 신봉자이며 실천론자인 스탈린도 자신의 저서 『레닌주의의 기본에 대하여』에서 "프롤레타리아 독재는 폭력 혁명 과정에서 창조되는 것이며, 그것은 폭력에 입각한 혁명적 권력"이라고 공언한 바 있다.

사회주의의 조국 소련

역사상 처음으로 공산 정권을 세운 러시아 공산주의자들은 소련을 '세계 혁명의 근거지'라고 규정했다. 이 혁명의 근거지를 지키기 위해 소련 공산당을 정점으로 하는 국제공산당을 결성하고, 여기에 가맹을 원하는 모든 공산당에 대해서는 21개 조항으로 되어 있는 '가맹조건'을 무조건 수락할 것을 강요했다. 21개 '가맹조건'의 조항의 제14조에는 소련에 대한 '무조건'의 지원을 맹세하는 다음과 같은 조항이 들어 있었다.

"공산주의 인터내셔널에 가맹코자 하는 모든 정당은 반혁명 세력과 투쟁하고 있는 소련에 대하여 무조건의 지원을 제공해야만 한다."

그 결과 소련 공산당은 코민테른에 가맹한 모든 나라의 공산당에 대하여 무제한의 지배를 할 수 있게 되었다. 한 걸음 더 나아가 소련을 '사회주의 조국' 또는 '노동자·농민의 조국'이라고 규정했다. 그 결과 공산주의자의 신조 제9항에는 "세계 공산주의, 모스크바에 대한 충성은 자기 나라에 대한 충성에 우선한다"는 내용이 명기된다. 이로써 각자의 나라에 대한 충성보다도 소련에 대한 충성을 앞세워야 된다는 철저한 제국주의적 논리와 신조까지 확립하게 된다.[1]

1924년 레닌이 사망하고 스탈린이 권력을 장악하여 볼셰비키 수뇌부가 교체되면서 공산당의 체질이 포악한 1인 독재체제로 돌변한 사실을 당시의 지식인들은 모르고 있었다. 아니, 몰랐다기보다는 알면서도 눈을 감았다고 표현하는 것이 더 적절하다. 소련 공산당은 다음과 같이 변질됐다.

첫째, 세계 혁명을 지향한 이상주의적 단체였던 볼셰비키 당이 1928년경부터 '한 나라에서의 사회주의'라는 이념에 따라 전체주의 국가를 지향하게 되었다. 경제면에서는 1921년에 실시한 신경제정

책(비교적 자유스러운 시장경제체제)을 폐기하고 농업을 집단화하고, 모든 산업을 당이 관리하는 계획경제 체제로 바꾸었다. 농업 집단화 과정에서 수천만 명의 농민들이 굶어죽거나 살해되었다.

둘째, 전 세계 무산계급의 혁명을 꿈꾸었던 볼셰비키는 소련이라는 국가의 영토와 이익을 수호하고 팽창하는 데 주력하는 소련 제국주의로 변했다.

이처럼 제국주의 정책을 강행한 결과 소련 제국주의는 1939년부터 1955년 사이에 5억 7,484만 명 이상의 인구를 공산 노예로 만들고, 1,315만 1,700㎢의 광대한 지역을 새로 지배하게 되었다. 동유럽 공산주의 국가들이 소련의 위성국이 된 것은 그렇게 하는 것이 자기 나라에 이롭기 때문에 자진해서 된 것이 절대로 아니다. 그들은 힘이 약했기 때문에 하는 수 없이 소련의 위성국가가 된 것이다.[2] 북한의 김일성, 남로당의 박헌영도 이 법칙에서 예외는 아니었다.

소련은 전 세계 노동자, 농민의 조국은 고사하고 역사상 유례가 없는 포악한 지배자로 군림하게 되었으며, 전후(戰後) 세계를 휩쓴 민족주의 물결은 소련을 조국으로 섬기려드는 공산주의자들을 대중으로부터 결정적으로 떼어 놓아버렸다.[3]

식민지 조선인들, 공산주의 세례를 받다

한국인들이 최초로 공산주의를 받아들인 것은 1918년 1월 22일이다. 이날 시베리아 바이칼 호수 근처에 위치한 러시아의 이르쿠츠크에서 김철훈 등이 주동이 되어 이르쿠츠크 공산당 한인 지부를 조직했다. 6월 26일에는 이동휘 등이 주동이 되어 하바로프스크에서 한인사회당을 창립했다. 이것이 한국 공산주의 운동의 효시다.

러시아 공산주의자들은 제국주의적 세계질서 하에서 신음하는 피압박 민족을 해방시킨다는 목표를 내세웠다. 그런데 '피압박 민족의 해방'은 그들이 원하는 진짜 목표가 아니라 공산당 특유의 선전 선동이 빚어낸 정치적 기만이었다. 1848년 2월 발표된 '공산당 선언'에는 "노동자에게는 조국이 없다"고 명시되어 있다. '소련 공산당 강령'에도 민족주의를 반동 세력의 사상적 무기라고 규정하고 민족주의에 대한 철저한 투쟁이야말로 공산진영을 강화하는 데 필수 조건이라고 강조하고 있다.

공산주의자들에게 있어 민족주의란 '반동 세력의 무기'나 다름없다고 인식한다. 그럼에도 불구하고 소련 공산당은 제국주의 식민지 상태에 있는 민족해방운동을 지원하고 도움을 주었다. 심지어 소련 공산당은 상해 임시정부 시절 국무총리 이동휘에게 당시로서는 엄청난 거액인 40만 루블을 보내기도 했다.

'반동 세력의 무기'라고 혐오하고 배타하는 공산주의자들이 민족해방운동을 지원한 이유는 무엇이었을까. 그것은 억압받는 민족이 억압하는 민족(소련의 당면의 적)과 싸우고 있는 동안은 공산주의자들이 해야 할 싸움을 그들이 대신해 주고 있는 셈이므로 민족주의를 시한부로 지지하는 것이다.

그런데 억압받던 민족이 공산주의자들의 도움을 받아서 일단 해방이 되면 그때는 그 민족의 민족주의는 다른 민족주의와 마찬가지로 공산주의의 적으로 간주된다. 한국 독립운동가들이 일제 식민 지배자들과 투쟁할 때는 소련의 적인 일본과 싸우는 것이므로, 그들을 한시적으로 도운 것이다.

한국이 해방됨과 동시에 공산주의자들은 민족주의자들을 거세하고 한반도 전체를 소련을 추종하는 공산국가로 만들기 위해 대구·제주, 그리고 여수에서 폭동과 반란을 일으킨다. 말하자면 한민족을 공산화하기 위해 그들을 억압하는 일본의 손아귀로부터 빼낸 셈이다.

이처럼 집요한 공산주의자들의 흑심을 깨닫지 못한 다수의 한인 독립투쟁가들은 소련 공산주의와 손을 잡았다. 일제하에서 조국 독립을 갈구하던 다수의 민족주의자들도 비슷한 길을 걸었다. 오늘날 이 땅의 좌익들이 사회주의 내지는 공산주의에 열광하는 이유는 일

제 식민지하에서 한민족의 해방을 도와주고, 투쟁에 협력한 존재가 공산주의자들이라는 동지감도 한 가지 이유일 것이다.

조선공산당 창당

당시 한인 독립운동가들이 러시아에 의존한 것은 레닌의 공산정권이 세계 식민지 민족해방운동에 동조하면서 강대국의 약소국 병합정책을 반대했기 때문이다. 레닌의 영향을 받은 한인 공산주의자들은 "토지 없는 사람에게 땅을 나눠주고, 가진 자 못 가진 자 차별 없이 다 같이 잘 살고 평등하게 사는 세상이 온다"는 유토피아적 환상으로 식민지하에서 희망을 잃고 살아가는 사람들을 설득했다.

공산주의를 독립운동의 한 방편으로 받아들인 결과 공산주의는 독립운동가, 애국지사 뿐만 아니라 일반인들에게도 호감으로 다가왔다. 이 일을 선두에서 지휘한 자가 남로당 총책 박헌영이었다.

1919년 3·1운동의 파장으로 상하이(上海)에서 대한민국 임시정부가 출범했다. 그 해 8월 말 이동휘는 상하이로 가서 임시정부 국무총리에 올랐다. 이때 일부 독립운동가들을 모아 공산주의 모임을 결성했고, 1921년 1월 자신이 결성했던 한인사회당을 고려공산당으로 개편했다. 이때 박헌영은 고려공산당 청년동맹의 책임비서가 되어 국내에 공산당 세력을 확장시켰다.

1925년 4월 17일, 박헌영, 김재봉, 윤병덕, 김약수 등 20여 명의 공산주의자들이 조선총독부 경찰의 감시망을 피해 서울 을지로 1가 아서원이란 중국 음식점에서 비밀리에 조선공산당을 창당했다. 초대 책임비서에는 김재봉이 선출되었다. 김재봉은 1923년 초 러시아 블라디보스토크의 코민테른 국동국 산하 고려국(꼬르뷰로)에서 활동했던 인물이다.

다음날인 4월 18일 박헌영의 집에 젊은 공산주의자들이 모여 조선공산당의 외곽 단체로 고려공산청년회를 조직하고 책임비서로 박헌영이 선임되었다. 박헌영은 아시아 공산주의자들을 위한 정치교육 과정인 모스크바 공산대학에서 2년간 교육받은 후 귀국하여 공산주의 운동을 하다 체포되어 1939년까지 복역했다. 이후 김삼룡과 함께 경성콤그룹을 지도하면서 전국적인 공산당 지하조직을 만들어 나갔다. 그러나 일본 경찰의 집요한 추적으로 공산당 지하 조직은 와해되었고, 1942년에는 경성콤그룹이 해체되었다.

박헌영은 체포를 피하기 위해 3년여 전남 광주시 백운동의 연와 벽돌공장에서 김성삼이라는 가명으로 벽돌을 굽는 인부로 숨어 지내다 해방을 맞았다. 1945년 8월 20일 박헌영과 여운형, 허헌, 김원

봉 등은 조선공산당을 재건했다.

서방 세계의 지식인이나 일제 치하에 있던 한국의 사회주의자나 공산주의자들은 소련에서 벌어지고 있는 끔찍하고도 파괴적인 제국 주의로의 변화를 전혀 알지 못한 채 순수하고 이상적인 공산주의만 을 꿈꾸었다. 이런 면에서 볼 때 한국의 사회주의자나 공산주의자들 은 너무 순진했거나 무식했다.

공산 전체주의는 선전·선동의 귀재

소련 공산당 지도부는 공산주의를 '인류가 나아가야 할 이상향'으로 선동하기 위해 희대의 천재들을 모아 교묘한 선전·선동술을 창안해 냈다. 공산 전체주의자들은 소수 세력이 선전·선동을 통해 다수를 타도하고 권력을 장악한 다음 자신들의 의도대로 대중을 조작하는 기술을 놀라울 정도로 발전시켰다.

선동이란 공산주의와 파시즘 등이 대중을 군중심리로 몰아가고 우민화(愚民化)하여 자신들의 정책이나 생각, 방법이나 주장을 교묘 히 현실화하고 거짓을 사실로 받아들이도록 만드는 기술이다. 즉, 수많은 거짓에 한 가지 진실을 보태 대중을 자신들이 의도한 방향으로 몰아가는 사악한 전술이다. 따라서 공산주의자들은 선전·선동을 강력한 정치교육의 수단이자 대중투쟁의 뇌관으로 대단히 중시했다.

지배계급은 자신들의 지배를 합리화하고 저항을 차단하기 위해 다양한 선전·선동을 개발하고 그것을 실행하는 데 많은 노력을 기울인다. 이런 이유 때문에 세계 정치사는 '선전·선동의 역사'라고 분석할 만큼, 세계 정치사와 계급투쟁사에서 선전·선동은 핵심적 위치를 차지하고 있다.

이에 맞선 저항자들도 그 나름의 선전·선동을 개발해서 투쟁의 무기로 사용한다. 선전·선동을 정치와 투쟁에 적극 활용하여 성공을 거둔 레닌과 스탈린, 히틀러와 마오쩌둥(毛澤東)의 사례를 보면 선전·선동이 얼마나 큰 위력을 발휘하는지 쉽게 이해할 수 있다. 때문에 좌익세력이나 공산주의자, 전체주의 신봉자들은 선전·선동을 그 어떤 가치보다 상위 개념으로 중시한다.

레닌은 선전·선동을 전문적으로 수행하기 위해 「이스크라(Iskra)」라는 신문을 발간하면서 신문의 중요성에 눈을 떴고, 1901년 자신이 쓴 공산당 조직론 관련 서적『무엇을 할 것인가』에서 신문이 집단적 선동자이자 조직자라며 전 러시아적 정치신문의 필요성을 역설했다.

"잉크는 독가스요, 펜은 기관총"이라고 외친 레닌은 선동에 대해 "대중을 흥분시키는 특정한 문제의 설명과 이용"이라고 정의했다.

이런 전통으로 인해 러시아어로 선전·선동을 뜻하는 프로파간다 (선전)·아기타치야(선동)란 '정책의 정당성을 주장하고 촉구하는 것'으로 통한다. 그 후 대부분의 공산국가에서는 선전·선동부를 두었으며, 북한에서도 선전·선동부를 두고 대남전략사업의 중요한 임무를 맡고 있다.

히틀러는 나치스의 국가사회주의가 공산주의와는 물과 기름 같은 원수 관계였음에도 불구하고 레닌의 선전·선동술을 훌륭하게 계승 발전시켰다. 이를 위해 중용된 인물이 선전장관 요제프 괴벨스다. 괴벨스는 라디오가 대중 선동을 위한 강력한 무기가 될 수 있다고 믿고 라디오를 널리 보급했다. 괴벨스가 라디오를 통해 2차 세계대전의 전황을 알린 내용은 100퍼센트가 거짓이었다.

공산당 선전·선동의 특징

공산당의 선전·선동의 특징을 열거하면 다음과 같다.

첫째, 거짓말을 식은 죽 먹듯이 일삼으면서도 조금도 죄책감을 느끼지 않는다.

둘째, 목적을 위해서는 수단 방법을 가리지 않는다.

셋째, 수많은 종류의 전술을 동원하여 사회 혼란을 꾀한다.

넷째, 폭력혁명을 주장하면서도 악착같이 '평화'를 앞세운다.

다섯째, 공산주의를 '민주주의'로, 자신들을 평화 수호세력으로, 여기에 응전하는 반공 세력을 '전쟁광 세력'으로 매도하는 등 용어를 혼란시킨다.

공산주의자들은 하나의 문제에 대하여 전혀 상반된 두 가지 주장을 함께 한다. 하나는 사실을 사실대로 말하는 것이고, 다른 하나는 사실과는 전혀 관계없이 내거는 선전용 주장으로 이중적 구조를 이루고 있다. 예를 들면 '민주주의'에 대한 주장이 그 대표에 해당할 것이다.

공산주의자들은 자신들의 폭력 독재를 민주주의라고 부른다. 그 이유는 세계의 대중들이 진심으로 바라는 것은 독재가 아니라 민주주의이기 때문이다. 때문에 공산주의자들은 '민주주의민족전선' '인민민주주의' '조국통일민주주의전선' '민주연맹' '조선민주주의인민공화국' 등 늘 민주주의라는 단어를 앞세운다. 동독 공산당 서기장

발터 울브리히트는 "민주적으로 보이도록 하라. 그러나 일체를 당의 수중에 장악하라"고 말했다.

그런데 공산주의자들이 주장하는 민주주의란 서방세계에서 통용되는 국민의 기본적 권리의 보장이나 법에 의한 지배라는 본질적인 뜻과는 완전히 다르게 민주주의를 '다수자의 지배'라고 해석한다. 자신들의 독재는 인구의 절대 다수를 차지하는 노동자와 농민의 동맹에 의한 '다수자의 지배'이기 때문에 민주주의라고 주장하는 것이다.[4]

또 하나의 대표적인 사례가 노동자와 농민의 동맹, 즉 노농동맹이다. 공산국가에서는 프롤레타리아가 권력을 장악하면 농민들과의 동맹, 즉 노농동맹을 '프롤레타리아 독재의 최고의 원칙'이라면서 중요시한다. 그런데 공산주의자들이 노동자와 농민을 앞세우는 것은 농민들의 권익을 위해서가 아니라 자신들이 정권을 잡기 위해 인구의 다수를 차지하고 있는 농민이란 존재가 이용 가치가 크기 때문이다.

농민들을 자신들의 편으로 끌어들이기 위해 공산주의자들은 농민들의 오매불망 꿈인 토지를 공짜로 나눠주겠다고 약속한다. 해방공간을 떠들썩하게 만들었던 토지의 무상몰수 무상분배는 이런 취지에서 나온 것이다. 공산당이 혁명을 성공시키려면 농민을 끌어들여야 하고, 농민을 자기편으로 끌어들이기 위해서는 농민들의 간절한 소망인 토지를 공짜로 나눠줘야 한다.

문제는 이러한 토지의 사적 소유를 위한 분배가 공산당의 정책인 토지의 공유와 정면으로 배치된다는 점이다. 토지를 공짜로 나눠주겠다는 감언이설로 농민을 끌어들여 공산혁명에 성공한 후에는 필연적으로 다시 이것을 빼앗아 국유화를 해야 한다. 공산당들은 이를 "후일에 가서 사회화를 한다"고 표현하는데, 공산당이 농민들의 저항을 탄압하고 분쇄할 만한 충분한 힘을 축적할 때까지, 즉 공산 군대와 비밀경찰, 감시조직, 감옥 등이 마련될 때까지 기다린 후 다시 빼앗아 국유화를 한다는 뜻이다.

공산주의의 본질은 거짓말

그런데 일단 자기 소유로 된 토지를 아무 대가도 없이 다시 국가에 내주는 데 동의할 농민이 어디에 있겠는가. 1928년에 『러시아사(A History of Russia)』를 쓴, 가장 존경받는 영국 역사가인 버나드 페어스는 "농업의 집단화는 극도의 대담성과 무자비성을 필요로 하였다"고 지적한다. 다시 말하면 폭력과 학살의 방식으로 강제했다는 뜻이다.

공산 전체주의자들은 이처럼 자신들의 권력 장악을 위해 농민들의 힘을 빌리는 데 그칠 뿐 그들에게 절대로 권력이나 부의 원천을 나눠주지 않고 모든 것을 프롤레타리아가 독점했다. 따라서 프롤레타리아 독재란 철저한 사기인 동시에 '권력의 독점'이며 '당의 독재'를 뜻한다. 레닌에 의하면 공산당의 모든 중요한 결정권은 전적으로 당 중앙위원회에 있다.

공산당의 조직 원리인 중앙집권제에서는 하부 기관과 모든 당원이 상부 기관의 결정에 '무조건' 복종하도록 되어 있다. 그 결과 계급은 당에 의해 대치(代置)되고, 당은 당 중앙위원회에 의해 대치되며, 중앙위원회는 정치국에 의하여 대치되고, 정치국은 또 최고 권력자에 의해 대치된다.

공산주의자들은 자신들의 독재는 다수자의 지배이기 때문에 가장 민주적이라고 주장한다. 그러나 실상은 프롤레타리아 독재는 다수자의 권력이나 다수자의 독재가 아니라 궁극적으로 '독재자에 의한 독재'가 될 수밖에 없는 구조로 되어 있다.

공산주의자들은 말끝마다 '평화'를 앞세우고, 평화를 사랑하는 평화 옹호세력인 것처럼 선전·선동을 한다. 스탈린은 공산주의를 "혁명의 과학이며 파괴의 기술"이라고 정의했다.

공산주의자들이 말하는 혁명은 "인구의 일부가 소총이나 총검, 대포에 의해 자신들의 의지를 다른 일부에게 강요하는 것"이다. 또 프롤레타리아의 혁명적 독재는 부르주아에 대한 폭력이라고 말한다. 즉 자신들의 권력 자체를 폭력으로 규정하고 "승리를 획득한 당은 무기로 반동들에게 공포를 불러일으키게 하여 그 지배를 유지하지 않으면 안 된다"고 폭력을 절대시한다. 즉 공산주의의 직접적인 목적은 자신들이 정권을 잡기 위해 혁명으로 현존 질서를 파괴하는 것이므로 결코 평화를 논할 자격조차 없다.

공산주의자들은 자신들이 정권을 잡기 위해 전쟁을 하는 것이므로 언제나 조직과 투쟁을 앞세우고, 빨치산 정신을 강조하며 일상적인 생활에 있어 돌격대, 전투화, 몇 십 일 전투 등 군대식 용어를 즐겨 사용한다. 그들은 전쟁에서 이기기 위해 철저한 속임수를 전략 전술의 핵심 논리로 내세운다.

공산주의자들의 전술 운용 원칙

이기려면 속여야 한다. 대중을 공산당으로 끌어들이기 위해 거짓말을 해야 하고, 거짓말을 해야 하니까 자신들의 주장을 이중적 구조로 숨겨놓는다. 따라서 공산주의의 본질은 계획적이고 의도된 속임수 체계이고, 체계적 속임수다.

이런 이유 때문에 『공산주의비판 전서』를 펴낸 요셉 보헨스키는 "공산주의를 해석할 때 가장 일반적인 과오는 선전 슬로건을 공산주의의 진실한 본질로 착각하는 것. 끊임없는 거짓말을 한다는 것이 레닌의 극단적인 정치적 비도덕성의 특징"이라면서 이렇게 말했다.

"공산주의의 허구성을 파악하기 힘든 주요 원인은, 거짓말이 지나치게 심할 뿐만 아니라 끊임없이 이러한 방법에 호소하고 있기 때문이다. 공산주의자가 아닌 사람으로서는 누구라도 그렇게 엄청난 거짓말을 그처럼 끊임없이 할 수 있으리라고는 믿기 어려워서이다."

『소비에트의 내막』의 저자 존 간서는 공산주의자들의 거짓말에 대해 다음과 같이 지적한 바 있다.

"소련의 당국자들은 사실을 왜곡한다. 또 거짓말이 저들의 목적에 도움이 되기만 하면 서슴없이 거짓을 말한다. 헌법 자체부터가 공공연한 거짓말을 포함하고 있다. 예를 들면 출판·언론·집회의 자유가 보장된다는 부드러운 표현이 뻔뻔스럽게도 사용되고 있다. 오랫동안 소련의 신문을 계속해서 읽고 있노라면 소련 국민의 생활 전체가 허위에 기초하고 있다는 인상이 여간해서는 씻어지지 않는다."

우리는 해방 후 혼란기에 공산당과 목숨 걸고 싸우면서 국가를 건설했고, 지금도 싸우고 있음에도 불구하고 공산당과 공산주의, 그리고 공산주의자에 대해 제대로 알고 있는 것이 거의 없다. 때문에 저들과의 싸움은 해보나마나 백전백패다. 그나마 체제를 지키는 마지막 보루였던 국가보안법도 거의 이빨 빠진 호랑이 신세가 되어 제 역할을 못하고 있는 것이 현실이다. 공산주의자들은 자신들의 전술을 운용하는 데 있어 다음과 같은 세 가지 원칙을 가지고 있다.[5]

첫째, 임기응변의 원칙이다. 정세가 바뀌면 저들은 재빨리 전술도 바꿔버린다.

둘째, 다양성의 원칙이다. 언제 어떻게 정세가 바뀌더라도 거기에 맞게 전술을 바꾸기 위해 가능한 한 많은 종류의 전술을 준비하여 가지고 있다.

셋째, 불포기의 원칙이다. 이 원칙에 대해 레닌은 "마르크스주의자는 어떠한 투쟁 형태도 포기한다는 따위의 약속은 절대로 안 한다"고 말했다. 이러한 세 가지 원칙을 상징적으로 보여주는 일화가 있다.

모스크바의 어떤 당회의의 어려운 고비에서 레닌은 "동무들, 사태가 어려움을 걱정하지 마시오. 상황이 어려울 때 우리는 부르주아들에게 밧줄을 던져 그들 스스로 목을 매달게 할 것이다" 라고 말했다. 그때 칼 라데크라는 재치 있는 친구가 레닌에게 "레닌 동지, 모든 부르주아 계급을 목맬 만큼 충분한 밧줄을 어디서 구합니까"라고 물었

다. 그러자 레닌은 "그 밧줄도 그들이 공급할 것이오"라고 대답했다.[6]

3대 폭동사건의 근원은
공산주의자들의 선전·선동

해방 후부터 6·25 남침전쟁이 발발하기까지 한국 사회를 뒤흔든 3대 사건은 1946년 10월 1일 발생한 대구 폭동, 1948년 제헌의회 선거를 파탄내기 위한 제주 4·3 폭동, 그리고 대한민국을 부정하고 조선인민공화국에 충성을 맹세한 국군 제14연대 반란을 꼽는다.

이 세 사건은 발생 과정이나 확산되는 방법, 진행 양상, 결과가 거의 비슷한 패턴을 보인다. 즉 좌익 및 공산주의자들이 사건을 촉발시키고, 이들의 선전·선동에 속아 넘어간 다수 주민들이 가세하여 군경과 우익 인사들을 학살하는 등 사태가 악화되는 양태를 보였다. 당시 좌익 및 남로당의 선전·선동의 양태를 파악하려면 레닌과 스탈린, 히틀러와 괴벨스의 주장과 어록을 이해하는 것이 첩경이다.

레닌은 러일전쟁 때 반전(反戰) 평화운동을 짜르 체제를 타도하는 혁명의 중요한 동력으로 삼았다. 공산주의자들은 국수주의적 광기를 부추겨 전쟁을 해야 한다고 부르짖다가도 막상 정부가 전쟁에 돌입하면 반전과 평화를 외치며 자기 나라의 권력을 타도하라고 선동했다. 이처럼 공산주의자들의 선전·선동은 지능적이고 사악하다. 군중심리에 휩쓸린 대중들은 이러한 선동에 상당수가 속아 넘어가 부화뇌동한다.

중우(衆愚)정치의 본질, 민중주의 포퓰리즘의 악마적 본성을 꿰뚫어 본 집단이 공산주의자, 전체주의자, 나치 히틀러 일당이고, 이를 전수받은 북한과, 북한을 추종하는 남한 내의 좌익과 남로당 세력이었다.

히틀러는 자신의 저서 『나의 투쟁』에서 의도된 목표를 이루기 위한 선전·선동 수법을 다음과 같이 제시했다.

△ 추상적인 관념 따위는 피하고 감정에 호소한다.

△ 끊임없이 몇 마디 정해진 문구를 반복한다. 문구는 객관적이지 않아도 된다. 논의의 한 측면만을 기술하여 적을 격렬히 비난하되, 항상 특정한 적을 하나씩 정해야 한다.

△ 언어적, 시각적으로 끊임없이 반복하되 특정한 속죄양을 정해서 비난하고 낙인찍는 원칙을 일관되게 수행한다.

△ 선전 선동을 통해 공포감, 주저, 곤혹 등을 느끼게 하는 방법으로 적의 사기를 누르되, 단일한 목표를 향해 단기간에 집중적으로 선

전을 실시한다.

△ 전체 중에서 사소한 일부분의 잘못이나 실수를 끄집어내어 그것
을 무기로 전체를 다 부정하고, 잘못된 것이라고 뒤집어 씌운다.

히틀러의 선전·선동 공작의 핵심은 증오·파괴·살해 등 쉽고 거친
말을 쓰면서 단순한 개념을 반복 사용하여 매몰차게 공격하는 것이
다. 공격은 지극히 직접적이며 간명하고 노골적으로 행한다.

거짓말을 100번 하면 진실로 믿는다

나치는 공격적이며 통렬한 방법, 도발적인 스타일로 짧고 격렬한 말
을 가장 지성이 낮은 계층에게 퍼뜨렸다. 논점은 과도하게 간략화하
고 현실은 무시되었다. 모든 것은 감정적인 말로 표현되었고, 압도
할 만한 비판으로 듣는 사람이 제풀에 겪여 반론하는 것 자체가 곤
란하도록 만들었다.

베르너 슈테판은 히틀러의 집권을 도운 괴벨스를 '독재의 악마'라
고 평했다. 괴벨스의 선전·선동과 관련한 중요한 핵심은 언어를 잘
활용할 경우 어떤 관념에 다른 옷을 입힘으로써 변화를 가능하게 할

수 있다는 논리다. 즉 '네모꼴이 실제는 원'이라는 것을 논증하는 것도 불가능하지 않다고 괴벨스는 주장한다. 이를 위해 반복적인 거짓말이 요구된다.

괴벨스 선동정치의 핵심은 "거짓말도 계속 되풀이하면 사람들은 처음에는 부정하고, 나중에는 의심하지만 결국은 믿게 된다"는 것이다. 또 "선동(거짓말)은 단 한 문장으로 가능하지만, 이것을 반박하려면 수십 장의 문서와 증거가 필요하다"고 주장한다. 마오쩌둥도 선전·선동의 달인에 속하는 인물이다. 그는 이렇게 말한다.

"우리 국민은 가난하고 백지다. 그러나 백지에는 가장 아름다운 시(詩)를 쓸 수 있다."

그 가난하고 백지 상태의 대중들 머릿속에 자신들이 원하는 메시지를 박아 넣을 수 있는 기술이 선전·선동이다. 레닌이 창안하고 스탈린과 히틀러, 괴벨스 등 악마와 같은 인간들이 확대·심화·발전시킨 선전·선동술은 공산 전체주의를 추종하는 남한의 좌익과 공산주의자들에게 그 핵심적인 전술전략이 그대로 전해져 해방공간의 좌우익 격돌 과정에서 강력한 위력을 발휘했다.

고도로 전문화되고 파괴력이 강화된 공산당의 선전·선동술은 해방 공간에서 소련 공산당의 지도와 지령을 받아 활동하는 남한의 좌익과 공산주의자들에게는 복음이나 다름없었다. 북한에 진주한 소련 점령군은 새 지폐를 발행하면서 북한에서 통용되던 화폐를 회수한 것과, 대일전(對日戰) 과정에서 38선 이남인 개성을 점령했을 때 그곳 은행에서 강탈한 막대한 현금을 남한의 공산주의자들에게 내려 보냈다.

남한의 공산주의자들은 소련군정이 공작금으로 내려 보낸 자금으로 신문사와 영화관을 집중적으로 사들여 좌익적 여론을 곳곳에 퍼뜨렸고, 수많은 포스터와 전단을 거리에 살포했다. 이처럼 요란스런 선전·선동의 영향 덕분에 공산주의는 다수의 사람들을 지지자로 끌어들이는 데 성공했다.

눈앞에 다가온 공산주의

히틀러의 광기로 시작된 제2차 세계대전은 전쟁 승리를 위해 복잡한 동맹이 형성되는 과정에서 공산주의에 대한 경계심을 상당 부분 무너뜨리는 데 일조했다. 루스벨트 미국 대통령이 히틀러의 나치 독일을 무너뜨리기 위해 스탈린과 군사동맹을 맺었기 때문이다. 그것은 악(惡)을 물리치기 위해 거악(巨惡)과 손을 잡은 형세였다.

파시즘으로 얼룩진 이탈리아와 독일이 항복하고 추축국(樞軸國)에서는 일본만이 최후의 발악을 하고 있었다. 일본을 굴복시키기 위해서는 180만 명 정도의 미군의 희생이 예상되자 미국은 일본과 상호 불가침조약을 맺고 있던 소련을 대일전에 끌어들이기 위해 엄청난 이권을 제공했다. 1905년 러일전쟁에서 수치스런 패배를 당한 이후 소련은 한반도에 대한 관심을 잊은 적이 없다. 때문에 얄타회담에서 루스벨트가 막대한 이권을 보장하지 않았더라도 대일전에 참전할 가능성이 높았다.

스탈린은 루스벨트에게 "대일전에 참전하면 해방지역을 점령해도 좋은가?" 하고 묻자 루스벨트는 동북아에 대한 전략적 분석보다는 일본을 패망시키는 데 급급한 나머지 이를 허용했다. 이 조치가 궁극적으로 한반도의 분단을 야기했고, 북위 38도선 이북에 공산정권이 들어서는 단서를 제공하게 된다.

미국은 일본의 패망과 더불어 전광석화처럼 만주와 한반도로 진격해온 소련군이 한반도 전체를 단독 점령하는 것을 막기 위한 고육지책으로 스탈린에게 38선을 제안했고, 스탈린은 미국의 제안을 수락했다. 그것이 남북을 가르는 선이 될 것이라고 누구도 생각하지 못한 사이 분단은 현실이 되었다. 38선 이북 지역을 장악한 소련군은 신속하게 남북으로 이어진 교통과 통신, 우편 등을 차단했고, 38선 일대에 경비부대를 배치하여 남과 북의 교류를 통제했다.

스탈린의 전후(戰後) 세계전략의 기본 구상이 드러난 것은 1945년 9월 15일부터 10월 2일까지 런던에서 열린 전승국 외상 회의였다. 2차 세계대전 승전국들이 이권을 정리하기 위해 열린 이 회담에서 스탈린은 전후 일본 통치에 소련의 참여, 그리고 소련의 영향력을 지중해로 확대하는 것을 안건으로 내놓았다.

그러나 스탈린의 희망사항은 일본과 지중해에 배타적이며 독자적인 이권의 확보를 추구하고자 하는 미국과 영국의 반대로 무산되었다. 나치 독일군을 무너뜨리는 과정에서 막대한 피해를 당한 스탈린은 미국과 영국 등 동맹국 맹주들에게 자신의 요구가 거절당하자 그에 대한 본보기로 소련군 점령지인 38선 이북 지역과 중국으로 눈을 돌렸다.

1945년 9월 20일, 스탈린은 극비 지령을 내려 소련군이 점령하고 있는 한반도의 38선 이북 지역에 단독 공산정권 수립을 지시했다. 또 마오쩌둥 휘하의 공산당 군대 30만 명을 동원, 장제스(蔣介石) 군대를 공격하여 국공내전 재개를 지령했다.

이후 스탈린의 한반도 전략은 38선 이북의 점령지에 소련을 추종하는 공산 위성정권을 수립한 다음, 혁명 역량을 축적하여 '한반도 전역을 아우르는 공산 통일국가 수립'으로 귀결된다. 9월 20일 스탈린의 극비 지령은 그 시발점이었다. 한반도에 '소련을 추종하는 통일된 공산국가' 수립을 위해 스탈린은 토착 공산주의자들을 동원하여 노동자 파업, 학생들의 동맹 휴학, 폭동, 암살, 군부 적화공작 등 수단 방법을 가리지 않는 파괴 행위를 자행할 것을 지령했다.

2부

1946년 10월 1일, 대구의 비극

해방공간에서 좌익들은 조선공산당(후에 남로당), 조선노동조합전국
평의회(전평·全平), 농민동맹, 학생동맹, 부녀동맹, 민주애국청년동맹
(민애청, 혹은 민청), 학병동맹 같은 단체들을 설립했다 그들은 연합하
여 민주주의민족전선(민전)을 형성했는데, 가입자는 150만 명이라고
주장했다. 가히 남한 내 최대의 조직이었다. 좌익 가운데에는 지식
인들이 많았기 때문에 실제 영향력은 더욱 컸다.

　그 중에서도 강한 활동력을 가지고 있던 노동조직인 전평은
1946년 2월 좌익 노동자들이 만든 거대한 노동단체다. 위원장 허성
택은 동경제국대학과 모스크바 공산대학을 나온 거물 공산주의자였
다. 후에 그는 좌익 3당을 통합한 남로당의 당수에 올랐고, 월북하여

북한의 초대 노동부장관에 임명되었다.

이에 비해 우익 진영은 숫자도 적었고 조직도 산만했다. 그나마 단결력과 투쟁성을 가진 우익 대중조직은 사실상 서북청년회 뿐이었다. 반공 활동에 앞장섰던 월남자들의 조직인 서북청년회는 1946년 11월 30일 서울 종로 YMCA 강당에서 결성되었다. 이주영(건국대 사학과 명예교수)은 이 단체가 대공 투쟁에서 강력한 힘을 발휘할 수 있었던 이유를 다음과 같이 밝혔다.[7]

첫째, 서북청년회는 지적으로 수준이 높은 단체였다. 회원의 태반은 일본이나 국내에서 대학을 다녔거나, 5년제 중학교 졸업 혹은 재학 중인 지식인이었다. 이들의 대거 월남은 북한 지역이 엘리트를 잃었음을 의미한다.

둘째, 그들은 북한에서 해방 후 진주한 소련군과 그들의 앞잡이인 김일성 도당의 만행을 직접 체험했기 때문에 남한의 다른 어느 우익 청년단체들보다 뚜렷한 이념과 확고한 행동 목표를 가지고 있었다. 그들의 행동 목표는 반공으로 분명했기 때문에 좌우합작이나 남북 협상과 같이 애매모호하거나 실현 불가능한 목표를 좇는 중도노선의 단체들과는 달리 방황하지 않았다.

서울의 서북청년회 중앙총본부는 경찰과 지방의 우익들을 돕기 위해 지방으로 수십 명, 때로는 수백 명의 대원을 파견했다 지방에

내려간 서북청년회 대원들은 국민회, 농민회 등의 우익단체 지부들과 협력하여 좌익과 맞서 싸웠다.[8]

해방공간의 사상 지형을 엿볼 수 있는 자료가 있다. 1946년 8월 미군정청 여론국이 일반 시민 8,453명을 상대로 미군정에 대한 만족도와 정치체제 선호도에 대한 여론조사 결과가 발견된다. 이 여론조사에서 '미군정이 잘 하고 있나'라는 질문에 '잘한 점이 있다'는 2퍼센트, '잘한 점이 없다'는 답변은 무려 98퍼센트였다.

또 체제 선호도를 묻는 질문에 '사회주의 체제를 선호한다'는 답변이 70퍼센트, '공산주의를 지지한다'는 7퍼센트, '모른다'가 8퍼센트였다. 사회주의·공산주의 선호도가 무려 77퍼센트에 달했다는 사실이 의미하는 바를 우리는 냉정한 시각으로 바라봐야 한다.

해방정국에서 좌익이 판치게 된 이유

해방공간의 분위기가 이처럼 사회주의·공산주의를 압도적으로 지지하는 분위기가 만들어진 이유는 좌익인 여운형이 조선총독부로부터 정권을 이양 받았기 때문이다. 1945년 8월 15일 여운형은 정권을 이양받는 조건으로 엔도 류사쿠(遠藤柳作) 정무총감에게 다음과 같은

5가지 사항을 요구했다.[9]

① 전 조선 각지에 구속되어 있는 정치 경제범을 즉시 해산하라(석방
하라는 뜻으로 보임—저자 주).

② 집단생활인 만치 식량이 제1 문제이니 8·9·10 3개월 식량을 확
보·명도하여 달라.

③ 치안유지와 건설 사업에 있어 아무 구속과 간섭을 하지 말라.

④ 조선 내의 민족행위의 모든 추진력이 되는 학생훈련과 청년조직
에 대하여 간섭하지 말라.

⑤ 전 조선 각 사업장에 있는 노무자를 우리의 건설 사업에 협력시키
며 아무 괴로움을 주지 말라.

엔도 정무총감은 여운형의 5가지 요구조건을 수용했는데, 이로써
중대한 문제가 발생하게 된다. 여운형은 수많은 조치 중에 가장 우
선적으로 정치·경제범 석방을 요구, 수감되어 있던 많은 공산주의자
들이 일시에 석방됨으로써 한국 사회가 좌파로 넘어가는 결정적인
계기가 된 것이다. 만약 우익진영에서 조선총독부의 요청에 따라 각
급 자치위원회를 조직하여 치안을 유지하다가 진주한 미군에게 넘
겨주었다면 공산주의가 깊은 뿌리를 내리지는 못했을 것이다.

여운형이 정치범 석방을 요구하자 엔도는 "연합군이 올 때까지 기다려야 한다"고 거부했으나 여운형의 강력한 압박에 밀려 관철되었다. 다음날인 8월 16일, 오전 9시 서대문형무소에서 공산주의자 핵심 인물인 이강국과 최용달의 입회 아래 정치범 석방이 이루어졌다.[10] 민전이 펴낸 『조선 해방 일년사』에는 당시 사상범의 석방 관련 장면을 다음과 같이 기록하고 있다.

"경성을 비롯하여 각지의 옥문이 열리고, 유치장과 감옥에서 신음하던 혁명투사는 경성으로 운집하였다. 각 도 각 군에 잠복하였던 무산운동의 투사들은 인민대중을 일으키고 조직하여 적의 일체기관을 점령하였다. (중략) 무장봉기로서 각자 지방의 자위와 자주를 확보하게 되었다."[11]

8월 16일 여운형의 강력한 압박에 의해 감옥에서 풀려난 사상범들은 대거 여운형의 건국준비위원회와 공산당에 흡수되었고, 이들은 해방정국에서 행동대가 되었다. 당시 일거에 교도소에서 풀려난 사상범의 숫자는 대략 1만여 명이었다. 이들이 남한 각지의 교도소에서 석방되면서 남한 사회는 순식간에 좌익으로 기울어지게 되었다.[12]

또 한 가지 해방 직후 좌익들이 주도권을 쥐게 된 이유는 여운형이 두 번째로 요구한 식량 배급권과 치안권, 그리고 언론사를 장악할 수 있는 권한이었다. 여운형은 총독부로부터 언론사를 장악할 수 있는 권한을 부여받자「매일신보」를 접수했으며, 경성방송국을 통해 건준을 전국에 알리기 시작했다.

미군정이 일제 경찰을
해산하지 못한 이유

사상범의 석방으로 대거 강화된 좌익세력은 식량과 언론을 장악하여 강력한 영향력을 행사하기 시작했다. 좌익들은 일본 제국주의뿐만 아니라 자본주의 체제 자체를 부정하고, 노동자와 농민이 주도하는 인민정권을 세우려는 사람들로서 오랫동안 공산당(코민테른)의 지도와 후원을 받아왔다. 이들은 숫자는 많지 않았지만 조직화가 잘되어있었고 강한 추진력을 갖고 있었다.[13]

여운형의 조선총독부로부터의 정권 이양은 좌익이 해방 이후 남한 사회의 주도권을 잡는 데 있어 결정적인 이유가 되었고, 한국의 민주주의와 민족주의 세력은 큰 어려움에 빠지게 된다. 이런 이유 때문에 좌파들은 반공은 부당한 것이며, 당시의 시대적 상황으로 볼 때 공산주의를 용납하거나 사회주의·공산주의 체제의 국가로 나가는 것이 순리였다는 식의 주장들이 난무하고 있는 것이다.

1945년 9월 8일 미군이 정식으로 일본군으로부터 항복을 받고 미
군정이 실시되면서 미군정은 강력한 좌익 세력의 압력에 큰 충격을
받는다. 미군정은 해방과 함께 일제 경찰을 해체시킬 예정이었으나
좌익의 치안대가 활발하게 준동하자 1945년 9월 초 근무처를 이탈
한 한국인 경찰관에 대해 복귀를 명령했다. 1945년 10월 21일 미군
정청 산하에 경무국이 창설되었고, 이후 좌우 대립과 무질서가 심화
되면서 경찰력이 강화되어 일제하에서 2만 3,000명가량이던 경찰
이 1946년 7월에는 2만 5,000명, 1948년 9월에는 3만 4,000명으로
증원됐다.[14]

미군정은 또 좌익들이 장악하고 있던 식량배급권의 고리를 차단
하기 위해 배급 제도를 폐지하고 자유시장제를 도입하게 된다. 그런
데 자유 거래가 허가되자 식량가격이 폭등하고 매점매석을 위해 시
중에서 자취를 감추는 등 품귀 현상이 빚어져 큰 시련을 맞게 된다.

위조지폐 찍어 유통시킨 공산당

미군정은 언론 출판 결사 사상의 자유라는 명목하에 공산주의자들
의 활동을 합법적으로 용인했다. 따라서 당시 조선공산당은 서울 시

내에 당사를 두고 버젓이 간판을 내걸고 합법적으로 활동했다. 뿐만 아니라 공산당에 가담한 사람들도 만만치 않게 많았다.

급격히 세력을 확대한 조선공산당은 조직 확대와 활동을 위해 자금이 필요했다. 이 와중에 일본인이 운영했던 조선호텔 건너편에 위치한 근택(近澤)인쇄소에서 조선은행권이 인쇄되었으며, 일제가 사용했던 지폐 인쇄 원판이 인쇄소에 보관되어 있다는 사실을 알게 되었다.

박헌영의 심복이었던 박락종은 재빨리 적산기업체인 근택인쇄소를 접수하여 조선공산당 본부가 입주했으며, 조선정판사란 인쇄소 간판을 내걸고 공산당의 각종 선전물과 당 기관지 「해방일보」를 인쇄하기 시작했다. 인쇄소를 접수한 조선공산당 지도부는 당 총무부장 겸 재정부장인 이관술과 중앙집행위원 겸 「해방일보」 사장인 권오직에게 위조지폐를 만들 것을 지령했다.

조선공산당원 김창선 등 7명은 이관술과 권오직의 지령을 받아 조선정판사에 보관 중이던 100원 권 원판으로 5~6 차례에 걸쳐 조선은행권 1,200만 원을 인쇄하여 이관술에게 제공했다. 이관술은 위조된 지폐를 조선공산당 활동 자금으로 사용했다.

시중에 위조지폐가 나돈다는 정보를 입수한 지 한 달도 안 된 1946년 5월 18일, 중부경찰서 형사진은 뚝섬에 본거지를 둔 이원재 등 일당 7명을 검거하고 인쇄기계, 잉크, 원판, 위조지폐 등을 압수하여 위폐단에 대한 본격적인 수사에 나서게 되었다. 이후 검찰은 총책인 이관술 이하 14명을 검거했다.[15]

미군정청은 위폐 발행이 조선공산당에 의해 저질러진 조직적인 사건이라는 결론을 내리고 "위폐범은 모두 공산당원으로, 조선공산당 중앙당이 개입되었다"는 수사 결과를 발표했다. 공산당은 이 사건이 미군정에 의해 날조된 것이라며 반박했다. 그들은 조선정판사 건물에 "우리는 위폐(僞幣)와 무관하다!" "인민전선 만세!"라고 쓴 플래카드를 당당하게 걸어놓았다. 그 건물은 미군 고위 관리들이 머물고 있는 조선호텔 맞은편에 있었기 때문에 하지 중장도 볼 수 있었다.[16]

미군정은 조선정판사가 위치해 있던 근택빌딩을 폐쇄시키고 조선정판사에서 인쇄하는 조선공산당 기관지 「해방일보」도 폐간시켰다. 공산주의가 뭔지도 모르면서 저들의 선전에 속아 넘어가 막연한 호감을 가지고 있던 대다수 사람들은 충격을 받고 조선공산당에 등을 돌렸다.

위조지폐단 관련 제1회 공판이 벌어진 1946년 7월 29일, 군중을 가장해 몰려든 공산당 일행은 공판이 시작될 쯤에는 수천 명으로 불어나 재판소를 에워싼 채 적기가(赤旗歌)를 부르고 "조선 공산당 만

세!"를 외쳤다. 피고를 태운 트럭이 재판소 뜰 안에 들어오자 그들은 뒷문 쪽에서부터 돌팔매질을 하며 행패를 부려 경찰의 발포사태까지 빚어졌다.[17]

해방 공간에서 남로당 간부로 지하 조직을 지도했던 박갑동은 공산주의자들은 외부 탄압에 대처하는 두 가지 방법이 있다고 말한다. 첫째는 탄압의 힘이 강할 때 전술적으로 후퇴하여 다음 시기를 기다리는 방법, 둘째는 조직을 더욱 확대하고 투쟁을 강화하여 공격적으로 맞서는 방법이다.

스탈린이 지령한 「신전술」

조선정판사 위조지폐 사건으로 위기에 처한 좌익과 조선공산당은 폭력투쟁을 통해 남한 사회에 불안감을 조성하고, 무정부적 혼란 상태에 빠뜨려 공산 혁명의 기운을 불어넣고자 했다. 이러한 전술상의 변화는 박헌영이 1946년 7월 26일 당원들에게 배포한 「신전술에 대한 지시서」에 잘 나타나 있다.

박헌영의 「신전술에 대한 지시서」 주요 내용

① 미군정에 대한 협조 합작 노선을 근본적으로 변환하여 반미운동
   을 적극 전개할 것.
② 북조선에서와 같은 제도 개혁을 남조선에서도 실시할 것.
③ 미소공동위원회 휴회의 책임을 국내 반동진영과 미국 측의 모략
   과 반동성에 전가하고 비판할 것.
④ 적극적 공격태세를 취하고 우익진영에 일대 타격을 가할 준비를
   갖출 것.
⑤ 정권을 군정으로부터 인민위원회에 넘기라는 요구를 적극적으로
   주장할 것.

   박헌영의 신전술은 좌익과 공산당이 그 동안 미군정과 우호적인
관계를 청산하고 폭력을 동원하여 미국과 정면 대결을 선언한 셈이
다. 그런데 중요한 사실은 박헌영의「신전술에 대한 지시서」는 그의
창작품이 아니라 스탈린과 소련 공산당의 지령이었다는 점이다.
   제2차 세계대전 이후 미군의 점령지에서 미군에 폭력적으로 저항
한 사례는 지구상 어디에도 없었다. 그런데 갑자기 스탈린이 이 시
기에 박헌영에게「신전술」을 지령하여 남한의 공산주의자들에게 미
군정에 폭력으로 저항하라고 명령한 이유는 무엇이었을까.
   그 이유는 스탈린의 세계 공산화 전략과 긴밀한 연계를 맺고 있

다. 1946년 3월 소련군은 만주에서 철수하면서 자신들의 점령지를 마오쩌둥의 팔로군(八路軍)[18]에게 넘겨주었고, 일본군으로부터 노획한 무기를 팔로군에게 제공하여 무장을 강화해 주었다.

1946년 4월 18일 장제스 휘하 국민정부군(국부군)의 기계화 부대가 남만주의 쓰핑(四平)에서 팔로군을 공격함으로써 국공내전이 전면 재개되었다. 중국 중앙군(국부군) 동북방면 총사령관 두위밍(杜聿明)과 공산당의 린뱌오(林彪)가 지휘하는 동북야전군은 양측에서 각각 100만 대군을 투입하여 쓰핑, 창춘(長春), 선양(瀋陽), 진서우(錦州)에서 맞붙었으나 린뱌오가 지휘하는 공산군대가 국부군에게 승리를 거두었다.

패퇴한 장제스는 미군의 지원을 받아 육성한 국부군 주력부대인 신1군과 신6군을 만주로 이동시켜 1946년 5월, 쓰핑에서 팔로군에게 대승을 거두었다. 팔로군이 국부군 주력부대에 결정적인 패배를 당하자 스탈린은 팔로군 부대를 자신들의 점령지역인 북한으로 퇴각시켰다. 팔로군은 북한에서 부상병을 치료하고 휴식을 취하면서 소련군에 의해 훈련되고 재편되었다.

당시 국공내전은 미군과 소련군의 대리전쟁 양상으로 전개됐다. 1946년 5월 팔로군이 장제스 군대에게 참패한 것은 미국의 지원 때문이라고 판단한 스탈린은 이에 대한 복수를 위해 박헌영에게 남한의 미군정을 상대로 난폭한 폭력 활동을 전개하도록 「신전술」지령을 내린 것이다.[19] 박헌영이 「신전술에 대한 지시서」를 발표하자 조선공산당은 당원들에게 다음과 같은 행동지침을 내렸다.

"주로 우익 정당에게 여러 가지 문제에 대한 책임을 지우던 것을 미국으로 그 초점을 바꾸어 미군정을 '조선인민을 노예화하기 위해 미국이 설치한 기관'으로 공격해야 한다. 그리하여 장래에 미소공위 지연의 책임을 단지 우익 인물들뿐 아니라 미국 대표 측의 국제적 반동 전략 역시 나눠지게 해야 한다."[20]

여기서 공산당은 특유의 선전·선동 수법을 유감없이 발휘하게 된다. 남한의 좌익과 공산당들은 미국을 '미 제국주의'로 낙인찍어 일제(日帝)의 자리에 위치시키고 공격의 대상으로 삼았다. 이후 공산당들은 집요하게 "미제(美帝)는 만악(萬惡)의 근원"이라고 거짓말을 퍼뜨려 증오와 저주의 굿판을 벌이기 시작했다.

총파업 지령

미군정은 공산당의 불법 활동에 대한 단속을 강화하는 한편 9월 6일에는 좌익계 신문인 「조선인민일보」, 「현대일보」, 「중앙신문」 등 3개

신문에 대해 포고령 위반으로 정간 명령을 내렸다. 또 조선공산당 간부인 박헌영·이강국·이주하에 대한 체포령을 내렸다. 지하로 잠적한 박헌영은 9월 9일 조선노동조합전국평의회(전평·全平)에 총파업 지령을 내리는 것으로 맞섰다.

총파업 지령을 접수한 전평은 영등포 공장지구에 파업단 총본부를 설치하고 9월 14일부터 한국 철도사상 최대의 파업에 돌입했다. 파업 지도부는 '합법투쟁'이란 명목을 앞세워 선전·선동을 시작했다. 그들은 초기에는 "식량배급, 임금인상, 노동자의 지위향상" 등 온건한 구호를 내걸어 동조자들을 대거 끌어들였다. 그러나 좌익들의 궁극적인 목표는 노동자들을 동원하여 강력한 파업을 일으킴과 동시에 "남한에서 미군을 추방하고 남한 지역을 공산화"하는 것이었다.

철도 파업으로 경부선과 호남선을 비롯한 국내의 모든 철도가 마비되어 산업물자 수송은 물론 지방에서 서울로의 쌀 수송이 끊겼다. 덕분에 시중에서 쌀 가격이 폭등하는 등 민심이 흉흉해지고 국민생활이 마비되어 일대 혼란이 일어났다.

남로당 산하의 전평은 총파업에 돌입하면서 6개항의 요구조건을 내걸었다. 겉으로는 임금인상 등 노동자들의 권익 향상을 위한 파업으로 위장했으나 실제 요구사항은 따로 있었다. 그들은 소위 △'민주주의 애국자(좌익분자)'에 대한 체포령 철회 △검거되거나 투옥 중인 공산주의자 석방 △정판사 위조지폐 사건으로 정간 처분 된 좌익 기관지 「해방일보」 및 「조선인민일보」, 「중앙신문」, 「현대일보」 등 좌익계 신문 복간 △북한식 노동정책의 실시 등을 요구했다. 이것은 파업의 목적이 무엇을 지향하고 있는지를 드러내는 증거물이다.

4만여 명의 철도종업원들이 파업에 돌입하면서 경찰력으로 파업에 맞서기 힘든 상황이 되자 우익 청년단체들이 나섰다. 그들은 특전대를 조직하여 무장을 하고 남로당의 무력투쟁 하부조직이나 다름없는 전평과 맞서 싸웠다. 이 와중에 용산역, 대전역 등에서 무력충돌이 빚어져 쌍방 간에 다수의 희생자가 발생했다. 우여곡절 끝에 25일만에 전국의 철도는 정상화되어 운행이 재개됐다.

조선공산당 수뇌부는 철도 파업을 확산시키기 위해 '동정파업'이란 이름으로 체신·전기·해운 등 각 산업별로 파업을 일으키라고 지령했다. 또 각급 학교에 조직되어 있던 공산당 세포들을 동원해 동맹휴학을 선동했다. 9월 25일부터 10월 초까지 철도노조의 파업에 이어 조선출판노조, 서울전신전화국, 경성전기 등이 파업에 돌입하면서 신문과 출판물의 간행이 중단되었고, 서울과 부산, 대구의 전신전화 업무가 마비되었다.

40여 개의 노조 노동자 25만 1,000여 명이 가담하여 해방 후 최대 규모로 번져나갔고, 서울에서만 295개 공장이 파업에 돌입했다. 파업과 태업은 운수와 전기산업 분야에서 집중적으로 벌어졌는데, 이로 미루어 볼 때 파업의 목적은 남한 경제를 파탄내어 미군정의 통치를 뒤흔들기 위한 의도가 분명했다.

당시 남한에서 유일한 대규모 수송수단이었던 철도 운행을 방해하고, 전기 공급을 끊거나 감소시키는 파업은 이미 악화된 남한 경제를 심각하게 타격했다. 공산당은 이 파업을 통해 자신들의 영향력을 유감없이 보여주었다.

대구로 번진 총파업

공산당이 파업에 돌입하면서 가장 신경을 쓴 지역은 해방 무렵 좌익세가 강해 '한국의 모스크바'라 불렸던 대구였다. 이곳에는 중요한 공장 40여 개가 밀집해 있어 다른 지역에 비해 노동자가 많았고, 경상북도 인민위원장 이상훈, 공산당 도위원회 대표 장적우, 대구시당 등이 맹렬한 선전·선동활동을 벌이고 있었다. 이들의 배후조종으로 대구에서는 9월 23일 오후 3시경부터 대구 철도기관구 노조원 1,000여 명이 파업에 돌입했다. 9월 26일에는 대구중공업 노동자들의 파업에 이어 대구신흥제사, 조선제사 등이 동참했다.

"공산당과 좌익들의 총파업은 불법"이라고 선언한 미군정장관 러치(Archer L. Lerch, 재임기간 1946.1.4~1947.9.11)는 9월 30일 수도경찰청 경찰관 3,500명을 동원하여 철도종업원 총파업 본부를 급습하여 농성 중이던 1,800여 명의 노동자를 검거하면서 파업은 일단락되었다. 이렇게 되자 좌익들은 대구에서 격렬한 무장 폭동을 일으켜 전국 곳곳으로 확산시켰으니, 이것이 대구 10·1 폭동이다.

당시 대구는 불이 한 번 붙었다 하면 걷잡을 수 없이 번져나갈 만한 요인들이 잠재되어 있었다. 첫째는 악화된 식량 사정이었고, 둘째는 악성 전염병인 콜레라의 창궐, 셋째는 강력한 좌익세력의 존재였다. 마지막으로 공산당은 미군정이 박헌영 등 남로당 지도부에 대한 체포령을 내린 데 대한 복수전을 벌일 곳이 필요했다.

철도노조의 파업으로 곡물 수송이 끊기면서 식량사정이 어려워지자 10월 1일 오전, 공산당원과 전평 산하의 대구노동자 평의회 조직원들은 "쌀 배급을 받으러 가자!"면서 부녀자들을 집중적으로 선동했다. 쌀 배급 소문을 들은 1,000여 명의 부녀자들은 배급 쌀을 받기 위해 부대자루나 큰 양푼, 양동이 등을 들고 대구시청으로 몰려갔다.

순진한 부녀자들은 시청 앞으로 몰려가 좌익과 공산당이 외치는 대로 "쌀을 달라!"고 아우성쳤다. 군중심리가 발동하여 분위기가 닳아 오르자 남로당원들은 "도청으로 가서 결판을 내자"고 선동했다. 시위대는 경북도청 앞으로 몰려가 시위를 계속했다. 오후 2시 30분, 조선공산당 지도부는 시내 금정로(현재의 태평로)와 역전 광장 사이에 운수·금속·화학노조원 등 500여 명을 투입하여 시위대를 자극하고 흥분시켰다.

대구에서 쌀 배급 시위가 벌어지기 전부터 남한 일대에서는 쌀값 폭등 문제로 복잡한 갈등이 빚어졌다. 미군정은 1945년 10월 5일 일반고시 1호를 공포하여 일제 시절부터 이어져 왔던 식량 배급제를 철폐하고 미곡 자유시장 제도를 도입했다. 이것은 식량 배급권을 장악하고 있던 좌익세력들로부터 식량 배급 권한을 무력화하기 위한 정치적 의도였다.

시중 쌀값 폭등한 이유

그런데 해방이 되면서 해외에서 귀국하는 귀환자와 38선 이북에서 월남자들이 쏟아져 들어오면서 남한 내의 곡물 소비량이 크게 늘었다. 반면에 생산량은 소비량을 따라가지 못해 식량이 턱없이 부족했다. 이 와중에 별다른 대책이 마련되지 않은 상황에서 식량 통제 정책을 자유거래 정책으로 바꾸자 쌀값이 폭등하면서 시장에서 곡물이 자취를 감추었다.

그 결과 1945년 9월 대두 한 말에 9.4원이던 쌀값이 1946년 9월에는 2,800원으로 뛰는 등 걷잡을 수 없는 상황이 되자 미군정은 시행 두 달도 안 된 11월 19일, 미곡 통제를 위한 일반고시 제6호를 발표했다. 1946년 1월 25일에는 도시 지역의 식량위기를 해결한다는 차원에서 농촌에서 쌀과 보리의 공출을 위한 미곡 수매제도를 도입했다.

매점매석을 막고 어려운 사람이 없도록 하자는 의도로 실시된 미군정의 미곡 수매정책은 궁극적으로는 식량난을 해소해 줄 수 있는 정책으로 받아들여졌다. 대구 폭동의 주모자 중 한 사람이었던 황태성(당시 대구 민생문제 대책위원회 책임위원)은 경북 각 지역을 순회하며 농민들에게 하곡 수매에 적극 동참할 것을 호소했다. 황태성의 적극적인 활동 덕분에 경상북도는 전국에서 하곡 수매율이 가장 높았다.[21]

그러나 미곡 수매 제도는 폭등한 곡물 가격에 비해 현저히 낮은 수매가를 책정하는 바람에 농민들의 불만을 가중시켰다. 미군정의 오락가락하는 식량 정책은 민심을 악화시켜 반미 운동이 확산되는 계기가 되었다. 이런 이유 때문에 브루스 커밍스는 대구 폭동은 조선공산당의 계획적이고 조직적인 움직임 속에서 일어난 항쟁이라기보다는 미곡 수집과 인플레로 인해 자연발생적으로 일어난 사건이라고 주장한다.

그러나 브루스 커밍스는 스탈린이 박헌영에게 「신전술」을 지시하고, 소련군정의 스티코프 장군이 자금까지 제공하여 9월 총파업과 대구 폭동을 배후조종한 사실에 대해서는 일절 언급하지 않는다.

민심을 격분시킨 공산당의 '쌀 투쟁'

당시 대구의 민심을 흉흉하게 만든 또 하나의 요인은 악성 전염병 콜레라였다. 해외에 체류 중이던 한국인들이 귀국하면서 함께 묻어 온 콜레라균에 의해 전국에서 콜레라가 창궐했는데, 여러 시도 중에서 대구가 상황이 가장 심각했다. 「동아일보」 보도(1946년 10월 12일)에 의하면 전국에서 1만 4,909명이 콜레라에 감염되어 그 중 9,632명이 사망했다. 피해는 대구 일대가 가장 심각하여 대구·경북에서는 2,578명이 발병하여 그 중 1,718명이 사망했다.

미군정은 치사율이 높고 전염성이 강한 콜레라의 확산을 차단하기 위해 대구를 출입하는 운송수단을 엄격히 통제했다. 12월에 가서야 겨우 콜레라가 진정됐는데, 방역 문제로 인해 외지에서 대구로 식량 반입이 봉쇄되면서 가뜩이나 식량이 부족한 대구는 심각한 상황에 처하게 됐다.

찬탁 운동과 조선정판사 위조지폐 사건으로 돌이킬 수 없는 타격을 입은 좌익과 공산당 입장에서 볼 때 쌀 부족과 콜레라 창궐로 인한 대구 지역의 민심 악화는 분위기를 반전시켜 자신들을 향한 분노의 화살을 미군정으로 돌릴 수 있는 절호의 기회였다. 굶주리는 사람들이 득실거리는 대구에서 좌익들이 촉발시킨 소위 '쌀 투쟁'은 공산당식 선전·선동의 약발이 원하는 대로 먹혀 든 '신(神)의 한 수'였다.

박갑동의 증언에 의하면 당시 조선공산당 중앙당은 각급 세포를 통해 선전·선동에 능숙한 당원을 교육시키는 등 폭동을 일으키기 위해 분주하게 움직였고, 특수공작대원들을 대구로 파견하기 위해 서울 근교에서 고도의 특수 훈련을 시켰다.

중앙당의 지령에 따라 9월 총파업을 준비하던 대구에서는 조선공산당 대구시 당위원장 손기영, 전평 경북평의회 위원장 윤장혁 등이 '남조선 노동자 총파업 대구시 투쟁위원회'를 조직하여 대구시 금정에 의치한 전평 사무소에 간판을 걸고 조직적이며 계획적인 파업 지도와 민심 선동공작을 벌였다.[22]

1946년 10월 1일 오후 6시, 경찰 150여 명이 경계를 서고 있는 가운데 난데없이 대구역 부근 금정로 운수노조 사무실 2층에 있던 조선노동조합 대구지역평의회(노평)에서 누군가가 "경찰 저놈들 죽여라!" 하는 고함을 질렀다. 이것을 신호로 하여 시위대는 경찰을 2중 3중으로 포위하고 집단 투석을 했다. 난데없이 날아오는 돌에 정신없이 얻어맞은 경찰들이 엉겁결에 2층 노평 사무실을 향해 발포를 했다.

이때 경찰의 발포로 여러 명이 쓰러지자 "경찰이 사람을 죽였다"고 아우성을 치면서 노동자들이 도망쳤다. 당시 경찰의 사격으로 사망한 사람은 대구의 한 연탄공장에서 근무하던 황말용이라는 사람 한 명이었다. 당시 사망했다고 알려진 황말용(혹은 황팔용)이라는 사람의 신원이 확인되지 않아 과연 그가 사망했는지조차 확실하지 않다.

시체 데모

다음날인 10월 2일 오전 8시, 흰 마스크와 가운을 착용한 대구의대(현 경북대 의대) 학생회장 최무학과 의대생들이 시체를 떠메고 시위대의 선두에 섰다. 소위 '시체 데모'가 등장한 것이다. 미리 준비한 듯 흰 마스크에 실습용 가운을 걸친 의료인 차림의 학생들이 들것에 시체를 싣고 앞서 나가며 "경찰이 총으로 쏴 죽인 시체"라고 구호를 외쳤다.

시체 데모 행렬과 자극적인 구호는 충격적일 만큼 호소력을 발휘했다. 지나가던 행인들까지 순식간에 흥분하여 시위대가 계속 불어났다. 대구에서의 시체 데모는 공산당식 선전·선동의 백미에 해당하는 셈인데, 문제는 경찰 총격으로 사망했다고 대구의대생들이 들고 나온 시체는 전날 사망한 황말용의 시체가 아니었다. 콜레라로 사망한 행려환자 시체를 의과대학에서 실습용으로 보관하고 있었는데, 이것을 밤새 소독약으로 닦아낸 다음 들고 나온 것이다.

더욱 충격적인 증언도 있다. 김계철은 대구사범학교 출신으로 10월 폭동에 가담했다가 월북했으나 공산주의의 실상에 절망하여 중국으로 탈출, 1994년 한국으로 귀환했다. 그의 증언에 의하면 1949년 9월 하순 한 선배가 김계철에게 쪽지를 봉투에 넣어주면서 대구의대 학생 대표에게 갖다 주라고 했다. 김계철은 봉투를 들고 가다가 쪽지를 펴 보았다. '시체 네 구를 준비하라'로 시작되는 메모였다. 쪽지를 전달받은 학생 대표는 읽어보더니 옆에 있는 학생에게 "되는가" 하고 물었다. 그 학생이 김 군을 데리고 해부실로 가더니 약물에 담겨 있는 시체와 붕대에 감겨 있는 송장들을 보여주면서 "본대로 전하라"고 했다. 바로 이 시체가 대구 시위에 등장한 것이다.

경찰 총에 맞아 사망한 것으로 둔갑된 '시체'는 공산당들에게 선전·선동의 결정적 도구가 되었고, 흥분한 시위대의 군중심리는 걷잡을 수 없는 사태를 야기했다. 각 노조와 인민위원회 등 주동분자들이 유언비어를 퍼뜨리며 대구의대를 중심으로 대구사범대, 농대 및 각 중학교 학생들을 선동하여 약 400여 명의 동조자를 규합했다.

흥분한 학생들은 "미군정이 대구 시민을 학살할 계획을 세우고 있으니 봉기하라"는 성토문을 낭독하고 학교에서 몰려나와 시가행진을 벌였다. 오전 10시 경 1만 5,000여 명으로 불어난 시위대가 폭도화하여 대구경찰서 앞으로 몰려갔다. 시체 한 구가 시민과 학생 수만 명을 단숨에 폭도로 돌변시킨 것이다.

이런 점에서 볼 때 대구 10·1 폭동은 좌익 및 공산당의 선동 수법의 진면목을 여과 없이 보여주는 상징적 사건이었다. 시민들을 선동하는 데 앞장선 것은 좌익계 신문이었다. 특히 대구의 「민성일보」는 파업과 동맹휴학을 선동하는 등 좌익의 전위대 역할을 했다. 대구 경북 지역의 우익 반공청년 60여 명은 1947년 5월 「민성일보」를 습격, 폭파하여 좌익들의 입을 틀어막았다.[23]

폭도화한 시위대는 세 시간 동안 대구경찰서 앞에서 시위 농성을 하던 중 오후 1시 경 청년 돌격대원이 정문에 돌을 던지는 것을 신호로 일제히 경찰서 안으로 난입하여 무기를 탈취하고 경찰관을 폭행 살해했다.

폭도들은 유치장 문을 부수고 수감되어 있던 잡범과 좌익 사상범들을 탈옥시켰다. 수감 중이던 좌익 사상범들이 탈옥하여 폭동에 가담하면서 대구는 순식간에 아비규환의 생지옥으로 변했다. 무장 폭도들은 경찰과 우익인사, 기업인, 유지와 그 가족들을 총검으로 살해하여 거리에 내던지거나 집에 불을 지르는 등 아수라장을 만들었다.

대구 수성천변에서 방직공장을 운영하던 명륜동의 서 모 씨 집으로 몰려간 폭도들은 건물에 불을 지르고 양곡을 약탈했다. 서 씨 운전자 집에 숨어 있던 가족 7명을 찾아낸 폭도들은 그들의 머리, 가슴, 얼굴 등을 닥치는 대로 폭행하여 눈알이 튀어나오고, 코가 문드러져 죽었다. 서 씨의 부인과 큰딸의 시체는 승용차의 뒷 범퍼에 새끼줄로 매달아 대구 시내를 한 시간 반가량 끌고 다녔는데, 두 사람의 목은 새끼줄에 조여 거의 몸과 분리되기 직전이었다.[24]

좌익들의 끔찍한 학살극

당시 대구 일대에서 좌익과 공산당 폭도들이 저지른 학살 장면에 대해 브루스 커밍스는 다음과 같이 기록하고 있다.

'10월 6일까지 대구 경찰관 38명이 살해당했다. 그들은 그냥 피살된 것이 아니었다. 그들은 고문을 당하다 죽었으며, 묶여서 화형을 당하고, 산채로 껍질이 벗겨졌다. 그리고 그들이 죽은 후에도 그들의 집과 가족들이 공격을 받았다.… 후에 미국인들은 눈이 빠져나가고 갈비뼈가 떨어져 나갔으며 때로는 창 자국이 수백 개나 나 있는 경찰들의 시체를 발견하고 이를 한인들의 야만성 탓으로 돌렸다.'[25]

폭동을 일으킨 공산당 난동분자들은 경상북도 인민위원장 이상훈, 씨름꾼 출신인 인민보안대장 나윤출의 지시에 따라 청년 행동대원 100~200명을 1개 분단으로 묶어 대구역 광장을 비롯한 주요 거리에 배치했다.

나윤출은 1937년 전(全)조선 씨름대회에서 우승하는 등 전국 각지의 씨름판에서 황소 300여 마리를 상으로 타서 '나 장군'으로 불렸던 장사였다. 그는 대구 폭동 후 월북하여 1948년 북한 정권 수립 후 최고인민회의 대의원, 1956년 씨름의 최고영예 칭호를 받았으며 1965년 조선민족체육협회 위원장, 1966년 런던 월드컵 축구대회에 북한 측 단원으로 참석하여 화제가 되었다.

폭동 선동대는 대구경찰서 관내의 동촌지서 등 6개 지서와 중앙동 파출소 등 9개 파출소, 달성경찰서 관내의 현풍지서 등 8개 지서 및 대봉동파출소 등 3개 파출소를 차례로 점거한 다음 경찰 가족, 우익 인사를 닥치는 대로 학살하고 주택과 가구를 파괴했다.[26]

10월 2일 밤 미군 순찰대가 달성공원에서 7구의 경찰관 시체를 발견했는데, 두 명은 목숨은 부지하고 있었으나 사지가 제대로 붙어 있는 것이 없었고, 일부 경찰관은 거세를 당했다. 폭도들은 경찰의 얼굴과 신체를 칼과 도끼로 난자하여 살해했고, 손을 등 뒤로 묶고 피를 흘려 쓰러질 때까지 날카로운 돌을 던졌으며, 큰 돌을 머리에 던져 짓이기는 방법으로 살해했다.[27]

도끼로 장작 패듯

칠곡 경찰서장으로 재직했던 윤상탕 경감은 10월 2일 오후 집에 숨어 있다가 폭도들에게 붙잡혔다. 그는 집 앞 길거리로 끌려나와 폭도들이 들고 온 죽창, 낫, 곤봉 등에 찔리고 맞아 죽었다. 대구운수경찰서(철도경찰의 전신) 서장 정수승 경감은 대구역 앞 공회당 부근에서 폭도들에게 곤봉으로 머리를 얻어맞아 허연 두개골이 드러나며 쓰러졌다. 온몸이 짓이겨지도록 폭행당한 그는 길가 하수구에 처박혔는데, 폭도들이 떠나자 근처 주민들이 도립병원으로 옮겨 기적적으로 목숨을 건졌다.

상주에서는 10월 3일 폭도들이 경찰서를 습격하여 근무 중이던 경찰관 5명을 폭행한 후 산 채로 생매장했다. 임고면의 3만석 대지주 이인석은 악질 지주라 하여 군내에서 반동분자로 몰린 주민 20명과 함께 학살됐는데, 그의 네 살 바기 손자까지 함께 참살 당했다.

소총과 수류탄, 낫과 창으로 무장한 폭도들은 왜관을 점령하고 10월 3일 새벽 3시 경찰서를 습격하여 장석한 서장과 경찰관을 체포했다. 폭도들은 장석한 서장을 살해하기 전에 눈을 파내고 혀를 잘랐으며, 도끼로 장작 패듯 머리에서부터 아래까지 절반으로 쪼개 참살했다. 수사계장 이지동 외 4명의 경찰관도 같은 방식으로 참살했다.

당시 영천이 폭도들의 난동이 가장 심했고, 피해도 가장 컸는데, 「대구시보」는 영천군 상황을 다음과 같이 보도했다.

'3일 오전 1시경 군내에 일제히 봉기한 폭도들은 "38선은 이제 철폐되었다" "북조선인민위원회의 우리 동포들은 굶주린 우리를 구하기 위하여 남조선으로 들어왔다. 자 굶주린 동포들은 일어나라!"고 외치며 읍내를 포위했다. 이들은 경찰서를 습격 방화한 뒤 군수 이태수를 사택에서 끌어내어 잔학한 방법으로 죽게 한 다음 몸에 석유를 뿌려 불타는 군 청사 내에 던져 생화장에 처하였다.'(「대구시보」

1946년 10월 13일)

공산주의자들은
왜 끔찍한 학살극을 저지르나?

코오롱그룹 창업주 이원만이 남긴 회고록『나의 정경 50년』에는 다음과 같은 장면이 발견된다.

'어떤 부상한 경찰관이 살려달라고 병원의 계단을 올라가는데 폭도들이 그 사람을 끄집어내리려고 했다. 그 경관은 계단의 모서리를 쥐고 안 내려오려고 하는데 위에서 그 병원의 의사가 떠밀었다. 참으로 비인간적인 일이었다. 아래로 굴러 떨어진 경관의 머리를 폭도들이 돌을 번쩍 들어 내리쳤다. 머리는 박살이 나고 흰 것이 튀어나왔다.'

『붉은 대학살』의 저자 송효순은 대구 폭동 당시 폭도들의 학살 수법은 다음과 같은 10가지 정도였다고 한다.

△총살 △죽창과 도검으로 마구 찌르기 △집에 가두고 불을 질러 생
화장하기 △곡괭이·쇠망치·낫·몽둥이 등 농기구를 사용해 타살 또는
생매장 △양민을 학살하기 전이나 후에 새끼로 목을 옭아 자동차에

매단 후 거리로 끌고 다니기 △나무에 매달아 때려죽이기 △생사람의
몸에 큰 돌을 달아 물에 던져 수장(水葬) △부녀자들의 옷을 벗겨 사
지를 찢거나 잘라 죽이기 △살려달라고 애원하는 어린이를 총검과 죽
창으로 마구 찌르기 △죽은 사람의 얼굴에 석유를 뿌린 후 불을 질러
시체를 분간할 수 없게 만들기[28]

여기서 우리가 유의해서 봐야 할 점은 공산주의자들은 기회가 날
때마다 왜 이렇게 필설로 형용하기 힘들 정도의 끔찍한 학살 만행을
반복하는 것일까 하는 점이다. 그 해답은 공산주의 혁명의 본질에서
찾을 수 있다.

공산주의 혁명이란 한 마디로 인간이 인간을 착취하는 제도를 폐
지하기 위해 수단 방법을 가리지 않고 악착스럽게, 무자비하게, 비
타협적으로 권력을 탈취하는 것을 말한다. 이를 위해 ①먼저 공산당
을 조직하고, ②당의 주위에 대중을 끌어들인 다음, ③결정적 시기
를 택해 상대를 파괴한다.

상대를 파괴하기 위해 협박·공갈·납치·살인 기타 무자비한 폭력적
수단을 동원해 공포 분위기를 조성함으로써 적과 그 동조자들의 투
지를 꺾거나 약화시켜 공산주의에 대항하지 못하도록 만든다. 한 걸
음 나아가 공산주의에 대한 지지와 협조를 강요한다. 이것이 공산당

이 즐겨 사용하는 테러 전술의 핵심이다. 이와 관련하여 마르크스는
「공산당 선언」의 말미에 다음과 같이 외쳤다.[29]

"지배계급들로 하여금 공산주의 혁명 앞에서 전율케 하라!"

공산주의자들은 "공산주의 혁명 앞에서 전율케 하기 위해" 기회만
생기면 반동분자의 제거 명분을 내걸고 '인민재판'이란 살인극을 자
행한다. 주민들 앞에서 공개적으로 공산당에 반대하는 자에 대해 잔
인한 죽음과 보복을 보여줌으로써 공산당에 반대할 엄두를 내지 못
하도록 하기 위해 의도적으로 끔찍한 살해극을 벌이는 것이다.

테러 전술이 성과를 내기 위해서는 학살은 최대한 끔찍하고, 충
격적이어야 하며, 상상하기 힘들 정도로 야만적이어야 한다. 대구
10·1 폭동 때는 물론이고 제주 4·3 폭동, 여수와 순천 일대를 휩쓴 국
군 14연대의 반란에서도 공산주의자들의 테러 전술이 적나라하게
자행되었다. 그것은 마르크스가 선언한 대로 "공산주의 혁명 앞에서
전율케 하기 위해" 의도된 것이었다.

전국으로 퍼져나간 좌익 폭동

사태가 심각하게 전개되자 미군정은 10월 2일 오후 6시, 대구 일대

에 계엄령을 선포하고 수백 명의 미군과 경찰을 대구에 보내 진압에
나섰다. 폭도들은 미군의 추격을 피해 근처의 성주, 칠곡, 고령, 영천,
의성, 군위 등으로 폭동을 확대할 것을 모의하고 시내에 있던 화물자
동차를 비롯, 개인 소유의 자동차를 탈취하여 떼를 지어 흩어졌다.

　폭도들은 농촌이나 산악지대로 도주하여 빨치산 활동을 벌이는
바람에 큰 피해가 발생했다. 10·1 대구 폭동은 그 후 약 3개월 동안
경남, 호남, 경기, 강원 일대로 번져나가며 남한의 73개 시군에서 크
고 작은 파괴, 방화, 살해가 이어졌다. 조선공산당은 각 지역에서 대
구 폭동을 지지하기 위한 동조 시위를 벌였는데, 그 내용은 다음과
같다.[30]

△10월 3일:　서울에서 군중 1만여 명이 "정권을 인민위원회에 넘겨
　　　　　　라"라는 구호를 외치며 미군정청 앞에서 시위.

△10월 5일:　부산, 인천, 군산, 목포, 여수, 마산, 통영 등에서 해원
　　　　　　(海員) 1만 5,000명이 이른바 '동정파업', 인천부두 노
　　　　　　동자 300명 파업.

△10월 8일:　경남 밀양 모직물 공장 종업원 200여 명 파업, 부산항
　　　　　　에서 선박시위.

△10월 20일: 경기도 개성, 봉동, 임한, 연안, 백천, 대성, 장단, 광주

등지에서 경찰서 지서 습격 난동.

△10월 22일: 서울 종로에서 "정권은 인민위원회로!", "쌀을 달라",

　　　　　"박헌영 체포령 취소" 등 삐라 살포하며 소요.

△10월 30일: 화순 탄광 노동자 5,000명 파업, 목포에서 전화 종업원

　　　　　120명 파업 및 파출소 습격 방화.

　박갑동은 대구 폭동으로 인한 피해를 경찰관 사망 39명, 부상 31명, 민간인 사망 44명, 부상 56명, 그리고 30억 원 정도의 국가 재산이 폭도들의 손에 불탔다고 기록하고 있다.[31]

　다른 자료는 이보다 피해가 훨씬 더 심각하고 컸다고 증언하고 있다. 존 메릴은 대구 폭동 과정에서 400여 명의 경찰관이 무참히 살해됐다고 말한다.[32] 미군 G-2 보고서에 의하면 대구 시내에서만 경찰 38명, 공무원 163명, 민간인 73명이 사망했고 부상 1,000명, 행방불명 30명, 시위혐의자 7,400명, 건물 776동이 파괴되었다. 또 경북 도내에서 경찰 인명피해는 사망 80명, 행방불명 및 납치 145명, 부상 96명으로 집계되었다.

　대구 폭동의 충격파는 다른 지역에까지 파급되어 공산당과 좌익들은 전주·광주·공주 등 지방 형무소에서 대규모 탈옥사건을 저질렀다. 전주 감옥에서는 11월 11일 오후 2시, 좌익 죄수들의 선동으

로 죄수 842명 중 418명이 간수들의 무기를 빼앗아 탈옥했다. 11월 22일 저녁에는 광주에서 900여 명이 탈옥하려다 경찰과 총격전이 벌어져 죄수 4명이 죽고 10여 명이 중경상을 입었다.

소련군정, 대구 폭동에 자금 지원

대구와 경북 일대의 폭동으로 공산당은 큰 타격을 입었다. 박헌영의 증언에 의하면 연말까지 검거된 당원이 7,000여 명을 넘었고, 그 중 1,500여 명이 구속되었다. 11월 20일에는 대구시 인민위원회 및 공산당 지방 조직의 악질분자 5명이 사형 선고를 받았다.[33]

9월 총파업과 대구의 10월 폭동은 38선 이북에 있는 소련군정의 자금지원과 배후조종에 의해 진행되었음이 밝혀져 충격을 주었다. 북한 정권의 창시자인 소련군정청 총사령관 스티코프의 일기에 의하면 1946년 9월 9일 박헌영이 "당이 사회단체들을 어떻게 지도해야 하는지"를 문의하자 스티코프는 "임금인상, 체포된 좌익 활동가들의 석방, 미군정에 의해 정간된 좌익신문들의 속간, 공산당 지도자들에 대한 체포령 철회 등의 요구조건들이 받아들여질 때까지 파업투쟁을 계속하라"고 주문했다. 스티코프는 이 요구들이 충족될 때 파업투쟁을 중지할 것을 권고했다. 또 파업투쟁의 조직자들과 참가자들에 대해 미군정이 탄압을 가하지 말도록 요구할 것도 지시했다.[34] 9월 총파업과 대구 폭동은 스티코프가 지령한 그대로 구호가 내걸렸고, 지령한 그대로 진행되었다.

총파업이 진행되고 있던 9월 28일에는 소련군정이 남한의 공산당에 자금을 지원하여 투쟁을 격화시켰다. 폭동이 계속된 약 3개월 동안 소련군정은 남조선 투쟁기금으로 300만 원과 122만 루블을 조선공산당에 내려 보냈다.[35]

1946년 10월 8일 총파업의 전위부대인 전평 의장 허성택이 월북하여 소련군정의 로마넨코와 회담했다는 내용도 스티코프의 일기에서 발견됐다. 월북한 허성택은 10월 7일 평양에 나타났는데, 그는 소련군정의 정치장교 이그나티에프와의 회담에서 "파업투쟁위원회의 결정에 따라 자신의 동지들과 접촉하여 지시를 얻기 위해 방북했다"고 설명하고 로마넨코나 김일성과의 회담을 요청했다.[36] 전평도 소련군정의 지령을 받고, 소련군정의 지령에 의해 파업 투쟁을 진행했음을 알려주는 결정적인 증거물이 바로 스티코프의 일기다.

해방 후 남한에서 좌우 대립이 격화된 주요 원인은 조선공산당(후에 남로당)의 미숙성과 급진성 때문이다.[37] 해방 후 막강한 세력을 확보하고 있던 조선공산당이 온건정책을 채택하여 정계의 단합을 부르짖고 의회민주주의 제도를 수립하는 방향으로 나갔다면 조선공산당과 여운형계의 좌익이 손쉽게 정계를 장악할 가능성이 높았다.

조선공산당이 미숙하고 주체성이 결여된 이유는 사회적·정치적 연륜을 쌓은 바 없이 매혹적인 공산주의의 유토피아적 이론에 도취된 백면서생(白面書生)적 혁명가들에 의해 조직이 만들어졌기 때문이다.

조선공산당은 마르크스·레닌주의를 충분히 소화해서 한국의 현실에 적용할 만한 이론을 만들 수 있는 이론가를 배출하지 못했다. 고작해야 코민테른에서 내리는 지령을 따르거나 일본 좌익 이론가들의 혁명 공식을 도입하는데 급급한 번역생(飜譯生)적 이론가에 불과했다. 해방 직후에 재건된 조선공산당도 일조일석에 공산혁명을 달성하겠다고 급진적인 파업과 극렬투쟁으로 일관하면서 민심을 잃었다.

남로당 출범하다

대구에서 시작된 폭동의 불길이 전국으로 번져가고 있던 10월 6일, 체포령이 내려진 박헌영은 서울을 탈출하여 월북 도주했다. 스티코프 일기에 의하면 박헌영은 9월 29일부터 산악을 헤매며 방황했는데, 그를 관에 넣어 월북시켰다고 한다. 시위를 주도한 공산당의 악질분자들도 박헌영처럼 월북 도주하거나 입산하여 빨치산이 되었다. '산(山) 사람'이라 불린 이들은 그 후 무장 유격부대의 주요 자원이 되었다.

일부 공산당 세력들은 경찰의 체포를 피해 국방경비대 대구 6연대에 입대했다. 이로써 대구 6연대는 좌익의 소굴이 되어 여수·순천의 14연대 반란 이후 세 차례(11월 2일, 12월 6일, 1949년 1월)에 걸쳐 반란을 일으키게 된다.

조선공산당은 1946년 11월 23일 서울시 종로구 견지동 시천교회당에서 인민당, 남조선신민당과 합당하여 남조선노동당(약칭 남로당)으로 체제를 정비했다. 이보다 3개월 전인 1946년 8월, 북한에서는 김일성이 이끌던 공산당이 신민당과 형식상 합당하여 북조선노동당(북로당)을 창당했다.

북로당의 창당은 '1국 1당'을 표방하는 공산주의 원칙 상 중대한 의미를 갖는다. 현실적으로 분단된 남북한을 상호 이질적인 개체로 규정한 것이 되기 때문이다. 다시 말하면 소련군정은 북로당을 창당함으로써 남북한을 두 개의 분할된 국가로 단정했다는 뜻이 된다. 이로써 소련군정은 북한의 축적된 자체 역량으로 남한을 공산화한

다는 혁명적 민주기지 노선을 구체화하게 된다.[38]

1946년 9월 4일, 3당 합동준비위원 연석회의에서 발표한 남로당 강령을 보면 △민주주의 자주독립국가 건설 △정권을 인민위원회로 △무상몰수·무상분배의 토지개혁 △8시간 노동제와 사회보장제 실시 △주요산업의 국유화 △언론·출판·집회·결사·시위·신앙의 자유 △20세 이상의 국민에게 선거권과 피선거권 부여 △남녀동등권 △초등 의무교육제 실시 △진보적 세금제 실시 △민족군대 조직과 의무병제 실시 △평화애호국가와의 친선강화 등을 주장했다.

새로 출범한 남로당 지도부는 폭동의 불씨를 이어가기 위해 『당원 교양자료』라는 책자를 발간하여 전국에 배포했다. 이 책자에서 남로당 지도부는 대구에서 촉발된 10월 폭동을 다음과 같이 정리하고 있다.

'①조선 인민의 투쟁 역량을 역사적으로 증명했으며, ②인민은 당의 지도 아래 어떤 투쟁도 할 수 있으며, ③당은 인민의 전위로서 항상 선두에서 싸워왔으며, ④이 폭동은 인민의 전위인 남로당을 탄생시켰다.'[39]

폭동의 불길이 전국을 휘감고 있는 와중에 월북 도주한 박헌영이 합당 형식을 통해 남로당을 출범시킨 이유는 1946년 여름부터 공산당이 벌인 갖가지 파업·암살·폭동으로 다수의 조직군중이 공산당에 등을 돌리는 바람에 당이 일반대중과 고립될 우려가 있었기 때문이다. 보다 더 현실적인 이유는 '공산당'이라는 간판을 앞세울 경우 반봉건적 자본주의 이전 단계에 있는 한국의 현실에서 효율성을 발휘하기 힘들었기 때문이다.

당시 동유럽 공산당들은 그 나라의 정세나 역사적 조건에 따라 공산당 명칭을 뒤에 숨긴 채 노동당·사회당·통일당 등 유화적인 간판을 내걸고 활동했다. 박헌영은 미군정 당국의 집요한 추적으로 계속 쫓기면서 "공산당은 투쟁을 위해서는 절대 필요한 간판이지만 일반에게 광범위하게 파고들어가기 위해서는 그 간판을 고쳐야 한다"고 측근들에게 말했다.[40]

박헌영은 자신을 중심으로 한 소수 정예 공산분자들의 당을 정세 변화에 따라 대중적인 좌익 정당으로 변화시키기 위해 남로당을 출범시킨 것이다.

남로당 창당도 소련군정의 작품

그러나 역사적 사실관계(historical fact)를 보면 남로당 결성은 박헌영과 남한 공산주의자들의 독자적 결정에 의한 것이 아니라, 그보다 한 달 전인 1946년 10월 23일 열린 스티코프, 김일성, 박헌영 3자 회담에서 남로당 결성이 공식 결정되어 이 결정을 남한에서 실행에 옮긴 것에 불과하다.

심지어 이날 회담에서는 위원장에 허헌(신민당), 부위원장에 박헌영(공산당)·이기석(인민당)·김삼룡(공산당), 그리고 7명의 성원으로 정치위원회를 구성하며 13개의 국을 설치하고, 45명의 성원(공산당 20명, 인민당 8명, 신민당 7명, 사회단체 10명)으로 중앙위원회를 조직한다는 내용까지 결정됐다.[41]

1946년 12월 2일 서울에서 남로당 대회가 열렸다. 스티코프는 평양에서 남로당의 활동 내용에 대한 보고를 받고 그 자리에서 남로당에 다음과 같은 지령을 내렸다.

'① 성공적으로, 그러나 어렵게 성취된 합당사업에 대해 박헌영에게 축하할 것.
② 다른 정당들이 파악할 수 없도록 당 중앙위원회를 구성한다.
③ 박헌영은 향후 행동방침에 대한 지령을 허헌에게 하달한다.
④ 박헌영이 수행할 마르크스·레닌주의 이론의 선전사업에 대한 방침을 숙고한다.

⑤ 김일성과 박헌영은 업무상 긴밀한 연계를 확보한다.

⑥ 급사를 통해 당 대회 자료 모두를 보내도록 지시한다.'[42]

이 자료는 남로당의 탄생, 그리고 조직구성, 향후 활동지침에 이르기까지 소련군정이 세밀하게 지령을 내려 남한 공산주의자들을 로봇처럼 조종했음을 증거하고 있다.

미군정의 체포령을 피해 월북 도주한 박헌영은 38선 접경 지역인 황해도 해주에 '제일인쇄소'란 위장 간판을 달고 그곳에서 서울의 남로당을 지도했다. 박헌영은 자신의 생각을 글로 써서 남한에 내려보냈는데, 남로당에서는 북에서 내려오는 박헌영의 지령문을 '박헌영 선생의 서한'이라고 불렀다.

1947년 들어서도 국립대학교안 반대투쟁, 3·1절 투쟁, 3·22 총파업 등으로 사회 혼란이 계속됐는데, 이것은 소련군정의 지시를 받은 박헌영이 '서한'을 남로당에 보내 지속적으로 폭동과 파업을 배후 조종한 결과다. 남로당은 처음에는 국립대학교안에 별 관심이 없었으나 1947년 1월 22일 소련군정 사령부의 교육관 니콜라이 그즈노프 소좌가 허헌 남로당 위원장에게 보낸 "각 학교의 맹휴를 제1단계로 하여 폭동을 야기하도록 선동하라"는 비밀 지령에 의해 반대 투쟁을 뜨겁게 전개했다.

조선공산당은 남로당으로 이름을 바꾸고 형식상 대중정당으로 탈바꿈하면서 남한 전역을 공산화한다는 목표 하에 '당원 5배가 운동'을 추진했다. 남로당은 당원들에게 혁명의식을 고취하고 교양을 전하는 각종 팸플릿을 서대문 지역 아지트인 고려문방구와 중앙공무소 등에서 제작하여 배포했다.

또 비합법 투쟁을 강화하기 위해 특수행동대를 각 지구당별로 조직하여 '특수공작'이란 이름의 폭력 활동을 전개했다. 남로당은 정상적인 당 조직과는 별도로 중앙당의 지시를 받는 선전선행대(宣傳先行隊)를 조직했고, 지방당에는 도당의 지시를 받는 '유격대' '백골단' '인민청년군' 같은 특수조직을 편성했다. 이러한 조직들이 벌이는 폭력 활동은 남로당 군사부가 맡았고, 각 정당 및 사회단체에 침투하여 공산당의 주의·주장을 전파하기 위해 중앙당 조직부 내에 프락치과(課)를 두었다.

1947년 여름부터 남로당은 소위 열성 청년당원들을 선발하여 월북시킨 다음 강동정치학원에서 3~6개월 간 특수훈련을 실시한 후 50~100명을 1개조로 편성하여 남한 지역에 침투시켜 도시 및 농촌 빨치산 활동을 시작했다.[43]

박갑동의 증언에 의하면 당시 남로당의 프락치 활동은 한독당을 비롯하여 민주독립당·조선농민당·사회민주당·민족공화당·조선신진

당 등 눈에 보이는 거의 모든 정당이나 단체에 파고들었다. 프락치 공작은 박헌영의 직계인 김형선의 총지휘로 진행되었는데, 공작 아지트는 명동 소재 대한중석 앞에 있던 청사진 점포였다.[44]

프락치 활동이 가장 활발했던 대상은 임시정부 주석 김구가 소속되어 있던 한독당이었는데, 남로당 프락치였던 경기중학 미술교사 박 모, 그리고 조 모 변호사의 활약으로 김구의 세세한 일거수일투족까지 모두 남로당 중앙당과 북한의 소련군정에도 보고되었다.

냉전 시작되다

제2차 세계대전의 동맹국이었던 미국과 소련은 일본군의 항복을 접수하는 과정에서 북위 38도선을 경계로 한반도를 분할 점령하게 되었다. 전략적 구상이 없는 상태에서 허겁지겁 한반도를 분할 점령한 미·소 양국은 이념과 체제가 완전히 다른 자유민주주의와 공산 전체주의를 대표하는 나라들이었다.

때문에 미·소가 대화와 협상을 통해 한반도에 통일정부를 세운다는 것은 애초부터 기대 난망이었다.

모스크바 3상회의에서 결정됐던 신탁통치 구상이 좌절되고, 미소

공동위원회도 두 차례나 파행 끝에 무기 연기되는 와중에 소련은 북한 소비에트화 프로그램에 따라 북한에 단독 공산정권을 먼저 수립한 다음 한반도 전체를 아우르는 통일 공산국가 설립을 구상했다. 이것이 스탈린이 구상한 '북조선 민주기지론'이다.

민주기지론이란 38선을 경계로 북한을 남한으로부터 갈라놓는다. 그 후 소련의 힘을 이용하여 북한에 먼저 공산 위성국가를 수립한다. 그리고 북한을 전 한반도의 공산화를 위한 물질적 기초를 확보한 침략기지로 만든 다음, 남한을 점령하여 통일된 공산국가를 수립한다는 '전 한반도 공산화 방책'이었다.[45]

반면에 미국은 1945년부터 1947년 초까지 중국에서 전개되는 국공내전의 상황을 관망하면서 현상을 유지한다는 정책, 소위 '관망 (wait and see)정책'이었다. 즉 미국은 동북아에서 소련의 팽창을 막는다는 소극적인 목표로 남한을 점령한 후, 중국에서 국공내전이 전개되는 사태 진전을 기다리며 앞날을 관망하는 입장이었다. 때문에 치안유지 외에 이렇다 할 정책이 없었다.[46]

미 군부는 공동전략조사위원회를 조직하여 미국 안보의 견지에서 세계 여러 나라가 차지하는 중요성을 측정한 바 있다. 이 위원회가 1947년 4월 27일 제출한 보고서에 의하면 한국은 미국의 세계전략 상 이해관계가 걸려 있다고 판단되는 16개 나라와 지역 중에서

15등이었다. 동시에 원조의 시급성 등급에서는 5등, 두 가지 조건을 결합해서 매긴 등급이 13등이었다. 미국의 안보와 국가이익 측면에서 볼 때 한국은 원조를 해야 할 가치가 없는 지역이었다.[47]

　이 무렵 동유럽과 발칸반도에서 격렬하게 추진되는 소련의 팽창 정책과 공산화 정책을 더 이상 방관할 수 없다고 판단한 미국 지도부는 소련과의 우호 협력관계를 포기하고 대결 및 봉쇄정책으로 전환하게 된다. 대소(對蘇) 봉쇄정책은 1947년 3월 12일, 트루먼 대통령이 미 상하양원 합동회의에서 행한 '트루먼 독트린' 연설로 집약되어 나타났다.

소련은 즈다노프 독트린으로 맞서

트루먼은 제2차 세계대전의 동맹국이었던 소련을 주적(主敵)으로 설정하고 본격적인 냉전에 돌입했다. 소련 세력의 진출을 저지하려는 미국의 정책은 유럽 제일주의에 입각해 있었다. 따라서 그 우선순위는 유럽을 먼저 지키고, 유럽 경제를 우선적으로 부흥시키는 전략으로 구체화되어 나타났다. 트루먼 독트린에 이어 1947년 6월 5일 미국은 막대한 달러를 풀어 유럽의 전후 복구를 지원하기 위한 마셜 플랜을 가동했다. 7월에는 공산 진영에 대한 '봉쇄정책'이 발표됐다.

1949년 4월 4일에는 북대서양조약기구(NATO)를 창설하여 미국과 서유럽의 집단안보를 강화했다. 이로써 군사적으로 거의 진공상태에 놓여 있던 유럽에 대해 미국의 군사력을 주축으로 한 NATO가 창설됨으로써 소련의 거대한 군사력 위협에 대처할 수 있게 되었다.

미국의 봉쇄정책에 맞서 소련은 공산 국가들에 대한 통제를 강화하고 공산권 국가 간 경제협력기구인 코민포름(Cominform : 공산당·노동자당 정보국)을 창설했다. 코민포름에는 소련·폴란드·체코슬로바키아·헝가리·루마니아·불가리아·유고슬라비아·프랑스·이탈리아 등 9개국의 공산당 혹은 노동자당 대표가 참여했고, 본부는 유고슬라비아의 베오그라드에 두었다. 1948년 유고슬라비아가 제명된 후에는 본부를 루마니아의 부쿠레슈티로 옮겼다.

소련은 또 세계를 사회주의와 제국주의 진영으로 구분하는 즈다노프 독트린을 발표했다.[48] 이로써 2차 대전 때 형성된 동서 양 진영의 동맹관계가 무너지고 본격적인 냉전이 시작된다.

흥미로운 점은 미국이 유럽 위주의 강경대응책을 구사하자 소련은 이에 맞서 자신들의 침투 목표를 유라시아와 아시아 지역으로 이전했다는 점이다. 소련은 1948년을 전후하여 아시아 주 일대에 무장투쟁을 지령하고 이를 지원함으로써 이른바 민족해방투쟁(Wars of

National Liberation)을 전개하게 된다.[49]

1947년 9월 코민포름 개회사에서 안드레이 즈다노프는 "세계는 미·영·불 그리고 다른 제국주의 국가들과 반독재 집단인 소련과 다른 인민민주주의 국가들의 2대 진영으로 분열되었다"면서 "아시아의 민족주의 운동을 적극 지원할 것"이라고 선언했다. 소련은 또 각종 국제공산주의 기구의 하급 지역기구를 아시아 지역에 설치하고 각종 회의를 개최하면서 소련의 새로운 정책과 침투전략을 구체화하기 시작했다.

캘커타 회의의 비밀

해방 공간에서 남한의 공산당이 격렬한 폭력 투쟁 전술로 이행한 문제와 관련하여 우리가 주목해야 할 점은 1948년 2월 19일부터 인도의 캘커타에서 열린 '동남아 청년대회'다. 이 대회에는 월맹(북베트남), 인도네시아, 실론(스리랑카), 버마, 인도, 파키스탄, 네팔, 필리핀, 말라야 등 지역 국가 대표가 참석했고, 비지역 국가에서도 옵서버와 초청자 자격으로 북한을 위시한 8개국이 초빙되었다.

이 대회는 표면상 세계청년연맹(WFDY)과 국제학생협회(IUS)이 개

최한 것으로 되어 있었으나 이 두 단체는 모두 공산주의자들의 통제 하에 놓여 있었다. 더구나 그 준비를 위한 예비회의가 1947년 6월 모스크바에서 열렸다.

캘커타 회의에서 소련은 처음으로 동남아 공산주의자들에게 '양극화 이론'을 내세움으로써 이를 기조로 하여 "미국은 세계에서 가장 침략적인 제국주의 세력이며 그들의 의도는 전 세계를 노예화시키고, 미국의 독점을 노리고 있는 것"이라고 비난했다. 이 회의를 통해 모스크바로부터 캘커타 회의에 참여했던 각 나라들에 무장투쟁이 지령되었고, 소련은 각국의 무장투쟁을 적극 지원했다.

김점곤의 연구에 의하면 캘커타 회의를 통해 소련은 동남아의 공산주의자들과 직접 접촉을 함으로써 회의 이후 수개월 내외에 말레이반도, 버마, 필리핀, 인도네시아 등 동남아 일대와 한국에서 일제히 일어난 무장투쟁은 모스크바의 명령과 깊은 관련을 가지고 있는 것으로 평가되었다.[50]

김점곤의 연구를 바탕으로 할 때 1948년 2월 19일 캘커타 회의는 이후 남한에서 일어난 제주 4·3 폭동, 국군 14연대 반란사건과 깊은 연관이 있는 것으로 봐야 한다.

남한 내에서 폭력 난동에 깊은 영향을 준 또 하나의 사건은 중국 대륙에서 마오쩌둥의 정권 장악을 들 수 있다. 1947년 중반부터 재개된 국공내전은 1년 후인 1948년 여름부터 마오쩌둥의 인민해방군 쪽으로 대세가 기울었고, 1949년 후반기에는 중국공산당이 중국 대륙 전체를 제패하여 적화에 성공한다.

중국 대륙의 공산화는 한반도의 공산주의자들을 크게 고무시키는 희소식이었다. 1948년 11월, 38선을 넘어 침투해 온 무장 유격대들은 번역도 채 안 된 중공의 유격 교범을 휴대하고 있었다. 중공의 출범 후 북한에서 남파되는 빨치산들은 '마오쩌둥의 유격전술'을 모방하여 그대로 사용했다.

분단으로 향한 길

1947년 9월 29일, 미 워싱턴 당국은 마셜 국무장관 주재로 한국에 관한 입장을 정리하는 중요한 회의를 열었다. 당시 미국은 중국에서 국공합작이 실패한 데다 유럽에서 마셜 플랜이 본격화되면서 막대한 자원이 필요하게 되었다. 유럽 우선정책을 펼친 미국 입장에서 볼 때 한국처럼 미국의 국가전략상 주변국가적 가치밖에 없는 곳에 투자를 하기 어려운 상황이 됐다. 이날 미국은 체면을 지키면서 가급적 빠른 시일 내에 한국으로부터 철수하기 위해 한국을 독립시키

기로 결정했고, 이를 위해 유엔을 이용하기로 결정했다.[51]

미국은 소련과의 쌍무적인 협상에 의한 한국문제 해결, 즉 남북한 통일정부 수립은 불가능하다고 보고 미국의 영향력이 강하게 미치고 있던 유엔에 한국 문제를 상정하여 해결하기로 방향을 정했다. 1947년 9월 29일의 '한국 문제 관련 회의'는 사실상 미국이 한국을 포기하기로 결정한 날이다. 그것은 한국문제의 한국화(Koreanization), 즉 미국은 남한 문제를 유엔으로 넘긴 후 신속하게 한국에서 철수하고, 그 후엔 이데올로기로 편이 갈린 한국 사람들끼리 싸우다가 운명을 결정하도록 한다는 정책이었다.

1948년 8월 12일 유엔에서 한반도에서의 외군(外軍) 철수에 관한 결의안이 통과되었고, 11월 14일 유엔총회 본회의는 유엔 감시 하의 남북한 총선거 결의안을 43 대 0, 기권 6으로 채택했다. 총회 결의 제112호의 주요 내용은 인구비례에 따른 비밀투표에 의한 선거를 1948년 3월 31일 이전에 실시하고, 제헌의회 구성과 헌법제정, 유엔한국임시위원단 설치, 그리고 점령국들과 90일 이내에 철군 문제를 협의한다는 것이었다.[52]

소련이 북한 지역에 유엔한국임시위원단의 출입을 봉쇄하자 유엔소총회는 1948년 2월 26일 미국이 제출한 '유엔의 감시 가능한 지역에서의 선거안'을 통과시켰다. 즉 38선 이남에 정부 수립을 결정한 것이다.

남한에 정부가 수립되면 미군은 철수할 것이고, 그 다음 그들 운명은 남한 정부가 알아서 해결해야 하는 상황이었다. 남한의 공산주의자들은 남한 내에 들어서게 될 정부 수립을 방해하기 위해 극렬한 폭력투쟁을 전개하기 시작했고, 정부 수립 후에는 신생 정부의 전복을 위한 무장투쟁에 돌입하게 된다.

북한 지역에서는 1946년 2월 8일 소련의 지시에 의해 '북조선임시인민위원회'라는 사실상의 분단정부가 출범했다. 임시인민위원회 발족과 동시에 북한에서는 정부 수립 절차가 전광석화처럼 진행됐다. 임시인민위원회는 10개 부처로 된 정부조직과 공산주의 공안기관들을 설치했으며(2월 10일), '민주개혁'이란 미명 하에 무상몰수 무상분배 방식의 토지개혁을 실시했다(3월 5일). 또 중앙은행 설립과 화폐 발행(7월 1일), 주요산업의 국유화(8월 10일) 등의 조치들이 단행되어 공산화의 길로 달려가기 시작했다. 1946년 말 북한 공업시설의 90퍼센트 이상이 국유화되어 북한은 사회주의적 계획경제로 변모했다.

1년 후인 1947년 2월 21일, 저들은 '임시'라는 간판을 떼어버리고 명실상부한 북조선 단독정부인 '인민위원회'가 등장했고, 북한 정부 수립이 선포되기 약 7개월 전인 1948년 2월 8일 조선인민군이 공식

창건되었다. 이날 소련군을 모방한 계급장을 부착한 북한 인민군 보병·포병·기동화부대로 구성된 2만 5,000명의 대병력이 소련제 기관총, 박격포, 대전차포, 고사포, 곡사포, 직사포, 그리고 모터사이클 등 신형장비를 갖추고 정렬한 가운데 조선인민군 창군식이 거행됐다.[53]

북한은 왜 정부 수립 전에
군대를 먼저 만들었을까?

정부가 공식으로 수립되기 전에 군대를 먼저 창설한 것은 세계 역사상 극히 드문 예에 속한다. 북한 당국은 왜 정부도 수립하기 전에 군대를 먼저 창군하게 되었을까.

이 무렵 남한에는 유엔 결의로 선거를 실시하기 위해 유엔한국임시위원단이 도착해 활동하고 있었다. 당시 북한의 인구는 남한의 절반밖에 안 됐기 때문에 인구 비례에 의해 선거를 실시할 경우 공산당의 승리는 불가능한 상황이었다. 때문에 소련은 선거 실시를 위해 입북하려던 유엔한국임시위원단의 입북을 봉쇄했다. 소련은 남한에 정부가 수립되기 전에 인민군을 창설하여 그 위용을 과시함으로써 남한에 있는 공산당원들의 사기를 높이고, 반(反)이승만 정치인들을 북한으로 초청하여 회유하기 위해 인민군 창설을 서두른 것이다.[54]

인민군 창설 후 최초로 맞은 1948년 5월 1일 노동절(메이데이) 때는 인민군의 위력을 과시하기 위해 소련제 최신식 기관총, 박격포, 대전차포, 고사기관총, 곡사포 등을 갖춘 인민군 2만 5,000명 등 총 30만 명의 인력을 동원하여 대규모 열병 분열식을 실시했다.

마침 남북정당 사회단체 연석회의(일명 남북협상)에 참석하기 위해 평양에 올라와 있던 김구와 김규식을 비롯한 남측 대표자들이 대거 참석해 연단에 자리 잡았다. 그들은 세 시간 넘게 진행된 조선인민군의 행진과 사열, 신무기 소개 등을 보면서 깊은 충격을 받았다. 인민군의 위용과 현대화된 정비에 놀란 김구가 김일성에게 "남한에는 경찰대 수준의 경비대가 있을 뿐인데 무엇 때문에 북한은 이런 군대를 만들었는가?" 하고 질문했다. 김일성은 "한국이 독립되는 날 일본 제국주의의 재침에 대비하기 위해서"[55]라고 둘러댔다.

북한은 1948년 9월 9일 조선인민민주주의공화국을 선포하고 일주일이 지나지 않아 최고인민회의 명의로 소련과 미국 정부에 "한반도에서 모든 점령군이 동시에 철수해 달라"는 서한을 보냈다. 소련은 "1948년 말까지 소련군을 북한에서 철수하겠다"고 화답했다.

이에 화답이라도 하듯 김구와 김규식은 '모든 외국군 철수와 국제 감시에 의한 한반도 전역의 선거'를 요청하는 서한을 유엔에 보냈다. 한반도 전역의 선거를 유엔에 요청한 것은 1948년 8월 15일 출범한 대한민국 정부를 인정하지 않겠다는 뜻을 분명히 한 것이다.

10월 13일에는 남한의 국회의원 4분의 1이 미군 철수를 요구하는 결의안을 발의했다. 그로부터 일주일 후 여수에 주둔하던 국군 제14연대가 반란을 일으켰다.

조선공산당(후에 남로당)은 해방 직후 자신들의 무장 세력을 확보하기 위해 건국준비위원회 산하에 어느 조직보다 먼저 '국군준비대'라는 군대를 조직했고, 정치적 훈련을 쌓은 간부요원들로 학병동맹을 결성했다. 국군준비대는 서울시내의 각 초등학교 교정에서 군사훈련을 실시했다.

공산당은 해방 직후인 1945년 9월 11일, '조선공산당을 재건하면서 제시한 '투쟁목표'에서 "조선공산당은 조선의 노동자·농민, 도시빈민, 사병, 인텔리겐차 등 일반 노동인민의 정치적·경제적·사회적 이익을 옹호하여 그들의 생활의 급진적 개선을 위하여 투쟁한다"고 선언했다. 투쟁목표에 '사병'을 열거했다는 점에서 공산당들에 의한 군부 침투공작 가능성을 엿볼 수 있다.

남로당의 공작으로
붉게 물든 대한민국 국군

미군정은 1945년 11월 13일 법령 제28호로 국방사령부를 설치하고
그 산하에 경무국(警務局)과 군무국(軍務局)을 두었다. 당시 국내에는
조선임시군사위원회, 조선국군준비대, 학병동맹, 학병단, 조선국군
학교, 대한무관학교, 광복군 등 30여 개의 사설 군사단체가 난무하
고 있었다.

미군정은 통일적인 군사기구를 조직하기 위해 각 도에 1개 연대
씩을 만들어 2만 5,000명 규모의 경찰 예비대를 조직한다는 '뱀부계
획(Bamboo plan)'에 의해 1946년 1월 14일 남조선국방경비대를 창설
하고, 난립해 있던 사설 군사단체에 대해 1월 21일부로 해산을 명령
했다.

1946년 1월 15일 국방경비대 제1연대가 태릉에서 창설되었고,
1946년 5월 1일에는 국방경비사관학교를 창설하여 간부 육성체계
를 확립했다. 1946년 6월 14일에는 미군정의 국방부가 통위부로 개
칭되면서 국방경비대는 조선경비대로, 국방경비사관학교는 조선경
비사관학교로 이름을 바꾸었다.

1946년 1월 21일, 미군정이 사설 군사단체 해산령을 내리자 공산

당은 국군의 모체가 될 것이 분명한 조선국방경비대에 침투하는 공작 전술로 전환했다. 미군정은 국방경비대 신병을 모집할 때 미군정 하의 인간은 '사상의 자유'를 가진다는 방침에 따라 지원자들에 대한 정치적 신념이나 신상 조사, 사상검열을 하지 않고 신체검사와 구두시험만으로 모집했다. 덕분에 공산당들은 거의 공개적으로 자기들에게 동조하는 세력들을 국방경비내에 장교·하사관·사병으로 침투시키는 입대공작을 활발히 전개하게 된다.

그 결과 군은 출범 초기부터 붉은 물이 들기 시작했다. 1946년 1월 15일 창설된 서울 제1연대 C중대는 연대 조직책인 이병위와 좌익 간부들이 공공연하게 공산당을 지지하고 조직을 확대해 나갔다. C중대에는 제14연대 반란 주모자의 한 사람인 김지회가 사병으로 입대해 있었다. 1947년 초 서울 제1연대 F중대에서는 수많은 좌익 교양서적이 사병 내무반에 보관되어 있었다.

제1연대는 병영에서 밤마다 공개적으로 공산주의 사상을 학습하며 토론을 벌였고, 주말이면 남산공원에서 열리는 공산당 집회에 장교들이 사병을 인솔하고 참석하여 공산주의 사상교육을 받을 정도였다.[56]

1947년 2월 대전 제2연대장에 취임한 공산당원 김종석은 군수참모인 이상진과 함께 공금과 군수물자를 부정 처분하여 약 2,000만

원을 남로당 고위책인 이주하에게 공작자금으로 헌납했다. 김종석과 이상진은 후에 숙군 과정에서 체포, 처형되었다.[57]

군부 침투공작

육군사관학교의 전신인 국방경비사관학교의 경우 1기생은 일본군 출신들이 많았으나 3·4기생은 80퍼센트가 넘는 인원이 사병이나 민간인 출신이었다. 후에 숙군(肅軍) 과정에서 3기생 출신이 유독 많았는데, 그 이유는 이들이 사관학교 재학 중 생도대장을 맡았던 오일균·조병건·김학림·김종석 등 좌익 지휘관들의 영향 때문으로 보인다. 덕분에 281명의 육사 3기생 임관자 중 258명이 좌익 혐의로 조사를 받았고, 그 중 60명이 숙군을 당했다. 김지회·홍순석 등 여수 14연대 반란의 지휘자, 제주 9연대 박진경 연대장 피살의 주범 문상길이 3기생이고, 숙군 당시 군내 침투한 남로당 색출의 주역이었던 김창룡도 3기생이었다.

군부 내에 좌익세력의 침투를 우려한 군 수뇌부는 군내에 반공적 장교를 키우기 위해 1947년 모집한 5기생들은 일본군(혹은 만주군) 출신과 반공주의자들을 대거 받아들였다. 이들은 대부분 기독교인들이었고, 3분의 2가 월남한 청년들로 구성된 서북청년회 출신이었다.

남로당의 군부 침투는 제2차 미소공위가 실패하고 단독정부 수립이 기정사실화되면서 본격화됐다. 남로당은 1947년 7월 7일 당 중앙에 군사부(후에 특수조직부)를 설치하여 군대에 있는 남로당 조직을 관리했다. 남로당의 군사부문 최고 책임자는 지하당 2인자였던 이주하였는데, 박헌영과 이주하는 군 내부에 침투한 프락치들을 금싸라기처럼 아꼈다.

남로당 중앙당에서 군부 공작을 전담한 특수조직부(특수부)에는 장교책과 사병책을 두었고, 그 하부에 육군책·해군책을 설치하여 공작을 분담했다. 장교들에 대한 공작은 중앙당 특수부 장교책이 담당부서였고, 사병은 도당 군사부에서 담당했다. 이처럼 조직 관리가 이원화되면서 개별 조직은 상호 유기적으로 연결되지 못해 적지 않은 갈등과 혼란을 불러왔다.

경비대 사병들은 대다수가 저소득 빈농가의 자제들이었다. 따라서 그들 중에는 해방 직후부터 침투시킨 공산당의 농촌조직과 건준, 인공 등으로 인해 공산당 외곽조직에 직간접으로 관계되어 경찰의 추적을 받는 불순분자들이 많았다. 그들 대다수는 우익과 밀접한 관계에 있던 경찰과 적대감정을 가지고 있었다.

대구에서 10·1 폭동이 발생하기 전 광주의 미군정 당국이 실시한 여론조사를 보면 '경찰의 자질개선이 시급하다'는 견해가 42퍼센트, '경찰이 파시스트적이며 비민주적'이라는 견해가 10퍼센트, '경찰이 직무상 권력을 남용하고 있다'는 견해가 10퍼센트, '일제하의 경찰 전력이 있는 사람은 물러나야 한다'는 견해가 10퍼센트, '경찰을 싫어한다'는 견해가 6퍼센트 등 90퍼센트 이상이 경찰의 존재에 대해 부정적 입장을 밝혔다. 단지 조사자의 10퍼센트만이 '경찰을 신뢰한다'고 답했다.[58] 공산당은 이런 적대감을 증폭시켜 경찰과 군대 간의 대립과 반목을 부추겼다.

반면에 장교들은 북한 공산주의자들의 탄압을 피해 월남한 유산층 자제들이 다수를 점하고 있었다. 북한 출신 군 간부와 남한의 농촌 출신 병사들 간에는 계급으로서의 상하관계, 출신지역에서의 남과 북, 출신성분에서 부르주아 출신과 프롤레타리아 출신으로 갈라져 있어 대립 양상이 깊었다.[59]

엉뚱한 시기에 반란 일으켜
역량 소진한 남로당

장교들의 경우 공산당과 인연을 맺게 된 배경이 다채로웠다. 해방

전 만주군에서 활동했던 일부 장교들은 만주에서 이미 공산당 조직에 가담하고 있었던 자도 적지 않았으며, 남하 도중 평양에서 입당하거나 공산주의에 오염되어 월남한 자도 있었다. 후에 반란을 일으킨 제14연대를 토벌하기 위해 출동했다가 반란군 지휘관 김지회를 만나는 등 이상 행동을 보였던 최남근은 만주군 시절에 이미 공산조직에 가담하고 있었다. 경비대 입대 후인 1946년 중반에도 약 3개월간 평양을 방문하여 필요한 정보와 지령을 받은 후 재차 남하하여 군에 침투한 사례다.[60]

군에 침투한 남로당의 1차적 목표는 이승만 대통령의 북진통일 정책이 군 수뇌에 의해 군사정책으로 옮겨지거나 군사행동화하지 못하도록 대북정책의 성격을 약화시키거나 무력화하는 것이었다. 보다 적극적인 목표는 최종 혁명단계인 '결정적 시기'가 왔을 때 지하당과 호응하여 민중의 선봉에 서서 무장부대로서 전초병 역할을 담당하고, 나아가 무장반란을 유도하는 것이었다.[61]

그런데 공산당은 혁명의 기운이 무르익었을 때 봉기하기 위해 온존시켰어야 할 군내 남로당 조직을 혁명이 존재하지도 않는 퇴조기인 1948년 10월 여수·순천 일대에서 폭발시킴으로써 치명적인 과오를 범하게 된다. 이러한 남로당의 반란은 군부에 대한 대대적인 사상적 숙군작업을 몰고 와 군내 당 조직의 붕괴는 물론, 불투명했던 군대의 성격을 '대한민국 국군'으로 선명하게 규정짓는 결정적인 계기가 되었다.

1948년 5월 10일 남한에서 제헌의원 선거가 실시되고 대한민국 정부가 수립되면서 공산주의자들은 '정권장악'이라는 투쟁목표를 버리고 '정부수립 저지 투쟁', 정부가 수립된 후에는 '정부 전복 투쟁'으로 전환하게 된다. 이를 위해 그들은 공산주의 본래의 무기인 '폭력'이란 카드를 꺼내 들었다.

남로당의 고민

남로당은 1947년 5월 미군정의 행정명령 제2호에 의해 전위대인 민주청년동맹이 해체되었고, 대다수의 당 간부가 검거되거나 구속영장이 발부되면서 정상적인 활동이 어렵게 되었다. 이 상황에서 그들이 취할 수 있는 선택지는 다음 네 가지였다.

① 북한으로 월북 도피 : 월북자의 대부분은 당 수뇌에 속하는 간부들이었다. 이들 중 일부는 북로당에 합류하거나 평양 정권에 참여하여 대남공작의 사령탑 역할을 했다.

② 도피와 투쟁을 위해 지하로 잠입 : 당 중앙과 지방당의 중견간부들이 선택한 방법이다. 후에 이들을 중심으로 지하공작활동을 전개한다.

③ 무장투쟁을 위해 산악거점으로 입산 : 지리적으로 경남북과 전남북, 일부 충남북 지역 당원들이 선택했다.

④ 검거되거나 전향 : 남로당의 당원 5배가운동에 의해 포섭된 자들로서, 확고한 이념적 뒷받침 없는 자들이 대부분 검거되거나 전향했다.

남로당은 1947년경부터 박헌영 이하 대부분의 수뇌급 간부들이 월북했는데, 그 중 극소수의 인원이 평양 정권에 참여했을 뿐 대다수는 권력에서 소외되어 있었다. 따라서 실질적으로는 당의 중추부가 북으로 이동하여 북로당에 합류된 상태였다. 그들은 북한 당국으로부터 식객 취급을 받아 평양에서 멀리 떨어진 해주에 집결하여 무위도식하고 있었다.

이 와중에 제헌의원 선거 반대 투쟁을 벌이다가 다수의 조직이 노출, 체포되면서 세력이 크게 약화되었다. 게다가 노련한 남로당 지도자들은 해주 지하선거 참석차 월북하여 북한을 '한반도 전체를 대표하는 정권'임을 확인해주는 활동을 벌였다. 그들은 남한에 있던 남로당 중앙위원회를 해체하고 남로당을 북로당과 합병키로 했다. 이때부터 두 당의 중앙위원회는 하나의 조직체가 되었다.

남로당은 1948년 7월에 남한에 대한 지도를 위해 현지 전방 지휘 기구인 '서울지도부'라는 지하조직을 서울에 구축하고 김삼룡과 이주하가 이끌었다. 이들은 월북한 남로당 지도부의 지시를 남로당 조직에 하달하고 남한 내 남로당 활동을 지도 감독하는 역할을 했다.

남로당이 북한에서 자신들의 세력을 회복할 수 있는 유일한 방법은 자신들의 노력으로 남한 내에서 '주목할 만한 투쟁'을 벌이는 것이었다. 김점곤은 남로당이 김일성으로 하여금 남침전쟁을 결심하도록 하기 위해 이에 호응할 수 있는 자신들의 정치적·군사적 기반이 남한에 구축되어 있다는 사실을 북로당 권력층에게 보여주기 위해 남한에서 무력투쟁을 벌이라고 지시했다고 지적한다.[62]

3부

피로 물든 제주

목포에서 140킬로미터, 부산에서 286킬로미터 지점에 위치한 제주
도는 동서가 74킬로미터, 남북이 41킬로미터, 해안선 길이 240킬로
미터, 섬 전체 넓이 약 1,850평방킬로미터(㎢)의 타원형 화산도다.
섬 중앙에 해발 1,950미터의 한라산이 솟아 있고 우리나라 섬 중에
서 면적이 가장 넓다. 제주도는 1946년 8월 1일 전라남도에서 분리
되어 군(郡)에서 도(道)로 승격되었다.

한라산이 연출한 아열대의 아름다운 섬에서 1948년 4월 3일 발생
한 제주 4·3 폭동은 6년 6개월이라는 오랜 기간 동안 폭동과 진압의
아비규환을 연출하며 섬 전체를 피로 물들였다.

이 와중에 진압 과정에서 국군 제9연대장 박진경 대령을 비롯하

여 군인과 경찰, 우익 청년단체 회원들이 다수 희생됐고, 반대쪽에서도 폭도들과 수많은 제주도민들이 목숨을 잃었다. 대체 이 비극은 누가, 왜, 무슨 이유 때문에 시작된 것일까.

제주 4·3은 1946년 10월 1일의 대구 폭동과 1948년 10월 19일 발생한 국군 14연대 반란의 중간에 교량처럼 존재하는 비극적인 사건이다. 대구 폭동은 남한을 군사통치하고 있던 미군정의 질서를 뒤흔들기 위해 스탈린이 지령한 '신전술'에 의해 발생한 일이다. 제주 폭동은 대한민국 건국을 위한 제헌의원 선거를 반대하기 위해 좌익들이 벌인 사건이다.

제주 폭동을 진압하기 위해 제주에서 가장 가까운 여수 주둔 제14연대의 1개 대대 병력을 파견하려 하자 14연대 남로당원들이 반란을 일으켰다. 14연대 반란은 출범한 지 두 달밖에 안 된 대한민국을 전복하고 인민공화국을 보위하기 위한 현역 군인들의 반란에 좌익 민간인들이 합세한 사건이었다.

세 사건의 일련의 흐름은 대한민국의 부정이고, 반대였다. 공산당의 도전은 '단선(單選)·단정(單政) 반대'라는 구호 아래 의도적이고 조직적이며 집요한 폭동·반란·난동으로 표출되었다. 그 중에서도 4·3사건이 제헌의원 선거를 한 달여 앞둔 제주에서 일어난 것은 우연이었을까, 아니면 필연이었을까.

4·3이란 시한폭탄의 뇌관이 폭발한 것은 사건 발생 1년 전인 1947년 3월 1일이다. 이날 제주읍 관덕정 마당에서 3·1절 기념집회가 열렸는데, 남로당 제주도위원회 주도로 군중 폭동이 발생하자 경찰이 발포하여 6명의 희생자가 발생했다.

제2차 미소공동위원회가 아무 성과 없이 무기 휴회되고 1948년 1월 초 한국에 온 유엔임시한국위원단이 활동을 개시하여 남한만의 총선 실시가 가시화되자 월북해 있던 남로당 지도자 박헌영은 남한의 제헌의원 선거를 폭력을 동원해 저지하기로 결심했다. 평양 라디오 방송을 통해 지령을 받은 남로당은 1948년 2월 7일부터 2주 동안 전국에서 "유엔위원단 반대", "남조선 단정 반대", "미소 양군 동시 철퇴", "이승만·김성수 등 친일 반동분자 타도", "정권을 인민위원회에 넘겨라" 등의 구호를 외치며 극렬 폭력 시위를 벌였다

'찻잔 속의 태풍'으로 끝난 2·7 투쟁

남로당은 실력으로 단독선거를 저지한다는 목표를 세우고 폭동, 파괴, 살해 등 온갖 수단 방법을 다 동원하라는 지령을 내렸다. 이로 인해 발생한 사건이 소위 '2·7 구국투쟁'이었다. 당시 남로당의 주장은

다음과 같았다.

첫째, 조선의 분할 침략계획을 실시하는 유엔 한국위원단을 반대한다.
둘째, 남조선의 단독정부 수립을 반대한다.
셋째, 양군 동시 철퇴로 조선 통일민주주의 정부 수립을 우리 조선 인
    민에게 맡겨라.
넷째, 국제 제국주의 앞잡이 이승만, 김성수 등 친일 반동파를 타도하라.

후에 밝혀진 바에 의하면 당시 남로당의 주장이나 슬로건은 북측
실력자가 된 김일성이 내놓은 주장과 동일했다. 당시 남로당은 미군
정청의 불법화 선언으로 체포령이 내려져 그 수뇌부가 월북하여 북
한 정권에 참여했거나, 북로당 조직에 예속되어 있었다. 따라서 4·3
폭동은 평양에서 계획하고 지령된 것이며, 서울에 있는 명목상의 남
로당 중앙은 평양에서 내려온 지령을 실천에 옮긴 것이 된다.

1948년 2월 7일 전평 산하의 교통 운수 노조원들이 파업에 돌입
했고, 일부 지역에서는 경찰관서를 습격하고 전신전화선을 절단했
다. 부산항에 입항해 있는 선박들의 선상 파업, 삼척과 화순 등지에
서 탄광 노동자들의 파업이 일어났고, 일부 학생들은 좌익 민주학생
연맹의 선동으로 동맹휴학에 돌입했다.

남로당의 투쟁 지령에 의해 2월 7일부터 3월 24일 사이에 전국에서 약 383건의 방화사건이 발생했는데, 이 중 적어도 308건이 저명 인사들의 가옥에 대한 방화였다. 그밖에 관공서 파괴행위 22건, 도로 및 교량 파괴 50건, 선거시설 파괴가 41건, 71대의 기관차가 엔진이 파괴되거나 손상을 입었고, 전화선이 563회 절단되었다. 인명 피해는 공무원 145명, 민간인 150명, 폭도 330명이 사망했고, 그 외에 많은 사람들이 부상을 당했다.[63]

제주도에서는 '인민해방군'이라 불리는 남로당원들이 일본군으로부터 노획한 소총과 수류탄, 대검 등으로 무장하여 경찰지서를 공격했고, 경찰 및 우익 청년단체를 대상으로 유격전을 벌였다. 남로당의 거센 테러 활동으로 제주도는 통제 불능 상황으로 치달았다.[64] 미군정 경무부의 발표에 의하면 2·7 폭동의 피해는 경찰서 피습 26건, 무기 약탈 12건, 경찰관 사망 3명, 동맹휴교 60개 교, 파업 14건, 검거인원 306명으로 집계되었다.

김구의 대한민국 건국 반대

2·7 폭동이 벌어지기 전날인 2월 6일 김구와 김규식은 유엔한국위

원단 대표들과 만나 남북협상 방안을 제시하며 위원단 사업을 중지해 줄 것을 요구했다. 이 와중에 폭동이 발생하자 잠시 주춤했으나 사태가 수습되자 2월 10일 김구는 "나는 통일된 조국을 건설하려다가 38선을 베고 쓰러질지언정 일신에 구차한 안일을 취하여 단독정부를 세우는 데에는 협력하지 않겠다"라는 성명을 발표, 총선 반대 입장을 분명히 했다. 성명 내용은 다음과 같다.

"나는 통일된 조국을 건설하려다가 38선을 베고 쓰러질지언정 일신에 구차한 안일을 취하여 단독정부를 세우는 데에는 협력하지 아니하겠다. 나는 내 생전에 38 이북에 가고 싶다. 그쪽 동포들도 제집을 찾아가는 것을 보고서 죽고 싶다. 궂은 날을 당할 때마다 38선을 싸고도는 원귀의 곡성이 내 귀에 들리는 것도 같았다. 고요한 밤에 홀로 앉으면 남북에서 헐벗고 굶주리는 동포들의 원망스러운 용모가 내 앞에 나타나는 것도 같았다. 삼천만동포 자매형제여! 붓이 이에 이르매 가슴이 억색(抑塞)하고 눈물이 앞을 가리어 말을 더 이루지 못하겠다. 바라건대 나의 애달픈 고충을 명찰하고 명일의 건전한 조국을 위하여 한 번 더 심사(深思)하라."

김구와 김규식은 2월 16일, 비밀리에 북한의 김일성과 김두봉에게 남북 요인회담을 제의하는 서한을 보냈다.

김구의 반대 성명에도 불구하고 유엔한국위원단 위원장 메논은

2월 16일 유엔에서 보고 연설을 했고, 2월 19일 유엔 소위원회는 38선 이남의 선거 감시가 가능한 지역에서 선거를 실시한다는 미국안을 채택했다. 3월 1일 하지 미군정 사령관은 "5월 9일(후에 5월 10일로 변경) 38선 이남 지역에서 총선거를 실시한다"고 발표했다.

당시 150만 당원을 확보하여 남북한을 통틀어 최대의 정당이라고 자랑하던 남로당은 하지 사령관의 성명이 발표되자 즉각 "남한만의 단독 총선을 적극적으로 보이코트 한다"는 성명을 발표했다. 저들이 말한 '적극적 보이코트'란 단순한 반대, 즉 참가하지 않거나 방관을 의미하는 것이 아니라 모든 수단 방법을 동원하여 선거를 파괴하고 방해하겠다는 선언이었다.

『한국전쟁의 기원과 진실』의 저자인 존 메릴은 제주에서 발생한 일련의 사태는 북한으로서는 원치 않았던 뜻밖의 사건이었다고 말한다. 북한 입장에서 볼 때 제주 사태는 매우 좋지 않은 시기에 일어났다. 즉 단독 선거에 반대하는 남한의 지도자들과의 연합전선을 형성하려던 그들의 계획에 차질이 예상되었기 때문이라는 것이다.[65]

존 메릴은 또 남로당 중앙지도부가 제주도의 무장 폭력 투쟁을 직접 지시하지 않았다고 보는 것이 타당하다는 주장을 내놓았다. 남로당이 주도한 2월 총파업은 본질적으로 미군정에 대항하여 무장 투쟁을 벌이자는 것이 아니라 유엔한국위원회에 영향을 주려는 것이

었기 때문이란 의견이다.[66]

　그러나 당시 남로당 고위 간부였던 박갑동의 주장은 존 메릴의 의견과는 많이 다르다. 남한의 제헌의원 선거에 대한 '적극적인 보이콧' 지령에 따라 남로당이 대대적인 무장폭동 장소로 택한 곳이 제주도라고 증언하고 있기 때문이다. 박갑동의 증언에 의하면 남로당이 본토에서 멀리 떨어진 제주도를 폭동 장소로 택한 이유는 육지에서 멀리 떨어진 섬이라는 지리적 특수성으로 인해 해방 직후부터 공산당의 조직 활동이 활발했고, 공산당의 선전과 조직 활동으로 도민의 사상이 붉은 쪽으로 기울어져 있다고 판단되었기 때문이다.[67]

제주도는 좌익의 온상

제주도는 일제 시대에 일본을 통해 좌익사상을 접했다. 제주에는 마르크스주의 연구 클럽이 조직되었고, 한국공산당 지부도 결성되었다. 마르크스주의는 섬의 학생들에게 널리 퍼졌다. 일제 시기에도 제주에서는 제주청맹사건, 혁우동맹 사건, 야체이카 사건 등 사회주의 비밀조직을 결성했다가 탄압을 받은 일이 많았다.

　해방 전 22만 명이었던 제주도 인구는 1948년에는 28만 명이 넘었다. 갑자기 인구가 6만 명 정도 늘어난 이유는 일본에서 노동자로 일했거나 군인(혹은 군속)으로 일했던 사람, 중국에서 의용군이나 팔로군으로 활동하다 귀국한 사람들 때문이다. 이들중 상당수가 지하에서 사회주의 운동을 하던 세력과 합세하여 제주 전역을 소용돌이로 몰아넣었다.

제주도에서 남로당 가입자는 약 6만에서 7만 명 정도로 추정됐다. 존 메릴은 해방 후 제주도민의 80퍼센트 정도가 적극적 또는 소극적인 남로당 지지자였다고 말한다.[68] 그 결과 도지사 박경훈이 인민투쟁위원장, 제주읍장이 부위원장, 각 면장이 투쟁위원으로 되어 있는 등 제주도는 사실상 인민공화국이나 다름없었다.

섬이라는 고립된 지역적 특성상 지도급 인사가 공산주의 사상에 감염되면 지연(地緣) 혈연(血緣) 관계나 협소한 공동체 사회에 따른 배타적인 도민의식으로 인해 다수의 사람들이 불온한 사상에 오염될 수밖에 없었다. 특히 조선시대부터 이어져 온 외래인(본토인)에 대한 피해의식은 뿌리가 깊어 본토민에 대한 제주도민의 반항적 단합심은 남로당 조직을 이데올로기 이상의 것으로 단시일 내에 팽창시켰다.[69]

남로당 군사부는 제주 인민해방군을 조직하고 각 면 단위로 중대를 편성하여 무장 병력이 500여 명에 달했고, 1,000여 명의 동조자를 확보하여 활발한 활동을 벌이는 바람에 도내 치안이 마비 상태에 빠졌다. 경찰 정보에 의하면 특히 중학생을 위시해 초등학교 아동에 이르기까지 학생들 대부분이 남로당의 영향 하에 있다고 보았다.

남로당 제주도위원회는 소위 '2·7 구국투쟁'을 전후로 한라산 여러 봉우리의 숲 속에 비밀 아지트를 만들고 이곳을 거점으로 활동했다. 남로당 중앙당은 2·7 투쟁이 예상과는 달리 별 성과 없이 끝나자 조직이 그대로 유지되고 있는 제주도위원회에 연락책(이재복, 조경순)을 보내 "폭동을 일으켜 단선·단정을 강력히 반대하라"는 지령을 내렸다. 이 지령은 남로당 제주도위원장 안세훈이 경찰에 피검중이어서 조직부장 김달삼에게 전달되었다.[70]

남로당, 제주 폭동 지령

김달삼은 남제주군 대정읍 영락리 태생으로 본명이 이승진이다. 어릴 때 대구로 이주하여 대구심상소학교를 졸업하고 아버지를 따라 일본으로 건너갔다. 교토 성봉중학을 졸업하고 도쿄 주오대(中央大)에서 1년을 수료한 후 학병으로 징집된 그는 일본 육군예비사관학교를 졸업하고 일본군 소위로 임관했다. 1945년 1월 강문석(남로당 중앙위원)의 딸 강영애와 결혼했는데, 김달삼이란 가명은 장인 강문석이 위장용으로 써오던 것을 사위 이승진이 이어받아 사용한 것이다.

김달삼은 해방 후 귀국하여 1946년 10월 대구 폭동에 개입했고, 조선공산당 경북도당 대구시당 서부지역의 당 세포조직 책임자로 활동하다 제주도로 건너갔다. 그는 대정중학교에서 사회과 교사로 재직하며 남로당 조직부장을 맡았다. 2·7 사건으로 검거 선풍이 일자 부산에 있는 장인 강문석에게 잠시 피신해 있다가 다시 제주로 와서 활동을 재개했다. 김달삼은 부하 조로구와 국방경비대 내에서 밀명을 받고 있던 남로당원 문상길 중위 등과 비밀리에 접선하여 폭동계획을 수립했다.

제주 4·3 폭동은 남로당이 제주도에서 무장 반란을 일으킨 사건임을 증명하는 자료가 경찰이 노획한 「제주도 인민유격대 투쟁보고서」다. 이 보고서에 의하면 남로당 제주지부는 1948년 3월 15일경 북제주군 조천면 신촌리에서 당 상임위원회를 열고 무장 반란 문제를 장시간 논의한 후 13대 7로 반란을 일으키기로 결정했다. 그들이 밝힌 반란 이유는 다음과 같다.

'기후(其後) 사태가 거익(去益) 악화됨을 간취한 도 상위(常委)는 3월 15일 도 파견 "을구"를 중심으로 회합을 개최하여 첫째 조직의 수호와 방어의 수단으로, 둘째 단선·단정 반대 구국투쟁의 방법으로 적당한 시간에 전 도민을 총궐기시키는 무장 반격전을 기획 결정.'[71]

또 남로당 중앙위원회가 '제주 투쟁에 대한 격려문'을 보내오자 이에 대한 답신에서 남로당 제주도위원회는 자신들의 투쟁 목표를 다음과 같이 기술하고 있다.

'…우리들은 "조국해방 투쟁사상에 불멸의 금자탑"을 이루는 영예를 관철할 것을 지표로 하여 망국멸족의 단선 분쇄의 기열한 초소를 죽음으로 지킬 것이며, 통일독립을 우리의 손으로 전취할 때까지 과감히 투쟁할 것을 확언하고 맹세합니다.

1. 남조선노동당 중앙위원회 만세!
2. 조선민주주의인민공화국 만세!'[72]

이 자료로 볼 때 남로당 제주도위원회는 대한민국 정부 수립을 위한 선거를 반대하고 조선민주주의인민공화국을 위한 구국투쟁 차원에서 무장 반란을 일으키기로 결정한 것이다. 흥미로운 사실은 제주도의 남로당과 좌익들은 유엔 감시 하에 자주정부를 수립하기 위한 5·10 제헌의원 선거를 무장 폭동을 일으켜 거부하고 방해한 데 반해, 조선민주주의인민공화국을 수립하기 위한 대의원 선출 지하 선

거(소위 해주 선거)에는 제주도민 85퍼센트가 참가했다는 점이다.[73]

이 수치는 좌익들의 선전과 주장이다. 해주 지하선거의 실상은 서울 부근의 한 지역에서 노획된 지하 비밀선거 결과에 잘 나타나 있다. 이 자료에 의하면 서명자 명단에는 우익 정치인, 신문기자, 공무원, 국회의원들이 포함되어 있었고, 또 소설 제목이라든가, 김 씨·박 씨·이 씨 등 흔한 성 뒤에 춘(春)·하(夏)·추(秋)·동(冬) 또는 근(近)·원(遠) 등의 한자를 붙여 가짜 이름을 만들어 서명했다.[74]

이런 증거들로 미루어볼 때 제주도민들의 해주 지하선거 투표 참가율 85퍼센트는 남로당의 선전에 속고, 뭐가 뭔지 잘 모르는 상황에서 소위 도장 찍기 투표를 했거나, 누군가가 가짜로 명부를 만들어 서명했을 가능성이 높다.

해주 지하선거란 1948년 5월 10일 남한에서 제헌의원 선출을 위한 총선이 치러지고 8월 15일 대한민국이 건국되자 북한은 8월 23일부터 25일까지 황해도 해주에서 '조선최고인민회의 대의원 선거를 위한 남조선 인민대표자 회의'라는 긴 이름의 회의를 열었다. 이 회의에서 최고인민회의의 남쪽 대의원 360명을 선출하기 위해 실시한 선거가 소위 해주 지하선거다. .

이런 방식으로 선출된 남쪽 대의원 360명과 이미 북에서 선출된 대의원 212명이 1948년 9월 2일 최고인민회의를 열어 인민민주주의 헌법을 제정하고, 9월 9일 조선민주주의인민공화국을 선포했다.

　남로당은 5·10 선거가 민족통일정부 수립을 가로막는 단독 선거라고 선동하여 투표를 거부하기 위한 무장 폭동을 일으켰다. 그런데 북한의 단독정부 수립을 위한 해주 지하선거에는 적극 참여했다. 이런 증거들로 미루어 보면 남로당이 그토록 원했던 통일정부란 조선인민공화국이었음을 스스로 드러낸 것이다.

제주 9연대, 남로당원들 대거 입대

일본은 제2차 세계대전 당시 미군이 제주도를 통해 일본 본토를 침공할 우려가 있다 하여 제주도에 제17방면군 휘하 제58군 3개 사단과 독립혼성여단 등 6만여 명의 병력을 배치하고 섬 전체를 요새화했다. 그런데 원자폭탄 공격을 받아 항복하자 무기와 탄약을 한라산에 파묻고 철수했다.

　공산세력들은 일본군이 놓고 간 무기와 탄약으로 무장하고 군사훈련을 실시했다. 무장 세력 규모는 500여 명, 부화뇌동하여 가담한 자는 1,000여 명에 이르렀다.

　당시 제주도 모슬포에는 1946년 11월 16일 모슬포에서 창설된 국방경비대 제9연대가 주둔하고 있었다. 미군정은 국방경비대를 창설하면서 좌익분자들을 걸러내는 절차를 마련하지 않아 남로당 지도부는 다수의 당원들을 9연대에 침투시켰다. 좌익분자들의 경비대 침투 현상은 제주도에서 창설된 제9연대에서 특히 심해서 상층부에서 말단까지 남로당이 침투해 있었다.

「제주도 인민유격대 투쟁보고서」에는 '1946년 본도 3·1 투쟁 직후 때마침 본도 주둔 제9연대가 신설되어 제2차 모병이 있음으로 이에 대정 출신 4동무(고승옥, 문덕오, 정두만, 류경대)를 프락치로서 입대시켰음'이라고 기록하고 있다.

연대 내 남로당 지도자는 문상길 중위였다. 그는 일본군 하사관으로 제주도에서 근무하다가 좌익 동조자가 많기로 유명한 조선경비사관학교 3기로 졸업하여 임관했다. 이밖에도 통신 및 정보 부서의 대다수 병사들이 남로당 출신이었다.

문상길은 부대에서 무기와 탄약을 몰래 빼내 남로당원들을 무장시킨 후 산중에서 군사훈련을 실시하여 한라산 빨치산의 모체를 양성하고 있었다. 게다가 6개월 전부터 현지의 남로당원들은 제9연대 장병 중 도내 사정을 잘 모르고 사상적으로 확고한 신념이 없는 젊은 병사들을 포섭하여 부대 내에 세포를 조직하고 있었다.

남로당은 9연대 장병들에게 "귀관들의 총구를 미 제국주의자들에게 돌려라. 정부와 경찰에 대항해 봉기하라"고 선동했다. 제주도 전역에 걸쳐 마을 입구에는 병사들을 환영하는 글과 함께, 그들에게 "인민의 투쟁을 지원하라"고 촉구하는 표어들이 붙어 있었다.

4월 3일 일요일, 약간의 가랑비가 내리는 가운데 새벽 2시를 기해 남로당 제주위원회는 한라산 정상에서 봉화를 올렸다. 이어 한라산 중허리에 위치한 89개의 오름에서 일제히 봉화가 올랐다. 350여 명의 무장 빨치산들이 마을 부근의 동굴과 숲속에서 총, 죽창, 곤봉 등으로 무장하고 있다가 봉화가 올라가는 것을 신호로 무장 반란을 일으켰다. 각 면 단위로 편성된 유격중대와 자위대가 선두에 서고 여맹원과 아동단원까지 3,000여 명이 동원되었다.

좌익 난동으로 제주 선거 무효되다

문상길이 부대 장병들을 완전 무장시킨 뒤 3대의 트럭에 나눠 타고 제주경찰서를 기습 점령한 것을 신호로 '인민유격대'라 불리는 빨치산 500여 명이 소총과 검, 낫, 죽창, 사제 수류탄, 폭발물, 곡괭이와 삽 등으로 무장하고 한라산 기지에서 내려와 도내 24개 경찰지서 중 12개 파출소를 습격했다. 이때의 기습 공격으로 경찰 및 민간인

55명이 피살되었고, 21명 납치, 건물 방화 45건, 부상자는 헤아릴 수 없이 많았다. 이때 피해를 당한 상황은 다음과 같다.

애월면 신임 지서장 문익도 경감은 머리가 톱으로 잘렸고, 남원 지서 협조원 방성화는 폭도들이 쏜 총에 복부를 맞아 즉사했다. 김석훈은 도끼에 맞아 팔이 잘렸고, 고일수 순경은 칼로 난도질을 당하고 목이 잘렸으며, 함덕지서 지서장 강봉현은 죽창으로 난도질당해 죽었다. 화북 지서 협조원 이시성이 불에 타 죽고, 김장하 경찰 부부가 대창에 찔려 죽었다. 외도 지서 선우중태 순경이 혼자 숙직하다 무장대가 쏜 총에 맞아 즉사했다.[75]

남로당 중앙당은 당 군사부 책임자 이중업과 군내의 프락치 책임자 이재복, 폭동 두목인 김달삼의 장인이며 중앙선전부장 강문석을 제주도에 파견하여 현지에서 폭동을 부추겼다. 현지에 파견된 무장 폭동 지도부는 제주도를 동서로 양분하는 한라산의 동서 양단인 선흘과 금악 등지에 일본군이 구축해 놓은 지하 진지에 낮에는 숨었다가 밤이면 부락으로 몰려가 온갖 만행을 저지르도록 유도했다.

미군정은 1,700여 명의 경찰과 800명 규모의 국방경비대 병력을 제주도로 급파하여 토벌전을 벌였다. 4·3 폭동의 여파는 심각했다. 좌익들의 극렬 폭동으로 제주도내 3개의 선거구 중 2개 지역에서 등록된 유권자의 절반이 투표를 하지 못했고, 20퍼센트의 투표소에서 투표가 전혀 이루어지지 못했다. 미군정은 투표율이 절반에 미치지 못한 두 선거구의 선거를 무효화했다. 제주도의 2개 의석은 1년 동안 공석으로 남아 있다가 1949년 보궐선거로 채워졌다.

난리가 나면 죽어나는 것은 주민들이다. 공산 빨치산 세력과 토벌에 나선 국군·경찰 사이에 낀 제주도민들은 목숨을 부지하기 위해 지혜를 발휘하게 된다. 그것은 강한 세력에 자신을 의탁하는 방법이었다. 즉 빨치산 세력이 강하면 빨치산에게 복종하고, 국군과 경찰이 우세하면 그곳에 복종하는 식이었다.

제주도에서 무장 폭동이 전개되는 와중에 중도파 정당 지도자들과 김구, 김규식은 남북한의 좌익세력과 더불어 5·10 총선 저지를 선언하고 남북협상에 나섰다.

좌익 병사들에게 살해당한 9연대장

폭도들은 5월 10일 제헌의원 선거를 무효화하기 위해 집요한 공격을 해댔다. 제주도 전역에서 투표함이 불타고 행정기관이 파괴당했다. 제주도의 선거관리 요원 중 절반이 사직하거나 빨치산들에게 납치되었다. 투표를 방해하기 위해 빨치산들은 전화선을 끊고 교량을 폭파했으며, 차량 통행을 막기 위해 도로를 바윗덩어리로 차단했다. 빨치산 사령관 김달삼은 폭도들과 남로당원들에게 이렇게 선전했다.

"도민 여러분, 북조선 인민군이 38선을 넘어 수원까지 남하하고 있소! 한 달만 참으면 제주도는 해방이 됩니다. 그렇게 되면 해방군이 경찰이 되고 토지도 나누어주고 공평하게 나누어 갖는 공정한 세상, 평등한 세상이 옵니다."

도민들은 이 말을 믿고 성금을 갖다 바치거나 소나 말을 잡아서 빨치산들을 배불리 먹이는 등 활동을 지원했다. 폭동은 걷잡을 수 없이 확대되어 제주도내 곳곳에서 죽고 죽이는 살육극이 자행되었다.

새로 9연대장에 취임한 박진경 중령은 3단계 전략에 따라 진압작전을 실시했다. 1단계는 마을을 높은 돌담으로 둘러싸고 자위대를 훈련시켜 전략촌을 구축했다. 2단계는 경비대가 경찰과 우익청년단의 지원 하에 대대적인 중산간 지역 소탕작전을 전개했다. 진압부대는 30~40미터 간격으로 한라산 자락을 샅샅이 수색했고, 정찰기는 공중에서 정찰활동을 통해 게릴라들의 소재지를 알려주었다. 산간마을들이 불탔고 주민들은 해안의 난민 수용소로 이주되었다. 3단계는 빨치산으로 의심되는 자들을 색출하기 위해 난민수용소 내에

좌익 색출센터를 설치했다.[76]

　빨치산 소탕전이 맹렬하게 전개되자 인민유격대 사령관 김달삼은 문상길 중위에게 연대장 사살 명령을 내렸다. 박진경 연대장은 성공적인 진압 작전의 공로를 인정받아 6월 1일 대령으로 진급되었다. 6월 17일 밤 대령 진급 축하연을 마치고 돌아온 박진경 연대장은 옷을 입은 채 술에 취해 침대에서 잠이 들었다.

　6월 18일 새벽 3시 30분, 남로당 프락치 손선호 하사는 잠들어 있는 박진경 연대장을 M1 소총으로 사살했다. 총탄은 박 대령의 심장과 두개골을 정확히 관통했다. 박진경 연대장을 쏘아 죽인 손선호 하사는 대구 폭동에 가담했다가 경찰의 추격을 피해 경비대에 입대한 자였다.

　미군정장관 윌리엄 딘 소장은 한국군 장교 중 백선엽과 박진경이 가장 정직하고 머리가 좋아 한국 육군을 이끌어갈 인재라고 판단하여 두 사람을 적극 후원했다. 딘 소장은 자신이 아꼈던 박진경 연대장의 갑작스런 죽음에 충격을 받아 자신이 직접 제주도로 날아가 C-47 수송기에 박 대령의 유해를 실어 왔다.

김달삼 월북

제주도라는 바다에 갇힌 섬 공간은 중간자적인 입장을 취할 수 있는 피난처를 제공하기에는 너무 좁고 분위기가 살벌했다. 빨치산과 토벌군 사이에 위치한 도민들은 그때마다 세력이 강해보이는 쪽을 지지하는 것으로 목숨을 부지하려 했다. 폭동이 진행되는 와중에 한편에선 빨치산들에게, 다른 편에선 국군과 경찰 토벌대에게 밀리고 쫓겨야 했다.

도내 400여 마을 중 259개 부락이 전소되고 1만 2,250호의 가옥이 불에 탔으며, 12개 면사무소 중 5개, 12개 경찰관서, 학교 34개소, 우체국 1개소가 소실되었다. 섬 인구의 10퍼센트에 이르는 3만여 명 이상이 희생되고 이재민 10만 명이 발생하는 등 가슴 아픈 사연을 간직하게 된다.

제주도에서 발생한 폭동은 남로당이 조직한 인민해방군이란 빨치산에 의해 일어났다. 피에 굶주린 빨치산들은 순경 1명의 목에 1만 원, 경사는 2만 원, 경위 이상은 3만 원, 경찰 지휘관은 100만 원의 현상금을 걸고 경찰관 살해를 부추겼다. 또 인면수심(人面獸心)의 잔악행위가 곳곳에서 자행됐다. 조병옥 경무부장은 제주도 폭동과 관련한 진상발표를 했는데, 「대동신문」(1948년 6월 9일)은 그 내용을 다음과 같이 보도하고 있다.

'1948년 4월 18일 북제주군 조천읍에서 빨치산들이 육순이 넘은 경찰관의 부모를 목 졸라 죽인 후 사지를 절단했고, 임신 6개월이 된 대동청년단 지부장의 형수를 때려죽였다. 4월 20일에는 임신한 경찰관 부인의 배를 갈라 죽였고, 이틀 후인 4월 22일에는 모슬포에서 경찰관의 아버지를 총살한 후 수족 절단, 임신 7개월 된 경찰관의 누이를 산 채로 생매장했다.

5월 19일에는 제주읍 도두리에서 마을 부녀자 11명을 체포하여 눈오름이라는 삼림지대로 끌고 가 노소를 가리지 않고 빨치산 50여 명이 윤간한 다음 총검과 죽창, 일본도 등으로 부녀자의 젖가슴과 배, 음부, 볼기 등을 찔러 숨이 넘어가기 전에 생매장을 했다.'[77]

이 와중에 8월 15일 대한민국이 건국되었고, 북한은 9월 10일 조선민주주의인민공화국 출범을 선언했다. 이로써 성격이 전혀 다른 두 개의 정부가 38선을 사이에 두고 대립하게 되었다.

5·10 총선에 대한 반대 투쟁 과정에서 남로당 조직의 실체가 노출되면서 남로당은 많은 당원이 사살 당하거나 체포되어 위기를 맞게 되었다. 이 와중에 노련한 남로당 지도자들은 대부분 해주에서 열린 지하 선거에 동원되어 월북한 상태였다.

김달삼은 북한 정부 수립을 위한 선거를 위해 해주 인민대표자대회에 참석하라는 북한의 지령을 받았다. 8월 2일 성산포에서 어선을 타고 제주도를 빠져나가 목포에 도착한 그는 열차편으로 서울로 이동했고, 38선을 넘어 월북했다. 그는 지하 선거를 위해 서명한 5만 2,350여 명의 투표용지를 해주까지 가지고 갔다.

이때 제주도 대표 대의원으로 김달삼 외에 안세훈, 고진희, 문등용, 강규찬, 이정숙 등이 함께 월북했다, 김달삼은 평양에서 열린 최고인민회의에서 제주도 폭동의 진상을 보고하여 대의원들의 열광적인 박수갈채를 받았다. 그는 김일성, 허헌 등과 함께 49명의 조선민주주의인민공화국 헌법위원회 헌법위원으로 선출되었고, 국기훈장 2급 훈장을 받았다.

남한에서 지지기반 잃은 남로당 지도부

김달삼이 월북하면서 제주의 인민유격대 제2대 사령관은 이덕구가 임명되었다. 9월 9일 북한에서 김일성을 수상으로 하는 조선민주주의인민공화국이 선포되자 제주도 빨치산들은 또 다시 활동을 강화하기 시작했다. 1948년 10월 23일 제주도 북방의 50여 개소에서 봉화가 다시 오르고 인공기가 곳곳에서 게양되었다. 다음날 이덕구는 대한민국 정부에 선전포고문을 발표했다.

한동안 맹렬하게 투쟁하던 이덕구는 1949년 6월 7일 새벽 3시, 제주도 용강리에서 경찰에게 포위되었다. 그는 제주도를 탈출하여 지리산에 들어가 빨치산 총사령관 이현상과 합류하기 위해 하산하다 덜미를 잡힌 것이다. 경찰은 자수를 권했으나 총을 쏘며 반항하자 집중사격을 가하여 사살했다. 이덕구가 사살된 후 제3대 사령관은 김의봉이 맡았다.

박헌영을 위시한 남로당 지도부가 월북하면서 자신들의 지지기반이었던 남한으로부터 분리되었고, 지도부를 상실한 남로당은 소멸 시기가 언제냐의 문제만 남은 상황이었다. 남로당은 조직 재건과 이승만 정권에 대항하기 위한 빨치산 투쟁 역량을 축적하기 위해 평양 근처의 강동정치학원에서 빨치산 간부를 양성하여 군사적 대결을 준비했다.

강동정치학원이 문을 연 것은 1947년 12월 초다. 소련군정 사령부는 "남한에서 좌익이 불법화되어 남한 내에서는 혁명 간부 양성이 어려우니 북쪽 지역에서 혁명 간부를 양성할 학교를 세워야 한다"면서 평양 인근의 평남 강동군 승호면 대성리에 빨치산 양성소를 설립했다.

강동정치학원은 정치군사학교의 성격을 갖는 당 간부 양성소였는데, 설립 아이디어 제안자는 소련군정의 이그나티에프 대좌였다. 소련군정은 "남조선 혁명전선을 지도하고 유격전을 펼칠 수 있는 간부와 빨치산 양성이 시급하다"는 점을 소련 공산당에게 보고하고 승인을 얻었다. '당 박사'라 불리는 허가이와 상의하여 소련에서 온 고려인 2세 박병률을 초대 원장으로 임명했고, 군사부 주임은 조선의용군 출신이 맡았다.

남로당의 간부들에게 체포령이 내려지면서 상당수의 남로당 간부들이 월북했다. 또 1948년 4월의 남북협상과 8월 25일의 해주 지하선거, 그리고 남한에서의 제헌의원 선거를 방해하기 위한 투쟁의 와중에 다수의 남로당원들도 대거 월북했다.

그러나 북로당은 이들을 냉대했고, 당원으로 받아들이지도 않았다. 이렇게 되자 박헌영은 월북해 온 남로당원과 남한 지역에서 당의 추천으로 선발되어 월북한 청년들을 교육시켜 무장 폭력투쟁으로 나가기 위해 강동정치학원에 입교시켰다.

강동정치학원은 남한의 각 지역에서 활동할 빨치산들의 양성소였다. 때문에 남로당 지도자로서 월북해 있던 박헌영의 영향력이 강해 '박헌영 학교'라고 불렸다. 박헌영은 비서 조두헌, 이승엽과 함께 매주 토요일마다 이 학원을 방문하여 1박 2일 동안 지내다 갔다. 후에 박헌영의 두 번 째 부인이 된 윤옥(비서 조두헌의 처제)도 이 학원 출신이었다.

남로당 출신으로 월북한 사람들은 강동정치학원에 입교하여 빨치산 훈련과 공산혁명 이론을 배웠다. 교육과정은 단기반은 3개월 코스, 장기반은 1년 코스로 운영했는데, 학생 수는 적을 때는 500명, 많을 때는 1,200명 정도였다. 교육 과목은 마르크스·레닌주의 정치학습과 유격전을 위한 군사학이었다.[78]

이 학원은 1948년 1월 1일부터 1950년 6월 25일까지 2년 7개월 동안 4,000여 명의 빨치산 지도자와 대원을 양성하여 남파했다. 이들은 38선을 넘어 남파된 후 남한 각 지역에서 활동하는 빨치산들의 무장투쟁을 지도하거나, 직접 유격전을 펼쳤고, 남한 지하에서 활동하는 남로당과의 연락책을 맡는 등 다양한 활동을 했다. 이효재(남조선 빨치산 제1군단장), 이현상(제2군단장, 지리산 특수공작반), 김달삼(제3군단장) 등 남한 사회를 뒤흔들었던 악명 높은 빨치산 두목들이 모두 강동정치학원 출신이다.

남한에서 크고 작은 지하운동 사건이 발생할 때마다 강동정치학원은 대원들을 남파시켜 사건을 확대하는 역할을 맡았다. 국군 14연대가 여수와 순천에서 반란을 일으켜 군과 경찰병력이 호남지구에 집중되자 박헌영은 11월 4일 제1차로 180여 명을 강동정치학원에서 선발하여 양양과 오대산 지구로 남파시켰다.

남로당은 도시에서의 활동이 경찰의 강력한 반공 활동으로 점점 어려워지자 산악 지역으로 숨어들어 게릴라전을 벌였다. 산세가 웅장한 양평의 용문산, 강원도의 오대산, 가야산, 속리산, 전라남북도와 경상남도에 위치한 지리산, 동해안에 위치한 백암산 등이 빨치산들의 주요 활동 무대였다.

남로당은 경상북도에서 온 당원들에게 게릴라 훈련을 시키기 위해 강원도 백암산 정상 근처에 세 개의 기지를 설치했는데, 소총 100정과 사제 수류탄으로 무장한 수백 명의 게릴라들이 이 캠프에 있었다. 몇몇 훈련 교관은 북한에서 남파된 자들이었지만, 대부분의 게릴라들은 정부 당국의 감시망을 피해 입산한 남로당원들이었다.[79]

월북했던 김달삼은 6·25 남침전쟁이 터진 1950년 6월 25일 오전 9시, 강동정치학원 출신 유격대원 500명으로 구성된 549부대를 이끌고 남하하여 영양과 영덕 일대에서 활동하던 중 토벌군에 밀려 북으로 퇴각하다가 정선군 지경리에서 사살 당했다.

김지회, 홍순석의 정체

한편 남한에서는 남로당 당원이나 세포, 좌익 적색분자들이 군대 내부의 깊숙한 곳까지 침투하여 악성 종양으로 빈져가고 있었다. 1948년 전남 광주의 4연대 연대장이었던 이한림의 증언에 의하면 군대 내에 조직적으로 적색분자들이 침투하여 누가 적색분자라는 사실을 뻔히 알면서도 감히 손을 쓸 수 없는 상황이었다고 한다. 광주 4연대 내에서 가장 적극적인 좌익분자는 제1대대 부관 홍순석과 제1대대 정보관 김지회였다. 이들이 국군 14연대 반란사건의 주동 인물이다.[80] 두 사람은 밤마다 내무반에서 병사들에게 공산주의 사상을 가르쳤다.

김지회는 1925년 함경남도 함주 태생으로 함흥농업학교를 졸업했다. 그는 남한의 군 내부 반란을 목적으로 북한에서 계획적으로 훈련시켜 남파한 간첩이었다. 1947년 1월 13일 학교 선배이자 국방경비대 내에서 북로당 프락치 총책이었던 이병주의 도움으로 조선경비사관학교(육군사관학교의 전신) 제3기생으로 입교하여 같은 해 4월 19일 소위로 임관했고, 광주 4연대에 배속되어 작전 및 정보장교가 되었다.

그는 1948년 6월 1일 여수 14연대로 전속되어 중위로 진급했다. 14연대장 오동기 소령은 김지회가 좌익의 주요 인물이란 사실을 알고 상부에 그의 구속을 건의했으나 실현되지 않은 상황에서 14연대 반란사건이 터졌다.

홍순석은 1922년 서울 출신이다. 중국 연길현 용정의 은진중학교를 졸업하고 간도에서 만주군 중사로 활동했던 것으로 추정된다. 김지회와 함께 조선경비사관학교 3기생으로 입교하여 소위로 임관, 광주 4연대에 배속되었다가 김지회와 함께 여수 14연대에 배속되었다.

1946년에 제9연대까지 창설한 미군정은 새로 탄생할 대한민국 정부를 보위하기 위해, 그리고 미군의 한반도에서 철수를 염두에 두고 2만 5,000명 규모의 국방경비대를 5만 명으로 증강하기로 결정했다. 1948년 4월 1일 항공부대 창설을 시발로 하여 1948년 5월 초에 10연대부터 15연대까지 창설 작업이 이어졌다.

이때의 연대 창설 작업은 이미 창설된 연대에서 일부를 차출하여 이를 기간 병력으로 하여 진행되었다. 반란을 일으킨 14연대의 경우 광주의 제4연대에서 1개 대대를 분리하여 여수 항공부대 자리에서 제14연대를 창설했다.

14연대 창설

5월 4일 여수반도 남단, 여수읍 신월리의 구 일본해군 항공기지(미군

각 연대 창설 상황

연대명	창설일	주둔지	부대편성
제1연대	1946.01.15	태능	1948.09.18(완료일)
제2연대	1946.02.28	대전	1946.12.25(완료일)
제3연대	1946.02.26	이리	1946.12.25(완료일)
제4연대	1946.02.15	광주	1947.12.말(완료일)
제5연대	1946.01.29	부산	1947.01.01(완료일)
제6연대	1946.02.18	대구	1948.06.15(완료일)
제7연대	1946.02.07	청주	1947.01.15(완료일)
제8연대	1946.04.01	춘천	1946.12.07(완료일)
제9연대	1946.11.16	제주	1947.03.20(대대편성 완료)
제10연대	1948.05.01	강릉	8연대 3대대가 기간 병력
제11연대	1948.05.01	수원	2~6연대에서 1개 대대씩 차출
제12연대	1948.05.01	군산	3연대 2대대가 기간 병력
제13연대	1948.05.04	온양	2연대 일부 병력이 기간 병력
제14연대	1948.05.04	여수	4연대 1개 대대가 기간 병력
제15연대	1948.05.04	마산	5연대 1개 대대가 기간 병력

각 여단 창설 현황

여단명	창설일	주둔지	부대 편성
제1여단	1947.12.01	서울	1·7·8연대로 편성
제2여단	1947.12.01	대전	2·3·4연대로 편성
제3여단	1947.12.01	부산	5·6·9연대로 편성
제4여단	1948.04.29	수색	7·8·10연대로 편성
제5여단	1948.04.29	광주	3·4·9연대로 편성
제6여단	1948.11.20	청주	제4여단을 개편
제7여단	1949.01.07	마산	1·9·17·19연대로 편성

출처 : 한용원, 『창군』, 박영사, 1984, 95~96쪽
방부 전사편찬위원회, 『한국전쟁사(1)—해방과 건군』, 1967, 276~303, 325~327쪽.

명 앤더슨 기지)에서 제14연대가 창설되었다. 초대 연대장은 제4연대 1대대장이었던 이영순 소령이 임명되었고, 미군 장교 스튜어트 그린바움이 고문관으로 왔다.

신설된 제14연대에는 광주 4연대의 남로당원들인 조선경비사관학교 3기생 김지회·홍순석 중위와, 제4연대 1기생인 지창수·정낙현 상사 등이 포함되어 있었다. 14연대로 차출된 김지회 중위가 제1중대장, 홍순석 중위가 순천 파견대장을 맡았고, 지창수 상사가 인사처 선임하사, 정낙현 상사가 정보처 선임하사로 임명되어 상당한 영향력을 발휘했다.

14연대는 신병 모집에 착수했는데 사상 여부에 관계없이 지원자는 무조건 입대시켰다. 1948년 당시 전남도당 조직부 과장 박춘석은 남로당이 여수 제14연대와 제주 제9연대에 자신들의 조직원을 침투시킨 사례를 다음과 같이 증언하고 있다.

'남로당 전남도당 위원회는 도 당부에 군사부를 설치하고 군과 야산대 공작을 관할하고 있었는데, 도당 군사부에서 광주 목포를 비롯한 각 시군당 군사부에 사병 추천 지시를 하달하면 이들은 면·리에까지 다시 지시를 하여 입대자 명단을 받아 도당 군사부에 제출한다. 도당에서는 명단을 연대 공작을 직접 담당하고 있는 오르그(도당에서 파견된 조직원)에 준다(이때 14연대의 오르그는 박태남이었다). 이들 오르그는 연대 인사계(포섭된 자)에 지시하여 대대, 중대, 소대로 배치한다. 그렇기 때문에 연대 인사계에 대한 침투 및 포섭공작이 무엇보다 선행되어야 한다는 것이다. 여수 14연대는 약 반수의 사병이 전남 도당에 의해서 침투되었다 한다.'[81]

일부 증언자들은 14연대에 남로당원이 많지 않아 다른 연대에 비해 좌익 세력이 약한 곳 중의 하나였다고 한다. 그럼에도 불구하고 반란이 일어난 이유는 주동자가 하사관들이었고, 병사들은 주동세력에 이끌려 피동적으로 참가했기 때문[82]이라고 분석한다.

1948년 8월 15일 대한민국이 건국되자 남로당은 소위 '지하 선거'를 위한 서명 운동에 돌입했다. 북한의 최고인민회의가 소집된 것은 9월 9일, 다음날인 9월 10일 저들은 조선민주주의인민공화국을 선포했다.

이념과 체제가 서로 다른 정부가 수립되어 38선을 경계로 서로 자신들이 한반도의 유일한 합법정부라고 주장하면서 1946년 2월 8일 북조선임시인민위원회 출범으로 시작된 분단이 마침내 완성되었다. 남과 북으로 분단된 한반도는 전 지구적 차원에서 진행되는 미국과 소련의 냉전의 전초기지가 되어 극한 대립이 시작됐다.

38선을 넘어온 빨치산들은 험준한 산악지대를 타고 내려와 각 지역에서 준동하는 빨치산들과 힘을 합쳐 대한민국 정부의 행정력이

미약한 지역에서 파괴와 폭력, 살인, 방화, 식량 및 의복, 생필품 강탈 행위를 일삼았다.

국군의 팽창, 그리고 공산 빨치산들의 준동으로 인해 어느 순간 도화선에 불이 붙으면 대폭발이 불가피한 상황으로 치닫고 있었다. 바로 이것이 대한민국 초대 대통령 이승만이 처한 운명이었다.

공산 빨치산과 좌익분자, 공산주의자들은 합법투쟁과 비합법적인 폭력투쟁을 통해 사회 불안을 조성하고 파괴와 폭력, 테러, 암살로 공포 분위기를 조성했다. 남한 사회에서 공산주의에 대한 혐오감이 광범위하게 퍼진 것은 그들 스스로 자초한 일이다. 좌익 및 공산주의자들의 난동이 계속되는 와중에 제주 4·3의 진행과정에서 나타났듯이 군내의 적색분자들이 이에 호응하는 사례가 늘었다.

숙군작업 시작되다

1948년 6월 18일 박진경 대령의 암살사건을 계기로 조선경비대는 좌익 성향의 적색분자 장교 및 사병들에 대한 정화 작업이 시작되었다. 1948년 8월 16일 주한 미 임시군사고문단에 다음과 같은 숙군 관련 내용이 보고되었다.

"이번 주 동안에 전복 행위의 혐의가 있는 국방경비대원들의 검거와 조사가 이루어졌다. 부산 부근에서는 11명의 국방경비대 장교가 전복 행위 혐의로 조사를 받았으나 혐의가 없는 것으로 판명되어 석방될 것이다. 제10연대에서는 68명이 체포되었다. 제1연대는 지난 주의 85명 이외에 4명이 더 체포되었고, 제15연대는 102명을 체포하였다. 다른 연대의 보고는 완료되지 않았다."

새로 취임한 이범석 국무총리 겸 국방장관은 장병들의 사상문제에 대해 "대한민국 군대는 공산주의에 끝까지 대항하는 군대가 되어야 한다"는 점을 역설했다.[83] 무초 주한 미국대사는 미 국무성에 "9월 이래 육군 정보국원들은 육군에서 공산주의자로 의심되는 1,600여 명을 체포했다. 수사는 계속되고 있다"고 보고했다.

중앙에서부터 시작된 숙군작업으로 검거 선풍이 몰아치자 궁지에 몰린 군 내부의 적색분자들은 곳곳에서 탈영·월북·반란을 일으켰다. 여수와 순천이 반란의 주무대가 된 것은 폭동이 진행 중인 제주에서 가장 가까운 여수에 제14연대가 주둔하고 있었기 때문이다.

4부

국군 제14연대,
대한민국에 반역하다

1948년 8월 15일 대한민국이 건국되면서 미군정이 폐지되었다. 다음날 이범석 국방부장관은 훈령 제1조로 '조선경비대'를 '대한민국 국방군'으로 호칭했다. 8월 24일 한국 정부는 미국 정부와 잠정적 군사안전에 대한 협정을 체결하고 미군정으로부터 조선경비대에 대한 통수권을 이양 받았다.

그러나 아직 국토방위 능력이 부족한 데다가 미국의 군사 원조가 필요하다는 현실적 이유 때문에 1948년 8월 24일 이승만-하지 사령관 간에 한미 잠정군사협정(정식 명칭은 「대한민국 대통령과 주한 미군사령관 간에 체결된 과도기에 시행될 잠정적 군사안전에 관한 행정협정」)을 체결했다. 이 협정 제2조에는 "미군 철수의 완료 시까지 주한미군 사령관은 대한민국 국방군(국방경비대, 해안경비대 및 비상지역에 주둔하는 국립경찰 파견대를 포함)에 대한 전면적인 작전상의 통제(over-all operation control)를 행사하는 권한을 보유할 것"을 명시하고 있다. 말하자면 군사에 관한 국군의 작전권을 미군에 넘긴 것이다.

이틀 후인 8월 26일 미국은 주한미군 고문사절단을 조직했다. 그 산하에 임시고문단(PMAG·Provisional Military Advisory Group)을 설치하고 윌리엄 로버츠 준장을 임시고문단 단장으로 임명했다. 대한민국 정부는 1948년 9월 1일 미군정으로부터 5만 명 규모의 국방경비대를 인수하여 국군을 창설했다. 임시고문단은 1949년 7월 1일 주한미군 사령부가 철수하면서 주한 미 군사고문단(KMAC)으로 변경됐다.

대한민국 정부는 총선거와 정부 수립, 미군정으로부터 정권 이양 작업으로 인해 한동안 제주도에서 진행되고 있는 폭동 진압에 전력 투구하지 못했다. 대한민국 건국이 선포되고 8월의 해주 지하선거 이후 제주도에서 10월 초부터 또 다시 빨치산들의 활동이 활기를 띠기 시작했다. 남로당은 자신들의 위세를 과시하기 위해 제주 내 여러 부락을 습격하여 주민과 경찰관들을 살해했다.

정부는 제주도에 전투사령부를 설치하고 제6연대 1개 대대, 부산 제5연대의 1개 대대, 여수 제14연대의 1개 대대와 해군 함정을 파견하여 본격적인 진압작전을 전개하기로 결정했다. 1948년 10월

15일 육군총사령부는 여수 제14연대에 "제주도에 파견할 1개 대대를 편성하고 대기하라"고 명령했다. 10월 17일 제주도 주둔 제9연대장은 해안선으로부터 5킬로미터 이외의 지점 및 산악지대에 무허가 통행금지를 선포했다. 중산간 마을에 대한 본격적인 초토화 작전을 위한 조치였다.

10월 19일 07시 육군총사령부는 우체국 전보를 통해 여수 제14연대에 "10월 19일 20시에 여수항에서 해군 수송선(LST) 편으로 1개 대대를 출발시켜 제주도 폭동을 진압하라"는 출동명령을 전통문으로 보냈다. 박승훈 연대장은 작전 명령이 우체국 일반 명령으로 하달되는 바람에 기밀이 누설되었을 가능성이 있다고 판단, 출동 시간을 두 시간 늦춰 22:00시로 변경했다.

이 출동 명령이 여수우체국에 근무하던 남로당원에 의해 누설되어 14연대장 박승훈 중령보다 여수 인민위원장이 먼저 알게 되었다. 여수 인민위원장은 남로당 전남도당 책임자 김백동에게 보고했고, 김백동은 이재복(남로당 군사부장)에게 이 사실을 알렸다. 이재복은 다시 이중업(남로당 빨치산 군사책)에게 보고하자 이중업은 이 기회를 이용하여 14연대에 침투해 있는 남로당 프락치들이 폭동을 일으켜야 한다고 판단, 14연대 내의 남로당 조직책인 인사계의 지창수 상사에게 반란을 일으키라고 지령을 내렸다.

좌파 쪽에서는 제14연대의 반란은 남로당이 지령을 내린 사실이 없으며, 14연대 내의 일부 하사관과 장교들이 우발적으로 일으킨 사건이라고 주장한다. 그러나 '우발적'이기에는 너무나 뚜렷한 증거들이 발견된다.

군 공산화 공작 책임자 이재복의 등장

우선 이재복은 남로당 특별공작 책임자이자 군 내부 공산화 공작의 최고 책임자였다. 그는 월북하여 해주에 있는 박헌영으로부터 지령을 받아 대구 10·1 폭동, 제주 4·3 폭동, 14연대 반란에 이르기까지 남로당이 남한에서 일으킨 거의 모든 폭동의 배후에 그의 존재가 발견된다.

1903년 경북 안동군 임동면 출신인 이재복은 평양신학교를 졸업하고 경북 지방에서 목회 활동을 하다가 일본 유학을 떠나 교토 신학대학[84]을 졸업했다. 이재복은 좌익 계통인 인민당에 입당, 박헌영의 신임을 받아 군사부장을 맡게 된다. 그는 경북 건준과 경북 반탁공투위, 대구공동위원회 등에서 황태성, 박상희(박정희의 셋째 형) 등과 함께 활동했다.[85]

대구 10·1 폭동 주동자의 한 사람으로 지목되어 지하로 잠적하여 활동 중이던 이재복은 1948년 12월 18일 새벽 3시경 김창룡 대위 이하 3명에 의해 서울 성동구 신당동에서 체포되었다. 이재복은 이근민, 박영근, 오일서, 이일도 등 네 개의 가명으로 활동하고 있었다.

이재복 체포 관련 언론 보도를 보면 기사 제목이 '전남 반도(叛徒) 총책임자 이재복 신당동 자가(自家)에서 체포'로 되어 있고, 내용에서도 "천인이 공노할 대구 10·1 폭동사건을 비롯하여 각 방면에서 방화·살인·폭동 등의 수단으로 양민을 살상하고 금번 여수 사건까지 일으키어 삼천만의 분노를 사게 한 남로당 계열의 주모자이며 동 사건의 총책임자"라고 보도하고 있다(『경향신문』, 1949년 1월 19일자).

이재복은 수사 과정에서 500명이 넘는 남로당원 명단을 당국에 넘겨주었으나 전향을 제의 받자 "내가 대한민국 국민을 그토록 많이 죽였는데 어떻게 살아서 얼굴을 들고 다니겠는가" 하면서 전향을 거부, 1949년 5월 26일 최남근과 함께 수색에서 총살당했다.

남로당 빨치산 군사책으로 14연대 반란에 간여(干與)한 것으로 알려진 이중업은 서울 경복중학을 졸업하고 성균관대 법과를 다니던 중 박헌영과 손잡고 좌익운동을 했으며, 해방 후에는 건준위원으로 활동했다. 박헌영이 월북한 후 남로당 중앙조직부 책임자로 남로당 20개의 전문부와 산하 23개 단체를 지도하며 남한 정보를 수집하여 월북한 박헌영에게 전달했다.

그는 남한 전복을 위한 특수부대를 조직하고 우익계열 요인 암살, 테러, 방화 사건을 저질렀으며, 남로당 특수부 책임자 이재복에게 지령하여 여수에서 반란을 일으키도록 했다. 그는 1949년 2월 25일 서울 홍제동에서 체포되었다. 이중업 체포 관련 보도를 보면 "해방 이래 남한을 무대로 가진 모략을 다해가며 우익계열의 요인 암살과 테러·방화 그리고 여수·순천사건을 야기케 하여 동족살상의 유혈 참극을 배후에서 조종한 남로당 중앙조직부 총책임자"라고 되어 있다(『동아일보』, 1949년 4월 10일). 체포당한 이중업은 다음과 같이 말했다.

"나는 진실한 공산주의자였다. 조선을 공산화하려고 수많은 동포를 학살했다는 것은 야만적인 만행임을 충분히 인식했다. 체포 후 과거의 노선과 이론과 실천에 있어 정반대임을 깨달았으며, 그 독재성을 인식하게 됨에 남로당의 기밀을 폭로하여 민족의 원한인 공산주의를 말살하고 싶다."(『경향신문』, 1949년 4월 10일)

그러나 이중업의 이런 발언은 형량을 감량 받기 위한 속임수였다. 수감 중이던 이중업은 1949년 7월, 여간첩 김수임과 연계된 군 프락치의 도움으로 탈옥하여 김수임의 집에 숨어 있다가 월북했다. 그의 월북 과정에서 김수임은 자기가 근무하던 주한 미국대사관의 자동차 한 대를 빌려 이중업을 외국인으로 변장시킨 다음 자동차로 개성까지 이동시켜 월북을 도왔다.

반란을 실행에 옮긴 지창수는 전남 벌교 출신으로 초등학교를 졸업하고 일제 말기 일본군 지원병으로 입대했다. 해방 직후 박헌영의 전남 지역 심복이었던 김백동의 하수인으로 활동하던 중 당의 지령에 따라 제4연대 사병 1기로 입대하여 좌파 사병들의 비밀군사동맹(이른바 병사 소비에트) 총책이 되었다. 일제 말에 지원병으로 복무한 군 경력으로 인해 동기들보다 빨리 진급한 그는 입대한 지 1년여 만에 1등 상사로 진급했다.

운명의 10월 19일, 20:00시

10월 19일 오전 이승만 대통령은 맥아더 극동사령관과 회담하기 위해 일본으로 날아갔다. 이날 맥아더는 이승만에게 "한국이 공산 침략을 받으면 나는 한국을 방어할 것이다. 마치 내가 나의 조국 캘리포니아를 방어했듯이"라는 유명한 발언을 했다.

이날 14연대 장병들은 하루 종일 선적작업 등 출동 준비로 분주했다. 저녁식사를 겸한 출동부대 환송 회식이 장교식당에서 열렸다. 전 장교들은 19시경 회식을 마치고 박승훈 연대장과 이희권 부연대장은 출동 준비를 지휘하고 제주로 보낼 군수품 선적을 위해 여수항으로 갔다. 제1대대는 출동준비를, 제2대대는 출동하는 제1대대의 식사 준비를 하고 있었다.

이 와중에 연대 내의 남로당 조직 책임자였던 인사계의 지창수 특무상사가 지휘하는 7명의 하사관들이 남로당 핵심세포 40여 명을 이끌고 부기고와 탄약고를 점령한 다음 비상나팔을 불었다. 14연대 1대대는 제주도 출동을 위해 미군으로부터 신식무기(60㎜ 박격포와 기관총, M1 소총)와 풍부한 탄약·포탄이 지급되었으며, 무기고에는 반납해야 할 구식무기(일제식 소총, 카빈소총)와 탄약이 그대로 남아 있었다.

신무기로 무장한 14연대는 경찰이나 다른 군부대보다 화력이 훨씬 강력했다. 출동을 준비 중이던 제1대대 병사들은 비상나팔이 울리자 출발 신호로 알고 연병장에 집합했는데, 이때 지창수 상사가 단상에 올라가 외쳤다.

"지금 경찰이 우리를 습격해 들어온다는 정보가 입수됐다. 최대한 실탄을 나눠 갖고 응전 태세를 갖추자. 동족을 살상하기 위한 제주도 파병에는 절대 반대한다. 경찰을 타도하고 남북통일의 염원을 이루기 위해 궐기하자. 실은 지금 북조선 인민군이 38선을 돌파하고 서울을 향해 내려오고 있다. 우리는 지금부터 인민해방군이 된다. 조국 통일을 위해 미국의 괴뢰들을 쳐부수자. 제국주의 앞잡이인 장교들도 모두 죽이자."

주위에는 무장한 남로당 핵심 세포들이 총을 겨눈 채 호위하고 있었다. 지창수를 비롯한 14연대의 남로당원들은 저항하는 3명의 하사관을 그 자리에서 사살했다. 지창수 상사는 연대 무기고를 부수고 사병들에게 무기와 탄약을 충분히 지급하고는 "미 제국주의의 앞잡이 장교들을 모조리 죽여라"하고 외쳤다. 지휘관급 장교 24명이 순식간에 살해됐다.

국군 제14연대의 반란은 대한민국이 건국된 지 불과 65일만에 발생한 미증유의 사건이었다. 14연대는 사병의 절반 정도가 전남도당에서 침투시킨 세력이었다. 게다가 14연대장이 초대 이영순 소령에서 제2대 김익렬에 이어 한독당계의 오동기가 3대 연대장에 임명되면서 사태가 복잡하게 꼬여갔다.

당시 한독당계는 남북 협상에 실패한 후 단정 수립에 대한 불만과 집권세력으로부터 소외감 등이 한데 얽혀 저항적 성격으로 변해 있었다. 10월 1일, 14연대장 오동기 소령이 볼셰비키 혁명기념일을 기하여 한국 정부를 전복하기 위해 '혁명의용군'을 조직했다는 혐의로 체포되어 연대 전체가 혼란 상태에 빠졌다.

14연대를 지휘하고 있던 광주 제5여단의 정보참모 김창선 대위는 14연대의 김지회, 홍순석이 좌익 인물임을 알고 그를 체포하려 했으나 새로 부임한 박승훈 신임 연대장이 "연대 내의 상황을 파악할 때까지 시간 여유를 달라"고 하여 체포가 미뤄졌다. 14연대 내의 다른 남로당 관계자들도 언제 자신들이 체포될지 몰라 전전긍긍하고 있었다.

이 와중에 10월 15일 육군총사령부는 제14연대에 "제주도에 파견할 1개 대대를 조속히 편성하고 대기하라"는 명령을 내렸다. 연대 참모부는 극비리에 1개 대대를 편성했는데, 남로당 관계자들이 상당수 포함되어 있었다. 연대본부의 지창수 상사는 이 사실을 남로당 하사관들에게 전하고 10월 15~16일 밤 대책회의를 열었다. 이 회의에서 남로당 관련 하사관들 의견은 세 가지로 갈렸다.

첫째, 일단 제주도로 가서 반란을 일으키는 방안. 둘째, 출동을 거부하고 영내에서 반란을 일으키는 방안. 셋째, 제주도로 가는 도중 선상에서 반란을 일으킨 뒤 월북하는 방안. 14연대 남로당 세포는 제주도로 향하는 배에서 선상 반란을 일으켜 월북한다는 결정을 내리고 이 결정을 14연대를 지휘하는 군사 오르그인 '조 동무'[86]를 통해 전남도당에 전달하기로 했다. 이에 따라 군사 오르그는 10월 17일 전남도당의 결정을 문의하기 위해 14연대를 떠나 광주로 향했다.[87] 이 와중에 반란 주모자들은 자신들의 정보가 누설되었음을 직감하고 영내 반란으로 계획을 수정한 것이다.

14연대는 '붉은 연대'

남로당원이 상당수 포함되어 있어 '붉은 연대(Red Regiment)'라 불리던 14연대 1개 대대가 폭동 진압을 위해 제주로 파견된다는 소식을 접하자 다수의 사병들이 반란에 가담했다. 당시 14연대는 3대 대대로 편성되어 있었고, 각 대대는 4개 중대, 중대는 4개 소대로 편성되어 있었다.

1개 소대 병력은 약 50명으로 미루어 볼 때 당시 14연대는 병력 규모가 2,400여 명 정도로 추정된다. 이 중 홍순석이 지휘하는 2개 중대가 순천에 파견 나가 있었고, 일부는 탈영하여 실제 주둔 병력은 약 2,000명 정도로 추정된다. 이 중 몇 명이 반란에 가담했는지의 여부는 연구자들마다 다르다. 김득중은 14연대가 여수 시내로 돌입했을 때 반란군 병력을 1,200명 정도로 파악한 반면, 미군 보고서는 2,400명, 사사키 하루다카(佐佐木春隆)는 3,000명으로 추정하고 있다.

14연대 병사들은 총성과 비명, 선동 연설, 곳곳에 박혀 있던 좌익 세포들의 맞장단 등이 한데 뒤섞여 빚어진 군중심리에 의해 반란 동조자가 되었다. 연대 병력을 반란군으로 탈바꿈시키는 데 성공한 지창수는 자신이 '해방군'의 연대장임을 선언하고 반란군 지휘체계를 수립했다.

14연대 반란은 사병과 민간인 등 두 조직책에 의해 시작됐다. 때문에 중앙당에서 침투시킨 김지회 중위 등 장교 조직과는 연결되지 않아 누가 남로당원인지 서로 알 수가 없었다. 때문에 반란을 일으킨 후 김지회와 홍순석은 반란을 반대하는 설득을 벌이다가 격렬한 논쟁이 벌어져 반란 지도부 하사관들에게 총살당할 위기를 맞기도 했다.

당시 14연대는 사병과 장교, 지방과 중앙의 2원 조직인 남로당과, 오동기 등 한독당 입장의 사조직 등 세 개의 분파로 복잡하게 꼬여 있었다. 연대 내의 군 조직책인 연대 인사계 지창수 상사는 당에서 추천하는 적색분자들을 적극 받아들였고, 우익계 청년들의 입대를 극력 저지했다. 이미 입대한 서북청년단 등 사병들은 가혹한 훈련 등을 통해 축출했다.[88]

반란 지령자는 누구인가?

좌파 연구자들은 14연대의 반란이 남로당 중앙당의 지령에 의한 것이 아니라 14연대 소속 남로당원들이 우발적으로 일으킨 사건이라고 일관되게 주장한다. 당시 남로당 중앙선전부와 좌익 신문인 「해방일보」기자로 활동했던 박갑동의 증언에 의하면 박헌영이 군내에 남로당 프락치를 대거 침투시킨 이유는 이들을 이용해 반란이나 폭동을 일으키려는 것이 주된 목적이 아니라 군 내부에 남로당 프락치를 키워가면서 국군의 북벌 기도를 저지하는 것이었다고 주장한다. 때문에 군내 프락치들의 경거망동을 철저히 금지시켰다는 것이다.[89]

박갑동은 또 남로당 최고지도부가 14연대의 반란으로 정권을 탈취할 수 있다고 생각할 정도로 당시의 국내 정세가 남로당 측에 유리하지 않았다고 말한다. 박갑동은 그 이유를 다섯 가지로 설명한다.[90]

첫째, 그 당시 미군이 아직 주둔하고 있는 조건 하에서 군사반란으로는 정권을 탈취할 수 없는 정세였다.

둘째, 군내에 잠복해 있는 남로당 프락치가 연대마다 반란을 일으킬 정도로 강력하지 못했다.

셋째, 중앙 서울에서 천리나 멀게 떨어진 여수에서 설사 반란이 성공했다 하더라도 그것이 전국적 정권 탈취와 결부될 수 없다.

넷째, 만일 반란을 일으켜 전국적으로 성공하지 못하고 실패한다면 그 후유증은 너무나 크고 심각하다.

다섯째, 남로당은 여순 반란사건을 "애국적이며 용감한 봉기"라고 절대 평가하지 않는다. 만일 박헌영이 직접 지령을 내려 반란을 일으켰다면 이 반란사건의 의의를 전 당원과 전 국민에게 선전하기 위해 기관지 「노력인민」에 대대적으로 취급했을 것이다. 당시 「노력인민」에서는 여·순 반란사건을 거의 취급하지 않았다.

이런 이유를 근거로 14연대 반란사건은 남로당 중앙의 지령이 아니라고 주장한다. 박갑동은 또 여·순사건을 인정한 남로당 도당부는 전남도당 뿐이었고, 중앙당에서는 제멋대로 봉기를 일으킨 세력을 인정할 수도, 비난할 수도 없는 처지에 빠졌다고 지적했다.[91]

김남식은 남로당 중앙은 물론 14연대 당 조직의 직속 상부인 전남도당이나 여수지부당과도 아무런 사전협의 없이 일어난 사건이라고 진단했다.[92] 김득중도 여수 봉기는 남로당이 전면적인 무장투쟁을 의도하지 않은 시점에서 발생했고, 전남 도당은 물론 여수나 순천군당 당원들조차 미처 연락도 받지 못한 상태에서 발생한 일종의 돌출물이라고 해석했다.[93]

그런데 평양으로 월북한 박헌영은 1948년 9월 말 다음과 같은 특별지령을 내렸다.

"유격대의 아성 공격과 국방군 내에서 폭동과 병변을 대대적으로 조직
하여 이승만 정부 타도 투쟁과 민중정권 수립 지지 및 경축과 그의 영
향권 확대를 위한 투쟁을 더욱 적극적으로 조직 전개하라."[94]

이러한 박헌영의 특별 지령에 대해 이주천(원광대 사학과 교수)은 여·
순사건의 과정과 결과는 계통적이고 상급당 조직 지도가 설령 없었
다고 하더라도 본질적으로 박헌영의 특별 지령을 지침으로 삼아 충
실하게 그 지령에 따라 군사반란을 모의, 실천했음을 여실히 증명하
는 것이라고 분석하고 있다.[95]

국회 속기록:
"14연대 반란은 남로당의 지령에 의한 사건"

12월 8일 제헌의회 124차 회의 속기록 '호남사건 경과의 원인과 개
요'는 14연대 반란이 남로당의 지령에 의한 사건임을 다음과 같이
언급하고 있다.

'원인.

1. 남로당의 세포가 부대 내에 침투한 것.

2. 제주도에 출동 시 제14연대 내 좌익 세포에게 당 지령이 있는 것.

3. 지방인 좌익 청년단체급 학교 내에서 좌익 세포망이 군 세포망에 연락된 것.

4. 오동기 소령 체포로 말미암아 극우 극좌의 합작 음모가 폭로한 것.'

또 개요에서는 군 내부의 남로당원과 지방 좌익의 합세로 폭동을 일으켰다고 파악하고 있다.

'10월 19일 제주도 사건 진압 차 출동하려던 여수 제14연대는 남로당 계열분자 지도하에 3명의 장교급, 일부 40명 내외 하사관은 각 부대장의 결사적 제지에도 불구하고 반란 폭동화하여 동월 20일 8시 여수를 완전 점령하는 한편 지방 좌익 단체급 학생 등으로 인민군을 편성하여 동일 8시 순천 도착 계속 점령 후 기 세력은 학구, 보성, 벌교, 고흥 등등 각지에 인화(引火)하여 살인, 방화, 경찰서 파괴, 약탈, 강간 등등 포악무도 천인공로의 참사를 감행하였음.'

국방부 전사편찬위원회가 펴낸 자료에 의하면 민애청(민주애국청년동맹) 소속의 서종현을 비롯한 여수인민위원회 소속 남로당원 23명이 1948년 10월 19일 20시경에 14연대 정문 앞 식품점에서 반란이 성공하기를 기다렸다가, 성공했다는 연락을 받자 "인민공화국 만세"를 부르면서 부대 안으로 들어가 함께 무장하고 반란에 가담했다고 기록되어 있다.[96]

박갑동도 1948년부터의 각종 투쟁 지령은 북한의 김일성 정책을 반영한 것이 많았다는 점을 인정하고 있다.[97] 당시 김일성은 북한에서 수립되는 정부가 '조선 중앙정부'이며, 미 제국주의자들이 남조선을 자신들의 식민지로 만들기 위해 수립한 정부를 '괴뢰정부'로 규정했다. 따라서 자신들은 남조선 해방을 위해 다음 세 가지 방법을 마련했다.[98]

첫째, 남조선 내에서 자생적으로 형성된 혁명세력에 의해 내부 붕괴를 꾀하는 방법이다. 여기에는 이미 존재하는 공산당 조직과, 북한에서 양성하여 파견한 간첩이 국가의 중요기관에 침투하여 합법적으로 사상전을 꾀하는 방법이 포함되어 있다.

둘째, 기존의 공산당 조직에 의하여 형성된 인민해방군 또는 북한에서 대량으로 양성하여 파견한 유격대로 하여금 무력으로 일정 지역을 점령케 하여 해방구를 설정하고 이를 거점으로 해방구를 확대해 나간다.

셋째, 38선을 월경(越境) 침공하여 정규전을 벌이는 방법이다. 여기에는 국지전을 통해 앞의 두 가지 방법을 지원하는 것과, 전면적인 남침 등 두 가지 방법이 있다.

해방 공간에서 김일성은 이 세 가지 방법을 유효적절하게 동원하여 남한에 대한 적화통일을 끊임없이 시도했고, 그 격렬한 시도 중의 한 사건이 14연대 반란이었다.

남로당 전남도당, '당의 거사'로 받아들여

14연대 반란이 남로당 중앙당의 지령에 의해 발생했다는 사실은 다음과 같은 기사에서도 확인된다. 기사의 일부를 옮겨본다.

'본명 이중업(38)은 이중영, 또는 김창선이라는 두 가지의 가명을 가져 박헌영의 콤그룹 하의 주요인들의 인원으로 박헌영의 이월 후 남로당 중앙조직부 책임자로 남로당 13개 전문부와 산하 23개 단체를 지도하며 남한 각 군면(郡面) 리(里) 단위로 정보를 수집하여 박헌영에게 전하는 한편, 대한민국을 전복시키려고 산하에 특수부대를 조직하고 이를 강화하여 기회를 엿보고 있던 바 남로당 특수부 책임자 이재복에게 지령하여 여수 순천지방에서 폭동을 일으키게 하였던 것이다.'(「동아일보」 1949년 4월 10일.)

송효순도 저서『붉은 대학살』에서 '남로당 빨치산 군사책 이중업은 남로당원 이재복에게 여수 주둔 제14연대에 침투해 있는 프라치들로 하여금 폭동을 일으키도록 지령하였다'고 기록하고 있다.[99]

이재복은 제주도에서의 폭동에 이어 본토 내에서 반란을 일으킴으로써 국군의 토벌 병력을 분산시켜 제주도의 위기를 감소시키려 했고, 본토 내에서 제2전선을 형성하여 전군적인 호응을 기대했다. 그러나 국군의 토벌작전으로 14연대 반란군은 조기에 각개격파 당해 공비화했고, 이어 대대적인 숙군이 단행되어 그들의 군내 조직이 제거됨으로써 남로당이 3년간에 걸쳐 대한민국 정부를 전복하려던 꿈은 사라지게 되었다.

14연대 반란사건이 알려지자 남로당 전남도당은 긴급 간부회의를 소집하여 이 사건에 어떻게 대처할 것인지를 숙의했다. 그 결과 대외적으로는 일단 '당의 거사'로 받아들이기로 했다. 김점곤의 연구에 의하면 남로당 전남도당은 반란사건의 결과에 대해 극히 회의적이고 비관적인 태도를 견지했다. 그 결과 그들은 당의 조직을 노출시키지 않기 위해 호응 봉기를 삼가도록 주의를 환기시키는 쪽으로 움직였다는 것이다.[100]

남로당 중앙당 군사부에서도 반란사건 발생에 큰 충격을 받고 즉시 원인 조사와 현지 지도를 위해 군사지도위원을 현지에 급파했다.

그러나 지도위원은 계엄령 선포로 교통이 차단되어 현지에 도착하지 못했다.

소련은 반란사건이 발생하자 이 사건은 자신들과는 관련이 없으며, 자신들은 북한에서의 철수를 진행 중인 반면 남한에는 미군이 그대로 주둔하고 있으며, 이 사건은 미군 당국과 남한 정부의 책임이라는 점을 강조했다. 특히 소련 당국의 기관지 「이즈베스티아」를 비롯한 소련 신문들은 한 달에 걸쳐 남한에서 국군 부대가 반란을 일으킨 사건을 대서특필했다.

북한은 10월 22일부터 평양 조선중앙통신 발로 '소위 국방군 여수 14연대 단정을 반대하여 무장 폭동'이라는 제목으로 여·순사건을 보도했다. 사건이 발발하자 북한에서 발행되던 「투사신문」은 남한의 통신사와 AP통신사 등의 기사를 상세히 소개했다. 「투사신문」은 진압군의 여수 함락을 보도하면서 "인민공화국 국기를 사수하면서 끝까지 과감하게 반격을 가하여 적에게 큰 타격을 주었다"라고 보도했다.[101]

"우리 인민과 조국을 미국에게 팔아먹고 있다"

14연대 반란사건은 제주도에 출동하여 폭도들을 토벌하라는 명령을 병사들이 거부하여 일으킨 사건이다. 군인들의 반란에 여수와 순천 등 전남 일부 지역 주민들이 호응하여 확대된 것이 사건의 본질이다. 그렇다면 도대체 왜 14연대 병사들은 반란을 일으켰을까.

그들의 본심을 알 수 있는 자료가 1948년 10월 24일 「여수일보」를 장악하여 「여수인민보」로 제호를 바꿔 발행한 신문에서 발견된다. 이날자 「여수인민보」에 실린 제주토벌 출동거부 병사위원회 명의의 '애국 인민에게 호소함'이란 성명서의 일부를 소개한다.

'…미국에 굴종하는 이승만 괴뢰, 김성수, 이범석과 도당들은 미제국주의에 빌붙기 위해 우리 조국을 팔아먹으려 하고 드디어는 조국을 파는 것과 마찬가지인 분단 정권을 만들었다. 그들은 미국인을 위해 우리 조국을 분단시키고 남조선을 식민지화하려 하고 있으며, 미국 노예처럼 우리 인민과 조국을 미국에게 팔아먹고 있다.…'

이 자료를 근거로 하면 14연대는 '이승만 괴뢰도당이 분단 정권을 만들어 조국을 팔아먹으려는 것을 막기 위해' 반란을 일으킨 셈이 된다. 그러나 역사적 사실을 추적해 보면 한반도에서 분단 정권을 먼저 세운 것은 스탈린과 소련 공산당, 그 하수인이 김일성이었다.

1945년 9월 20일 스탈린은 소련군 점령지역인 북한에 공산 단독 정권을 수립하라는 비밀 지령을 내렸으며, 이 지령에 의거하여 소련군정은 일사불란하게 움직여 1946년 2월 8일 북조선 임시인민위원회가 창설됐다. 다음날 위원장 김일성, 부위원장은 김두봉, 서기장은 강양욱 등 총 23명으로 구성된 임시인민위원회 명단이 발표됐다. 이들은 행정과 입법 권한을 가지는 독재적 기관으로서 "임시인민위원회는 우리의 정부"라고 선언했다. 북한이 일방적으로 단독정부를 설립하고 이를 공표한 것이다.

원래는 '임시'가 아니라 정식 인민위원회를 만들려고 했으나 북조선 공산주의자들이 조국 분단을 영속화한다는 남한의 공격에 대비하여 '임시'라는 수식어를 갖다 붙인 것이다. 이로부터 1년 후인 1947년 2월 21일, 저들은 '임시'라는 간판을 떼어버리고 명실상부한 북조선 단독정부인 '인민위원회'가 등장했다.

이런 엄연한 역사적 사실에도 불구하고 14연대 남로당 세포들은 '이승만 괴뢰도당'이 분단정권을 세웠다고 거짓 선동을 하여 반란을 일으켰다. 이것은 전형적인 공산당의 선전·선동 수법이다.

"현재 여수읍은 불바다"

반란세력이 부대 장악에 성공한 10월 20일 새벽 1시 무렵, 지창수가 지휘하는 반란군이 여수 시내를 향했다. 반란군은 미리 연락을 받고 영내에 들어와 있던 23명의 남로당원들의 길 안내를 받았다. 바로 이 시각, 여수항에서 대기 중이던 해군 LST 함장은 해군 총사령부로 무전을 쳤다.

'현재 여수읍은 불바다. 반도들은 약 400여 명, 경찰서는 방화로 연소 중이고 수십 명의 연대 장교 및 하사관이 피살됨.'

여수 14연대 반란 진행 상황

10월 19일
△ 19:00 출동대대 환송 회식 개최
△ 20:00 지창수 상사, 연대 내 핵심세포 40여 명에게 무기고 탄약고
　　　　　점령 후 비상나팔 불어 반란
△ 21:00 여수 인민위원회 소속 남로당원 23명 반란에 가담

10월 20일
△ 01:00 반란군 여수 시내 공격
△ 03:00 여수경찰서 반란군에게 점령
△ 05:00 여수 읍내 관공서 및 은행, 신문사 점령
△ 05:30 여수에 인공기 게양

△ 09:00 여수, 반란군에게 완전 장악

△ 10:00 조선은행 여수지점을 장악, 조선인민공화국 중앙은행으로

명칭을 바꾸고 3,550만 원의 현금 강탈

△ 15:00 여수에서 인민대회 개최

무장 반란군은 여수 시가지로 밀고 들어갔다. 여수경찰서에서는 약 200명의 경찰이 저지선을 쳤으나 새벽 2시 경 압도적인 병력으로 밀고 들어오는 반란군의 공격에 저지선이 무너지면서 곳곳에서 '경찰 섬멸전'이 벌어졌다. 새벽녘에 이르러 겨우 20여 명만 살아남아 사복으로 갈아입고 피신했다.

05시 30분경 반란군들은 시내 주요 기관들을 점령하고 처음으로 인공기를 내걸었다. 반란군이 시내로 몰려오자 좌익 단체와 학생단체 600여 명이 합세하여 "인민공화국 만세" "인민해방군 만세"를 외쳤다. 반란군들은 경찰서에 방화하고 고인수 서장을 체포했다. 존 메릴은 반란에 참여한 민간인들 중 교사들이 중요한 역할을 했다고 기록하고 있다. 여수 지역 학교에서 70여 명의 교사들이 반란에 가담해 민간인 봉기를 주도했다.

오전 9시경 여수를 완전 장악한 반란군은 인민위원회를 조직하고 인민공화국기를 게양했으며 '반동분자'들을 색출하여 총살했다.

10월 20일 오후 3시, 여수 중앙동 광장에서 1,000여 명이 참석한 가운데 인민대회가 열렸다. 붉은 완장을 차고 돌아다니는 좌익계 청년들이 집집마다 돌아다니며 사람들을 강제로 동원했다.

인민대회를 주동한 사람들은 대부분 여수를 대표하는 좌익의 거두들이었고, 그 동안 지하에서 활동하던 민주애국청년동맹(민애청), 민주여성동맹(여맹), 전국노동조합평의회(전평), 교원노동조합협의회(교협), 민주학생동맹(민학)에 소속된 좌익계가 총동원되었다.

'혁명과업 6개항'

이날 여수 중앙동 광장에 모인 1,000여 명의 좌익계 인사들과 14연대 반란군들은 불과 두 달여 전에 출범한 대한민국 정부가 무효가 되었음을 선포했다. 그리고 '혁명과업 6개항'을 채택했다. 6개항이 하나씩 낭독되자 "옳소" 하는 찬성의 목소리가 울려 퍼지면서 그대로 통과되었다.

여수 인민대회에서 통과된 혁명과업 6개항

1. 오늘부터 인민위원회는 여수지구 행정기관을 접수한다.

2. 우리는 유일하며 통일된 민족적 정부인 조선인민공화국을 보위하고 충성할 것을 맹세한다.

3. 우리는 조국을 미 제국주의에 통째로 팔아먹으려 하는 이승만 분단정권의 분쇄를 맹세한다.

4. 무상몰수·무상분배에 의한 민주석인 토지개혁을 실시한다.

5. 미 제국주의를 위해 한국을 식민화하려는 현존하는 비민주적인 법령을 철폐한다.

6. 모든 친일 민족 반역자와 악질 경찰관 등을 철저히 처단한다.

6개항의 혁명과업이 선포되자 손수건을 꺼내 눈물을 닦는 사람들도 있었다.[102] 인민대회를 계기로 지금까지 지하에 숨어 있던 좌익 단체 청년과 학생 600여 명이 자발적으로 인민의용군을 조직했다. 그들은 경찰로부터 빼앗은 200여 정의 총과 14연대에서 트럭으로 실어온 99식 소총으로 무장하고 경찰과 우익 인사들의 체포와 재산 몰수에 나섰다.

김득중은 여수·순천 인민위원회는 대한민국이 수립된 다음 봉기를 통해 재구성되었기 때문에 이승만 정권에 대해서, 그리고 이승만 정권의 정책에 분명한 적대성을 갖고 있었다고 주장한다.[103] 그런데

14연대의 남로당 세포들이 일으킨 반란사건은 어느 날 눈을 떠 보니 '여수·순천 10·19사건'으로 바뀌었고, 언제부터인가는 '여순 봉기(蜂起)' 혹은 '여순 군민(軍民)항쟁'으로 사건의 본질이 뒤집어졌다.

봉기(uprising)란 단어의 사전적 의미는 "많은 사람들이 벌떼처럼 무리지어 세차게 일어난다"는 뜻으로, 주로 지도자나 국가, 정부의 부당한 폭정이나 부정, 또는 탄압 등에 항거하기 위해 민중이 벌떼처럼 들고 일어나는 투쟁을 의미한다. '정의를 위해 일으키는 의로운 일'이란 뜻의 의거(義擧)와 같은 의미로 사용된다. 일제의 식민 지배에 반대하는 의병들이 들고 일어났다든지, 조선시대 관리들의 수탈에 치를 떨던 농민들이 저항하여 일으킨 일들을 칭하는 용어다.

항쟁(struggle)이란 "상대에 맞서 싸우다"라는 뜻으로, 봉기나 항쟁이란 용어에는 "정당한 저항"을 뜻하는 의미가 강하게 내포되어 있다. 이와 관련하여 이주천은 "여수 14연대 반란사건을 '봉기' 혹은 '항쟁'으로 바라보는 학자들은 공산 좌익세력을 외세를 배격하고 우리 식의 국가를 건설하려고 몸부림쳤던 민족주의자로 간주하면서 전통주의자들이 언급한 체제 전복의 위기나 공산세력의 위협이 터무니없이 과장되었다는 전제가 깔려 있다. 이것은 브루스 커밍스가 한국전쟁을 내전의 연장선상에서 해석한 입장을 계승한 것"[104]이라고 비판했다.

"이승만 대통령이 일본으로 도망쳤다" 악선전

'혁명과업 6개항' 문건은 14연대 반란사건의 진실을 있는 그대로 보여주고 있다. 즉, 1948년 10월 19일부터 10월 27일까지 국군 14연대가 반란을 일으키고, 여기에 여수·순천 등 전남 일부지역 주민들이 호응하여 발생한 사선의 핵심 본질은 "조신인민공화국에 충성하고 대한민국 정부를 분쇄하기 위한 무장 반란"이라는 점이다. 이제 갓 탄생한 지 두 달밖에 안 된 대한민국을 타도하고 조선인민공화국에 충성을 맹세한 사람들의 명백한 반란 행위를 봉기나 항쟁이란 용어로 그럴 듯하게 포장하여 '정당한 저항'이라고 주장한다면, 그것은 대한민국의 체제 자체를 부정하는 논거가 된다.

인민대회는 '혁명과업 6개항' 채택에 이어 여수인민위원회 위원장으로 선출된 이용기가 연단에 등장하여 다음과 같은 연설을 했다.

"지난밤부터 여수에는 인민해방군이 상륙하여 우리를 해방시키고 순천으로 북상하여 이를 점령하고 북으로 북상 중에 있다. 또한 이북의 인민군대가 38선을 돌파하여 서울을 점령하고 남진 중에 있으며, 남조선의 전체 해방은 목전에 도달하고 있다. 이북의 인민군대가 38선을 돌파하였기 때문에 이승만 대통령도 오늘 아침에 일본으로 도망쳤다. 따라서 우리 인민은 총궐기하여 남조선을 완전히 해방시키는 데 앞장을 서야 한다."

"이승만 대통령이 일본으로 도망쳤다"는 발언은 반란이 일어난 날 아침 맥아더 사령관을 만나기 위해 일본으로 출국한 사실을 거짓으로 꾸며낸 것이다. 도쿄에 체류 중이던 이승만 대통령은 14연대가 반란을 일으켰다는 소식을 듣고 10월 20일 급거 귀국한 사실관계를 날조한 것이다. 이어서 이용기는 다음과 같은 정책을 발표했다.

"첫째, 친일파·모리 간상배를 비롯하여 이승만 도당들이 단선단정(單選單政)을 추진하는 데 앞장섰던 경찰·서북청년회·한민당·독립촉성국민회·대동청년단·민족청년단 등을 반동단체로 규정하고 악질적인 간부들을 징치하되 반드시 보안서의 엄정한 조사를 거쳐 사형, 징역, 취체, 석방의 네 등급으로 구분하여 처리할 것입니다.

둘째, 친일파·모리 간상배들이 인민의 고혈을 빨아 모은 은행 예금을 동결시키고 그들의 재산을 몰수할 것입니다.

셋째, 적산가옥과 아무런 연고도 없는 자가 관권을 이용하여 억지로 빼앗은 집들을 재조사해서 정당한 연고권자에게 되돌려줄 것입니다.

넷째, 매판 자본가들이 세운 사업장의 운영권을 종업원들에게 넘겨줄 것입니다.

다섯째, 식량영단(食糧營團)의 문을 열어 굶주리는 우리 인민대중에게 쌀을 배급해 줄 것입니다.

여섯째, 금융기관의 문을 열어 무산대중에게도 은행돈을 빌려줄
것입니다."

사유재산제도를 전면 부정하는 이용기의 취임사야말로 14연대
반란사건의 성격과 본질을 여과 없이 보여준다. 북한에서 발간된 공
산주의 교재『정치경제학』에는 "피착취계급의 이익을 위하여 자기의
소유를 스스로 내놓는 착취계급은 없다. 때문에 사회주의를 위하여
서는 반드시 자본가들의 정권을 혁명적으로 뒤집어 엎어야 한다"고
규정하고 있다.

이러한 공산주의 혁명은 폭력으로 사회를 뒤엎는 방법으로 달성
된다. 여수와 순천 일대에서 자행된 반란군과, 반란에 가담한 좌익
들의 끔찍한 학살 만행은 자신들이 원하는 세상을 만들기 위한 '정당
한 폭력의 행사'라고 생각했을 것이다.

이승만은 폭정(暴政), 반란군은 선정(善政)?

인민대회가 끝난 후 반란군과 좌익들은 인공기를 들고 시가행진을
했고, 반란군이 장악한 지역에는 인공기가 내걸렸다. 그런데 어디서
그렇게 많은 인공기가 일시에 생겨난 것일까. 여기에 대한 기록은

발견되지 않는다.

14연대 반란군들은 손쉽게 인구 5만 7,000여 명의 여수읍을 점령하고 가장 먼저 읍사무소에 인민위원회를 설치했다. 그들은 조선인민공화국을 보위하고 충성을 맹세했으며, 매판자본가와 친일파들의 재산을 빼앗고, 식량영단의 쌀과 금융기관의 돈을 무산대중에게 나눠주었다. 이 문제와 관련, 주철희는 "7일간의 인민행정은 이승만 정권의 폭정과는 다른 모습으로 인민들에게 다가왔다"면서 다음과 같이 기술하고 있다.

'…당시 식량영단에 쌀이 썩고 있었지만 백성들은 굶주림의 연속으로 기아에 허덕이고 있었다. 여수 인민위원회는 식량영단을 열어 1인당 3홉씩 쌀을 배급하고, 지까다비(신발) 등의 생활품도 배급했다. 은행에 돈이 넘쳐났지만, 대중들에게는 그림의 떡이었다. 그래서 은행 문을 열어 대중들에게 돈을 빌려주었다.'[105]

폭정(暴政)이란 포악한 정치를 뜻하는데, 대한민국을 건국한 이승만 대통령의 그 무엇이 폭정이었다는 뜻일까. 남의 것을 빼앗아 대중들에게 나눠주고, 은행 돈도 제멋대로 빌려주는 것이 정당화되는 상황이 '이승만 정권의 폭정과 다른 모습'일까. 이런 주장들은 자칫 잘못하면 만인(萬人)에 대한 만인의 투쟁을 부추기는 공산혁명식 선동으로 해석될 소지가 있다.

이런 주장들과는 달리 반란군이 점령한 여수·순천 일대에서는 반란군과 그에 합세한 좌익들이 여수인민위원회가 선포한 '혁명과업 6개항'을 실천하기 위해 다수의 사람들을 '인민재판'이란 이름으로 무참하게 학살했다.

국군 제14연대 반란사건은 해방공간에서 발생했던 크고 작은 시위나 폭동과는 성격이나 차원이 완전히 다르다. 신무기로 무장한 국군 1개 연대가 "유일하며 통일된 민족적 정부인 조선인민공화국을 보위하고 충성할 것을 맹세"하기 위해 일으킨 군사 반란이란 점에서 그 파장이 컸고 후유증도 심각했다.

게다가 학생과 좌익 청년들이 총기로 무장하여 합세하면서 반란이 확산되는 계기가 되었다. 반란군들은 여수읍사무소와 백두회관 앞에서 14연대에서 실어온 총과 탄약을 쌓아놓고 청년 학생들에게 나눠주어 시민들을 무장시켰다.

반란군은 여수읍 대판동 사거리(현재의 중앙동 로터리)에서 인민재판을 열어 사형이 결정되면 그 자리에서 즉결처분했다. 처벌 대상은 '반동'으로 분류된 경찰과 그 가족, 우익인사들이었다. 천일고무공장 사장 김영준[106], 대한노총 여수지구위원장 박귀환, 사찰계 형사 박찬길, 경찰서 후원회장 연창희 등이 처형되었다. 앞에서 대중들에게 나눠주었다고 기술된 '지까다비(신발)'는 좌익들이 반동으로 몰아 처형한 김영준의 천일고무공장에서 빼앗은 물건이다.

반란 당시 여수의 정황을 엿볼 수 있는 자료가 당시 여수에 체류하고 있다가 국군에게 여수가 탈환될 때까지 숨어 지냈던 황병규 의원의 증언이다. 황 의원은 1948년 11월 6일 국회에 출석하여 '여수 반란사건에 관한 보고'를 했는데 그의 증언 요지는 다음과 같다.

"처음 10월 19일 밤 새벽 한 시 20분 총소리가 났고, 날이 새기 전에 각 파출소와 경찰서, 군청, 역, 각 기관을 반란군이 접수했다. 그 즉시 우익요인과 경찰서원은 손닿는 대로 쏴 죽였다. 10월 20일 오후 3시에 소위 인민대회 축하식이 열려 2만여 명이 참석했다. 그들은 가가호호 총칼을 들이대고 집에서 남녀가 나오지 않으면 총살시키겠다고 위협하여 나온 것이다.

반란군은 경찰서 요원들이 가지고 있던 총 200여 정과 14연대의 신월리 부대에 있던 총을 트럭으로 실어갔다. 그 총을 좌익분자들의 청년들, 또 중학생, 수산학생, 공업학생, 야간중학생, 여학생 등에게 나눠주었다. 10월 22일, 23일 식량영단에 있는 쌀을 꺼내 3홉 배급을 실시했다. 우익인사의 살해는 체포된 김영준 씨를 비롯해서 기타 국회의원에 출마한 입후보자들을 다 죽였다. 경찰서 뒤의 방공굴 속에 시체가 산적이 되어 있었다.'[107]

여수에서 경찰이 가장 많이 희생된 시기는 반란군 주력과 남로당 지도부가 진압군을 피해 여수를 빠져나가려 한 10월 24일 밤이었다. 이날 서종현 등 소장 강경파들은 경찰서 유치장에 가득 차 있던 경찰관 50여 명을 집단 학살했다.[108]

여수중학 교장 송욱이 반란의 민간인 총지휘자로 나서는 바람에 다수의 학생들이 반란에 가담한 것으로 알려졌다. 그런데 송욱 교장은 "나보고 반란의 주동자라고 하는데, 나는 반란군 측의 연설 요구를 거절하고 밖으로 나가지도 못하고 줄곧 학교 안에만 있었다"고 주장했다.[109]

당시 여수여중 음악교사 곽동기도 "송욱 교장은 반란군을 지휘하기는커녕 밖으로 한발자국도 나간 적이 없었다. 그는 도리어 좌익계 교사들에게 협박당하는 처지였으며, 그가 반란군 총지휘자로 몰리게 된 것은 반란군이 멋대로 붙인 벽보 때문일 것"이라고 증언했다.[110] 이런 증언들로 미루어 보면 송욱 교장의 반란 지휘 문제는 와전된 것으로 보인다.

반란군 순천 점령

여수를 장악한 반란군은 10월 20일 오전 9시 30분경 1개 대대 병력을 여수에 잔류시키고, 2개 대대 병력은 여수역에서 통근열차를 이용하여 40킬로미터 떨어진 순천을 향해 북상했다.

이날 새벽 여수 철도경찰서의 여성 교환수로부터 순천경찰서에 14연대의 반란 사실이 알려졌다. 그런데 순천경찰서를 비롯한 지역의 기관장 및 유지들은 상황의 엄중함을 인식하지 못했다. 오전 9시 순천의 각급 기관장과 유지들이 순천 시내의 승주군청에 모여 대책을 논의한 결과 "술과 안주를 군인들에게 제공해 군경민(軍警民)의 화해를 도모하자"고 결의했다.[111]

이처럼 낭만적이었던 생각들은 10시 30분 경 반란군이 순천역에 도착하자마자 무참하게 무너졌다. 병사들은 간간이 기차를 멈춘 뒤 전방 상황을 확인하기 위해 척후병을 보내는 등 조심스럽게 순천으로 향했다. 당시 순천에는 철도 경비를 위해 파견된 14연대 2개 중대가 주둔하고 있었는데, 선임 중대장인 홍순석 중위는 2개 중대를 통합 지휘하여 북상하는 반군 본대와 합류한 다음 순천을 포위 공격했다.

반란군은 빈약한 경찰 저지선을 순식간에 제압하고 동천강 둑으로 진격했다. 동천강 둑에는 반란을 진압하기 위해 밤새 광주에서 트럭으로 이동해 온 4연대 소속 1개 중대와 순천 지역 경찰 500여 명이 진을 치고 있었다. 이때 광주에 있던 모어 중위, 그린바움 중위,

켈소 중위 등 세 명의 미군 군사고문관도 함께 이동해 왔다.

모어 중위와 그린바움 중위는 군 병력과 경찰력을 동원해 기관총과 자동화기를 교량을 겨냥해 배치하고 강을 따라 방어선을 구축했다. 이때 희한한 일이 벌어졌다. 진압군 병사들이 반란군 중에서 옛 전우를 발견하고는 곤혹스러워했다. 혼란 속에서 진압군은 옛 전우들이었던 반란군이 다리를 건너도록 허용하고 반란군에게 식량을 나눠주려고 했다. 그러나 방어선을 지키던 진압군 병사들은 강을 건너온 반란군의 공격을 받아 모두 사살되었다.

오후 3시경 순천을 완전 점령한 반란군은 토착 좌익세력과 합세하여 인공기를 게양하고 인민위원회를 조직한 다음 '인민 행정'을 실시했다. 이들은 시내에 숨어 있는 경찰과 우익인사들을 체포하기 위해 좌익 학생들과 교사들을 소총으로 무장시켰다. 체포된 경찰과 우익인사들은 즉석에서 처형하거나 인민재판에 회부한 다음 처단했다.

10월 21일 오전 10시에는 반란군의 무력시위가 진행됐는데, 반란군들이 트럭을 타고 선두에 서고, 중간에는 머리에 흰 수건을 동여맨 중학생과 청년들이 섰다. 순천시내에도 여수와 같이 반란을 선동하는 벽보가 나붙고 선전 전단(삐라)이 뿌려졌다. 반란군들은 대중을 선동하여 폭동을 부추겼고, 경찰서 유치장에서 풀려나온 좌익분자들은 제 세상을 만난 듯 민가를 돌아다니며 약탈, 파괴, 방화 행위를 자행했다. 반란군은 순천을 점령하고 400여 명의 경찰관을 포함하여 900여 명을 살해했다.

순천경찰서장 양계원 총경의 비참한 최후

순천경찰서장 양계원 총경은 경찰복을 벗고 농부 차림으로 변장하여 도피하던 중 폭도들에게 체포됐다. 양 서장은 어린 시절 한쪽 눈을 다쳐 오른쪽 눈을 실명하는 바람에 의안(義眼)을 해넣었는데, 이것을 가리기 위해 검정색 선글라스를 늘 끼고 다녔다. 이 선글라스를 보고 학생들이 신고하는 바람에 체포된 것이다.

폭도들은 양 서장을 경찰서 뒤뜰 느티나무에 거꾸로 매달아 놓고 물을 먹인 후 참나무 몽둥이로 후려치기 시작했다. 폭도들은 양 서장을 시내로 끌고 다니면서 "나는 순천 군민의 고혈을 빨아먹은 서장이오. 그 동안 잘 먹고 잘 살았습니다"라고 외치게 했다. 계속해서 외치지 않으면 청년·학생들이 주위에서 죽창으로 찔렀다. 평소 검은 선글라스를 끼고 다니는 것이 거슬렸던 폭도들은 서장의 눈알을 뽑고 이정렬 청년단장과 함께 군용차 뒤에 매달아 의식을 잃을 때까지 읍내 비포장도로를 달렸다.

폭도들은 돌로 양 서장의 머리와 다리를 마구 내리쳤다. 양 서장은 이정렬 청년단장과 함께 현대 중앙극장 앞 전신주에 매달려 총살되었고, 폭도들은 그들의 시체에 휘발유를 뿌려 불을 질렀다. 반란군에게 체포된 경찰관들은 무조건 총살되었으며, 나중에 체포된 70여 명의 경찰관들은 순천경찰서 앞마당에서 군중들이 모여 있는 상태에서 십난 학살을 당했다.[112]

순천도립병원 앞뜰에서는 순천경찰서 배갑신 순경과 우익계 인사 성대포 등에 대한 인민재판을 진행하려 했으나 미처 사형이 확정되기도 전에 주민들이 돌과 몽둥이로 때려 현장에서 살해했다. 국군 진압부대가 순천을 탈환했을 때 시내 도처에 시체가 널려 있었다. 순천경찰서에는 팔을 뒤로 묶인 채 총살당하거나 가해를 당해 참혹하게 죽은 70여 구의 시체가 발견됐다.

10월 20일 저녁 순천의 반란군들은 3개 제대로 재편성하여 철로를 따라 1개 제대는 구례와 남원(북쪽)으로, 다른 1개 제대는 광양과 하동 방면(동쪽)으로, 나머지 1개 제대는 벌교와 보성(서쪽)으로 이동하면서 경찰관서를 습격하고 경찰관을 살해했다.

1,000여 명의 반란군 본대는 순천 북쪽 10킬로미터 지점에 위치한 학구(현재 순천시 서면)를 향해 이동했다. 그들은 구례와 남원을 통해 지리산으로 가는 길을 확보하고, 상황에 따라 도청 소재지인 광

주와 전주로의 진격을 염두에 두고 있었다. 10월 22일까지 반란군은 전남 동부 지역의 6개 군을 장악했다.

일부 자료에는 10월 22일 저녁, 공산당 지도자 이현상이 순천역 앞에 나타난 사실을 언급하고 있다. 덕유산과 지리산 일대를 돌며 유격전 근거지를 물색하기 위해 산악 지형을 정찰하고 있던 이현상은 반란 소식을 듣고 악양에서 섬진강을 건너 순천에 도착했다는 것이다. 당시 반란군들은 확실한 계획도 없이 반란을 일으킨 데다 대규모 진압군이 동원되고, 인민군 남침 소식은 전해지지 않자 우왕좌왕하고 있었다. 이 와중에 전설적인 공산당 지도자가 순천에 나타나자 반란군은 천군만마를 얻은 것 같은 입장이었을 것이다.

1901년 충남 금산에서 태어난 이현상은 중앙고보 재학 시절 공산주의 운동에 뛰어들었고, 1925년 박헌영의 지도하에 김삼룡 등과 조선공산당 결성에 참여했다. 1927년 보성전문학교 법과에 입학한 뒤 조선공산당과 고려공산청년회 산하 학생부원회, 조선학생과학연구회 등에서 활동했다.

반일 동맹휴학을 주도하다 체포되어 복역한 그는 출옥 후 박헌영, 김삼룡 등과 경성콤그룹을 결성했다. 해방 후 조선공산당 재건에 참여한 그는 노동당 연락부장으로 활동 중 월북했고, 1948년 북로당의 지시를 받아 다시 남한으로 내려왔다.

이현상은 반란군을 산악지대로 이동시켜 본격적인 유격투쟁을 벌이기로 하고 홍순석 중위를 찾아가 반란군의 총지휘권을 넘겨받았다. 이현상은 홍순석을 총사령관, 김지회를 부사령관으로 하는 반란군 지휘체계를 새로 갖추고 최대한 신속히 산악지역으로 이동하여 장기적인 무장투쟁 태세를 갖추도록 했다.[113] 그런데 일부 연구자들은 이현상의 순천 출현은 여러 정황으로 추정할 때 신빙성이 약하다고 의문을 제기하기도 한다.

여수와 순천이 반란군에게 장악되어 있던 10월 22일 이범석 국방부장관은 반란군과, 반란에 가담한 민간인들에게 투항을 권고하는 전단을 여수 일대에 살포했다. 전단에 적힌 요지는 다음과 같다.

'반란군은 천인공노할 범죄를 이미 범했기 때문에 죄상은 국법에 의하여 도저히 용서치 못할 것이고 추호의 용서도 없을 것이지만, 최후로 한 번 제군이 총살당하지 않는 여유를 주는 것이니 반란 지도자를 사살하고 귀순하라.'

반란군들은 시민들을 선동하기 위해 "38선이 열렸다" "이승만이 일본으로 도망갔다" "이북 인민군들이 인천에 상륙해 서울을 점령하고 광주를 향해 진격해 오고 있다" "인민군이 국군 군함 세 척을 압수했다" 등등의 유언비어를 퍼뜨렸다. 밖에서 유입되는 정보가 차단된 상태에서 이런 소문들이 마치 사실인 것처럼 퍼져나가면서 시민들이 반란군에 동조하는 현상이 벌어졌다. 이것이 공산주의자들의 무서운 선전·선동의 수법이다.

이 와중에 정부 측의 전단이 살포되자 그 동안 반란군과 좌익들이 선전한 인민군의 남침이나 전국의 국방군이 모두 다 봉기했다는 주장이 사실과 다르다고 알려지면서 여수 시민들은 큰 충격을 받았다.[114]

진압작전 개시

14연대 반란사건이 군 수뇌부에 보고된 것은 10월 20일 새벽 1시 무렵이었다. 철도경찰대의 경비전화망을 통해 급보를 접한 이범석 국방장관은 오전 9시 긴급대책회의를 소집했다. 회의에는 이범석 장관을 비롯하여 채병덕 육군참모총장, 정일권 육군본부 작전참모부장, 백선엽 정보국장, 고정훈 정보장교가 참석했다. 미군 측에서는 미 군사고문단장 로버츠 장군, 참모총장 고문관 제임스 하우스만 대위, 정보국 고문관 존 리드 대위, 5여단 고문 로버트 프라이 대위 등이 참석했다.

대한민국 정부가 수립된 지 불과 두 달밖에 안 된 시점에서 발생한 14연대 반란은 정부 입장에서는 충격과 경악의 사건이었다. 이날 회의에서 반란군 토벌작전을 지휘할 선견대를 광주에 급파하기로 결정했다. 제임스 하우스만 대위를 비롯한 선견대는 10월 21일 광주에 도착하여 광주 제5여단 사령부에 반란군 토벌 전투사령부를 설치했다.

광주 반란군 토벌 전투사령부

- 사령관 송호성 준장
- 제2여단장 원용덕 대령
- 제5여단장 김백일 대령
  - 제3연대장 함준호 중령(2개 대대)
  - 제4연대장 이성가 중령(3개 대대)
  - 제6연대장 김종갑 중령(1개 대대)
  - 제12연대장 백인기 중령(3개 대대)
  - 제15연대장 최남근 중령(1개 대대)
- 비행대장 김정렬 대위(L형 연락기 10대)
- 수색대장 강필원 대위(장갑차)
- 해군부대

육군총사령관 송호성 준장이 토벌사령관에 임명되어 한신, 김점곤, 박정희 등 사령부 참모들을 대동하고 광주로 내려와 주한 미 군 사고문단 광주지부에 토벌군 지휘본부를 설치했다. 반란군 토벌을 위한 통합 지휘권은 신임 제5여단장 김백일 대령에게 주어졌다.

지휘부는 우선 병력과 장갑차부대, 항공대를 광주·남원·하동에 집결시켜 반란군을 포위하기로 했다. 이에 따라 대전(제2연대), 전주(제3연대), 광주(제4연대), 부산(제5연대), 대구(제6연대), 군산(제12연대), 마산(제15연대)의 병력 중 11개 대대를 동원했다.

다음날인 10월 22일에는 여수와 순천 지구에 계엄령을 선포했다. 오후 7시부터 다음날 아침 7시까지 통행을 금지하고 모든 옥내외 집회는 불허되었으며, 반란군을 은닉하거나 밀통(密通)한 자, 반란군의 무기를 은닉하거나 비장(秘藏)하는 자는 사형에 처한다고 발표했다.

군 당국은 전주 이남의 모든 열차 운행을 중단했고, 반란지역에서는 민간인 차량의 통행과 출입을 금지시켰다. 아울러 국방부장관이 반란군들에게 투항을 호소하는 전단을 살포했고, 10월 24일에는 이승만 대통령이 "공산분자와는 한 하늘 아래 같이 살 수 없다"는 요지의 경고문[115]을 발표했다.

이승만 대통령의 여수·순천 반란사건에 대한 경고문

(1948년 10월 24일)

"공산분자들이 지하에서 당을 만들어 내란을 일으켜 전국을 혼란에 빠뜨리고 남북을 공산화하여 타국에 부속시키려는 계획이 오래 전부터 진행되어 온 것은 사람들이 아는 바이다. 불행히도 몽매하고 학식이 일천한 분자들이 혹은 국군에, 혹은 어떤 단체에 섞어서 반란을 양성하고 있다가 정부를 기만하고 국권을 말살하려는 음모로 여수, 순천 등지에서 반란을 일으켜 관리와 경찰을 학살하고 관청을 점령하는 등 형세를 확대함으로써 국제문제를 일으켜 대한민국을 파괴하고 민족의 자상잔멸(自傷殘滅)을 고취하려 하였다. 그래서 피해자가 약 300명 내지 500명에 달한다는 보고를 접수하였다.

이런 분자들은 개인이나 국체를 물론하고 하늘을 이루고 같이 살 수 없는 사정이다. 그 동안 충성한 경찰 관리와 국방군의 결사적인 전투로 반도들을 진압하여 난국이 거의 정돈되었다. 이 난도들이 산과 계곡으로 도주하여 숨으려는 것을 관군이 예측하고 기선을 제압하여 마침내 그들은 진퇴유곡의 형세를 이루었다.

이 반란지역에서 조만간 초계안돈(勦計安頓)케 될 것이니 고려할 것은 없으나 극소수에 잔재한 난도(亂徒)들이 혹 도망하여 숨어 있는 도당을 꾀어 살인방화와 약탈 등 파괴행동으로 물건을 부수고 사람을 상하게 하는 일을 감행하여 치안을 방해할 것이니 방어 상태의 방책을 하지 않고는 후환을 피하기 어려울 것이다.

정부에서는 단호한 태도를 취하여 치안을 유지하며, 인명을 보호할 것이요, 어디서든지 이런 반역도당이 있으면 이들은 군법에 따라 엄단할 것이며, 각 지방 노소는 질서와 안녕을 범하는 자가 없도록 조직적 행동을 하여 반역자의 은닉 약탈 등의 폐단이 없게 하고 괴수된 자를 속히 잡아 국법을 밝힐지니⋯.

비효율적이었던 진압작전

훈련이 부족하고 실전경험이 없는 국군의 진압작전은 효율적으로 진행되지 못했다. 반란 진압 차 출동한 제15연대 연대장 최남근의 의심스러운 행위, 그리고 광주에서 출동한 제4연대 일부 부대가 문제였다. 광주 주둔 제4연대장 이성가 중령은 서울 출장 중이었고, 부연대장 박기병 소령은 10월 20일 새벽 1시 30분, 광주경찰서의 이모 경감의 연락으로 여수에서 반란사건이 일어났다는 소식을 알게 되었다.

박 소령은 즉시 2중대(중대장 김동희)를 새벽 4시, 순천 북방 10킬로미터 지점에 위치한 학구리를 경유하여 순천으로 진격하라고 명령했다. 그런데 선발대로 떠난 2중대는 엉뚱하게도 보성과 벌교를 경유해 오전 10시 순천 시내로 들어가 버렸다. 이동 도중 하사관들이 반란을 일으켜 중대장과 항거하는 장병들을 사살하고 반란군에 합류한 것이다. 진압을 위해 출동했던 부대가 반란에 합류하면서 반란군들의 사기는 크게 높아진 반면, 진압군의 사기는 땅에 떨어졌다.

학구는 화순을 경유하여 광주, 남원, 하동으로 나가는 길목이어서 이 지역을 틀어막으면 반란군의 북상을 저지할 수 있는 요지였다. 따라서 학구는 반란지역을 확대하려는 반란군과 이들을 진압하려는 진압군이 격돌할 수밖에 없는 운명의 지역이었다.

박기병 소령은 4연대 1개 대대를 직접 지휘하여 학구로 이동, 현지에 출동해 있던 전남 8관구 경찰청 소속 200여 명의 경찰 병력과 합세하여 순천의 관문인 학구 터널 입구 양쪽 산을 끼고 병력을 배치했다. 진압군은 이 지역에 매복하고 있다가 반란군 16명을 포로로 잡았다. 이때 박기병 소령은 진압군과 반란군을 식별하기 위해 진압군 철모에 백색 띠를 두르도록 지시했다.

10월 20일 학구에는 제3연대 부연대장 송석하 소령이 지휘하는 제3연대와 12연대의 일부 병력, 제3연대 22대대, 제4연대 1개 대대가 집결했다. 군산에 주둔 중이던 제12연대의 제2·3대대(백인엽 소령 지휘)가 열차 편으로 10월 20일 오후 학구에 도착하여 반란군과 대치하고 있던 부대들과 합동작전을 펼쳤다.

진압군은 본격적인 진압에 돌입하기 전 순천 외곽을 지키고 있던 반란군 보초를 생포하여 암호를 알아냈고, 진압군을 변장시켜 순천 군당 중앙부에 침투시켰다. 진압군은 당의 핵심 간부를 은밀히 체포하고 살해 공작을 시도했다.[116]

김백일 대령이 지휘하는 국군 진압부대가 학구에서 반란군의 기세를 꺾는데 성공하자 학구에 진을 치고 있던 반란군 2개 대대는 순천으로 후퇴하여 반란군을 순천 시가지로 몰아넣는 데 성공했다. 이 와중에 동쪽으로 진출한 반란군 부대들은 벌교와 보성, 광양을 장악했다. 학구 전투에서 진압군의 승리는 반란군들이 광주 방면으로 반란을 확산시키는 길을 차단하는 데 성공함으로써 중요한 의미를 갖는다.

반란군 지휘관 중의 한 사람인 김지회는 10월 21일 밤 10시, 순천을 빠져나와 광양과 백운산, 구례를 거쳐 지리산 방향으로 도주했다. 반란군들 중 일부는 투항했고, 나머지는 뿔뿔이 흩어져 순천을 탈출했다. 반란 주력부대는 광양으로 향했다. 진압군이 추격해오자 10월 22일에서 23일 밤 사이 반란 주력부대는 하동으로 이동했다. 반란군 주력이 빠져나간 순천 시내에는 지방 폭도들과 좌익 학생들이 죽창과 경찰로부터 빼앗은 무기로 무장하고 저항했다.

제2연대와 제12연대, 장갑차부대, 경찰부대로 증강된 진압군은

10월 22일 순천 시가지 소탕전에 돌입했다. 이른바 '인민군 사령부'로 알려진 동순천역을 일시에 포위하고, 오전 7시에 미군으로부터 새로 지급된 81밀리(㎜) 박격포 사격, L-4 정찰기의 공중지원 하에 장갑차부대를 선두로 총공격을 개시했다. 진압군은 반란군과 구별하기 위해 철모에는 흰 띠를 두르고 팔에는 '국군'이라고 쓴 흰 완장을 찼으며, 소총에는 태극기를 내달고 작전에 임했다.

작전에 투입된 L-4 정찰기는 반란군의 이동 상황을 공중에서 파악한 후 통신통에 문서를 넣어 진압부대에 투하하는 방식으로 연락을 하여 작전에 큰 도움을 주었다. 일부 정찰기는 뒷좌석에 정비사를 태우고 공중에서 지상으로 수류탄을 던지는 방식으로 반란군을 공격했다.

백선엽은 L-4 비행기를 타고 순천 상공을 정찰하던 중 반란군 진영의 움직임이 특별한 것이 없다는 사실을 확인하고는 지금이 공격의 적기라고 판단했다. 그는 입고 있던 와이셔츠를 벗어 "지금 공격을 개시하라"는 문구를 써서 지상의 진압군 부대에 던졌다. 그 와이셔츠를 발견한 부대는 동생 백인엽이 지휘하는 제12연대였다. 공중에서 형이 던져 준 정보를 지상에서 동생이 발견하고 순천을 향한 공격을 개시했다.[117]

반란군 주력 지리산으로 도주

대전에 주둔하던 제2연대 1대대는 제2여단장 원용덕 대령의 지휘로 열차 편으로 남원까지 온 다음, 남원에서 차량 편으로 순천 입구에 도착하여 시가지 소탕전에 참여했다. 읍내에는 무장한 치안대, 민애청원(민주애국청년동맹원), 학생들이 시가전으로 맞섰다. 오전 11시 진압군은 순천 시가를 탈환하고 오후에 시가지 소탕전을 완료했다. 순천을 손쉽게 점령할 수 있었던 이유는 전날 밤 14연대 주력이 허술한 포위망의 빈틈을 뚫고 도주했기 때문이다.

순천 진압 과정에서 이철승이 대표를 맡은 전국학생총연맹(학련) 등 우익 청년단체가 큰 역할을 했다. 학련은 결사대를 편성하여 현지로 파견했는데, 이들은 국군·경찰과 함께 행동하며 좌익 혐의자의 행적을 조사하고, 군경에 정보 제공, 실탄 운반 등을 도왔다.

진압군이 탈환한 순천은 주요 건물은 거의 모두 불타고 가옥은 파괴되었으며, 거리에는 반란군과 좌익 폭도들에게 학살당한 시체들이 널려 있었다. 반란에 적극 가담한 것은 나이 어린 남녀 학생들이었다. 학생들은 인민재판에서 형이 결정되면 즉시 총살, 타살, 소살(燒殺·불태워 죽이는 것)을 실행했다.

당시 순천에서 반란군에게 학살당한 양민이 1,134명, 행방불명자

818명, 사살된 반란군 392명, 포로 1,512명이었다. 이밖에 광양에서 57명, 보성에서 80명, 구례에서 30명, 고흥에서 26명, 곡성에서 6명이 반란군이나 폭도들에게 학살당했다.[118] 사흘 간 인공 치하에서 행해진 반란군과 좌익 폭도들의 만행으로 인해 진압군을 비롯하여 큰 피해를 당한 우익계 인사들의 감정이 격앙되어 곳곳에서 보복을 위한 즉결 처형이 이루어지기도 했다.

순천을 점령한 진압부대는 보성·고흥·광양 등 반란군이 점령하고 있는 지역을 탈환하기 위해 병력을 전개했다. 제2연대 2대대가 광양 방면으로 차량을 타고 이동하는 도중 인공기와 플래카드를 들고 오는 수백 명의 대열과 마주쳤다. 그들은 인민대회에 참가하기 위해 순천으로 가던 도중 진압군을 만나자 반란군으로 착각하여 "인민공화국 만세"를 외치고 성금을 내놓기도 했다.

10월 24일 4연대(오덕준 중령 지휘) 소속 2개 중대와 수도경찰부대가 치열한 전투를 벌인 끝에 보성을 점령했고, 순천 방면에서 진격한 6연대(김종갑 중령 지휘)가 같은 날 정오 벌교를 장악했다. 10월 25일 오전 10시에는 진압군이 고흥을 점령했다.

10월 21일 밤 진압군 사령관 송호성 장군은 참모장 백선엽 및 연대장들과 함께 반란군 토벌을 위한 작전회의를 열었다. 만주에서 빨치산 토벌 경험이 풍부한 백선엽 참모장은 진압작전의 기본 개념은 광양과 백운산, 지리산 입구를 봉쇄하고 반란군을 포위하여 지리산 등 산악지역으로 도주하는 것을 막아야 한다는 점, 이후 반란군을 여수반도에 가둔 후 해안을 통해 병력을 상륙시켜 섬멸하는 시나리오를 제안했다.

반면에 송호성 사령관은 정치적 상황으로 볼 때 가시적인 성과가 필요하다고 판단했다. 이를 위해서는 반란군이 장악하고 있는 순천과 여수를 빨리 탈환하는 것이 중요하다는 주장을 내놓아 결국 이 방향으로 진압작전이 전개됐다. 그러나 지휘체계와 통신이 엉망이고 지휘능력이나 전투기술도 수준 이하여서 의도한 대로 작전이 진행되지 못했다. 특히 인접부대와의 협동작전이 제대로 이루어지지 않아 포위망이 견고하게 형성되지 못함으로써 다수의 반란군이 빠져나갈 수 있는 틈이 생겼다.

여수 탈환에 필요한 병력을 집중하기 위해 광양에서 반란군을 추격하던 2개 대대가 여수 탈환을 지원하는 쪽으로 방향을 틀면서 포위망에 구멍이 뚫리자 반란군 주력들은 이 구멍으로 빠져나가 섬진강을 건너 지리산으로 탈출했다.

별지 3 1948년 10월 19일 여수 14연대 반란과 진압

국군의 진압경로

1948년 10월 19일 저녁
여수 주둔 14연대 반란

남 해

:: 범례 ::

- 국군의 진압경로
- 반란군 진출로
- 반란군 철수로
- 반란 후, 공비 준동 지역
- 주요 도로
- 강
- 주요 도시
- 주요 지방
- 주요 고지

[참고문헌] - 국방부 군사편찬연구소, 「6.25전쟁사 제 1집」(2004)

두 차례 실패한 여수 탈환작전

순천에서 퇴각한 반란군 주력은 광양을 거쳐 지리산으로, 일부는 벌교 방면으로 도주했다. 이로써 여수에는 1개 대대 규모의 반란군이 남아 있는 것으로 추정되었다. 여수에 대한 1차 공격은 10월 23일 오전 9시 30분, 부산에서 LST(해군 상륙수송함) 천안함으로 급파된 김종원이 지휘하는 제5연대 1개 대대의 선상 박격포 사격 및 상륙작전으로 시작됐다. 그러나 파도에 출렁이는 선상에서 박격포 사격의 미숙과 무모한 상륙작전, 반란군의 치열한 저항으로 다수의 사상자를 낸 끝에 오후에 공격을 중단했다.

여수에 대한 1차 공격이 실패한 10월 23일, 이승만 대통령은 전국학련, 대동청년단, 대한독립청년당, 서북청년회, 대한독립촉성국민회 청년단 등 우익 청년단체 대표자들을 중앙청 제1회의실로 소집했다. 이 자리에서 이 대통령은 반란 진압을 위해 청년단체가 나서줄 것을 부탁했다. 대통령의 부름을 받은 청년단체들은 '구국연맹'을 결성하여 반란 진압에 동참했다. 서북청년회 소속 600여 명은 단기 훈련을 받고 여수에 배치되어 경찰복을 입고 경찰과 함께 활동했다.[119]

제2차 여수 공격은 10월 24일 오후 3시, 반란군 토벌사령관 송호성 준장의 진두지휘 하에 서울에서 파견된 강필원 대위가 지휘하는 장갑차 부대 소속 20대의 장갑차와, 제3연대 부연대장 송석하 소령이 지휘하는 1개 대대를 앞세워 여수 시내로 진격했다. 진압군은 여수에서 4킬로미터 전방 지점인 미평 고지에서 반란군과 무장한 좌익 폭도들의 기습을 받아 격렬한 총격전이 벌어졌다.

이 와중에 AP통신의 종군기자 클린튼이 총격을 받아 사망했고, 진압군 측은 200여 명의 사상자가 발생하는 큰 피해를 입었다. 1호 장갑차에 타고 있던 송호성 사령관은 박격포와 기관총 공격을 받아 철모에 총탄을 맞고 장갑차에서 떨어져 고막이 파열되고 허리를 다쳐 순천 병원으로 후송되었다.

송호성 사령관은 진압작전 과정에서 소극적인 행동으로 물의를 빚었다. 다음과 같은 자료를 통해 당시 송호성의 행동을 유추해볼 수 있다.

'국방경비대를 기른 아버지 송호성 등은 가능하면 희생을 적게 하여 은밀하게 사태를 수습하려고 했다. 송호성은 확성기를 가지고 반란군의 총탄이 쏟아지는 최전선에 나가 "나의 사랑하는 조국의 청년 애국 장병들이여! 총을 버려라! 국방군끼리 싸울 때는 아니다. 지금이라도 늦지 않다. 나의 생명을 걸고 제군의 죄는 묻지 않겠다"라고 울면서 반란 장병들에게 호소했다.

이에 대해 반란군은 "선생! 벌써 때는 늦었습니다. 우리들은 죽음으로써 이승만의 인민 학살에 반항했습니다"라고 울면서 총을 쏘았다. 송호성은 이 선무공작으로 목이 쉬어 벙어리가 되었고, 귀는 총성으로 귀머거리가 되어 실의에 빠진 채 반 죽은 사람이 되어 보람 없이 서울로 돌아왔다.'[120]

송호성은 반란사건 진압 후인 10월 29일 서울에서 기자회견을 열었는데, 진압작전에 참가했던 자신의 심정을 "이번 사건에서 얻은 것은 오직 눈물밖에 없다"고 발언했다. 흥미롭게도 6·25 남침전쟁이 벌어지자 송호성은 국군과 함께 한강을 건너지 않고 서울에 남았다가 인민군에 투항했다.

그는 인민군 소장에 임명되어 전선사령부 고문으로 낙동강 전선에 출동했으며, 전쟁이 끝난 후에는 국군 포로로 구성된 해방사단 사단장, 1954년에는 의거자학교 교장을 지냈다. 송호성이 진압작전 당시 반란군에게 소극적이었던 진짜 이유가 무엇이었는지는 독자들의 판단에 맡긴다.

10월 23일 여수 상륙작전 실패에 이어 미평 고지에서의 패전으로 이승만 정부는 존립 자체를 의심받을 정도로 궁지에 몰렸다. 여수 탈환이 군사 작전에서 정치적 상징으로 그 의미가 바뀌자 진압군은 여수 탈환에 병력과 장비를 집중시켜야 했다.

반란군 토벌사령부는 광양 방면에서 폭동군 주력이 지리산으로 도주하지 못하도록 추격하고 있던 최정예 부대인 제12연대 2개 대대, 제5연대 1개 대대를 방향을 돌려 여수 탈환에 투입했다. 각 부대는 순천에서 남하하여 미평 방면에 집결했다. 해군은 10월 22일 임시정대를 편성하여 진해의 충무공정(PG-313), 강계정(소해정 510), 태백산정(소해정 304)을 비롯하여 목포항에 있던 김해정(소해정 505), 그리고 여수에 정박해 있던 두만강정(소해정 305), 공주정(소해정 516), 그리고 유조선 구룡정을 여수 반란진압에 투입했다.[121]

나이 어린 학생들까지 반란에 가담

토벌사령부는 충무공정을 위시한 경비정 7척과 부산 5여단 산하 1개 대대를 여수에 상륙시켜 수륙에서 동시에 공격하기로 했다. 해군 함정들은 여수 앞바다를 항해하며 시내를 향해 소총 사격을 가했다.

진압부대들이 두 차례의 패전으로 우왕좌왕하는 사이 김지회가 지휘하는 반란군 주력은 추격을 피해 섬진강을 건너 백운산으로 도주하는 데 성공했다. 또 여수에 남아 있던 반란 주모자 지창수 상사는 미평 전투의 패배로 여수반도의 진압군 포위망에 일부 균열이 생기자 10월 24일 밤 1개 대대 규모의 반란군과 함께 여수를 탈출하여 지리산과 벌교 방면으로 도주했다.

이제 여수에 남은 것은 노동자, 남로당 행동대원 1,000여 명과 동조세력 1,200명 정도였다. 시내에 있던 적색분자들 중 남녀 학생들이 거세게 저항하자 나이 어린 학생들의 반란 행위에 충격을 받은 이승만 대통령은 1948년 11월 5일 다음과 같은 담화문을 발표했다.

"외국 공산분자의 잔인무도한 행위를 기왕부터 많이 들었지마는 우리 한족으로는 이런 만행이 절대 없으리라는 것을 믿고 내외국에 대하여 선언하여 온 것인데, 이번 순천, 여수 등지에 동족상잔한 진상을 들으면 우리 한족으로는 과연 통곡할 일이다.

그 중에 제일 놀랍고 참혹한 것은 어린 아이들이 앞잡이가 되어 총과 다른 군기를 가지고 살인 충화(衝火·일부러 불을 지름-저자 주)하는데 여학생들이 심악(甚惡·매우 모질고 독하여 야멸치고 인정이 없다는 뜻-저자 주)하게 한 것과 사생을 모르는 듯 덤비는 상태는 완전히 민간의 형태를 벗어난 행동이라고 외국 기자들도 이를 격분하기에 이르니 이런 통탄할 일이 어디 다시 있으리요.

불충불순한 분자들은 매국매족해서 전부를 패망케 하려는 것은 타국에도 없지 않다 하려니와 우리의 순진한 자녀들이 이와 같이 된

여·순사건 군별 파급·진압 시간표(1948.10.20.~10.27)

도시명	폭동군 점령시각	진압군 탈환시각
여수	10월 20일 03시	10월 27일 18시
순천	10월 20일 15시	10월 23일 11시
벌교	10월 21일 16시 30분	10월 24일 13시 30분
보성	10월 21일 16시 30분*	10월 24일 12시 30분
고흥	10월 21일 16시 30분*	10월 25일 10시
광양	10월 21일 08시	10월 24일 17시 20분
구례	①21일 22시 ②26일 09시	①22일 11시* ②27일 06시 30분
곡성	10월 22일 06시	10월 22일 15시*

출처 : 『제1대 국회 1회 속기록』, 649~650쪽.
기준은 경찰서 점령·탈환 시각. *는 추정시각, ①은 1차, ②는 2차 점령 혹은 탈환 시각.

것은 다 그 부모나 교사들에게 죄가 있는 것이니 이것을 방임하고는
우리가 제일 얼굴을 들고 세상에 설 수 없을 것이다….".[122]

천신만고 끝에 여수 탈환

10월 25일 오전, 여수 탈환을 위한 제3차 작전이 재개되었다. 제
12연대 2개 대대는 시가지 동쪽을, 제3연대 1개 대대는 종고산을 점

령했다. 힘겨운 전투를 벌인 끝에 오후 늦게 주요 도로를 내려다볼 수 있는 2개의 야산을 장악했고, 장갑차량으로 무장한 정찰대가 반란군 방어선을 돌파하여 시내로 진입했다. 그러나 날이 어두워지자 진압군이 시내에서 철수하면서 외곽 고지는 다시 반란군에게 넘어갔다.

10월 26일 정오경 제12연대 2개 대대, 순천을 경비 중이던 제4연대 일부 병력, 제3연대 1개 대대, 제2연대 1개 대대, LST에 승선 중인 제5연대 1개 대대, 장갑차부대, 경찰지원부대, L-4 항공기 10대, 진해에서 급파된 충무공정을 비롯한 6척의 경비정이 여수반도를 포위한 가운데 작전이 개시되었다.

오후 3시 경 여수 외곽의 구봉산과 장군봉, 종고산 등 고지를 점령한 진압군은 여수 시가지로 돌입했다. 진압군은 건물 하나하나를 탈취하는 시가전을 벌이는 과정에서 거센 저항을 받았다. 후퇴한 진압군은 시내를 향해 포격을 가했다. 이로 인해 서문시장에 화재가 발생하는 등 시내 곳곳이 불길에 휩싸였고 상당수의 민간인 희생자가 발생했다.

제12연대 부연대장 백인엽 소령은 장갑차를 타고 시내로 돌진하여 반군들을 밀어붙였다. 함병선 소령은 신항 부두 쪽으로 진격하던 도중 저항하는 학생들을 모두 체포하고 무장을 해제시켰다.

10월 27일 오후 3시 30분, 진압군은 여수를 장악하고 잔당 소탕전을 벌였다. 정세진 중위가 지휘하는 장갑차 12대가 시내로 진격했고, 제2·3·12연대의 각 대대가 시가지 소탕작전에 나섰다. 백인엽 소령이 지휘하는 12연대는 폭동의 진원지인 14연대 병영으로 돌입했다. 18시 소탕전이 완료되면서 여수는 완전히 재탈환되었다.

진압군은 여수 시내에서 반란 병사 10여 명과 민간 폭동군 500여 명을 체포했다. 제3연대 부연대장 송석하 소령이 여수지구 후방사령관에 임명되어 수습작전을 지휘했다.

북한은 14연대가 반란을 일으키자 침묵으로 일관하다가 11월 둘째 주에 160여 명의 강동정치학원 출신 게릴라 부대를 남한 지역으로 침투시켰다. 이들은 두꺼운 방한복과 한 달 치 식량을 휴대했고, 일본군 무장해제 시 압수한 99식 소총이나 카빈 소총으로 무장하고 있었다. 그들은 태백산맥을 타고 남하하다가 11월 14일, 횡성 부근에서 국군에게 발각됐다.

게릴라 부대는 영월화력발전소에 석탄을 공급하는 광산을 공격하는 등 영월과 춘천 지역에서 활동했다. 또 3~4명으로 이루어진 소규모 게릴라 집단이 12월 한 달 동안 계속해서 오대산 지역으로 침투했다. 연이은 게릴라들의 남파로 북한의 남침이 임박했다는 등 흉흉한 소문이 돌았다.

피의 보복

9일 간 반란군 수중에 놓여 있던 여수는 시내 도처에서 화재가 발생했고 미처 도피하지 못한 경찰관, 우익 청년단원, 공무원들이 지하에 숨어 있다가 살아나왔다. 초등학교에 헌병대와 수도사령부가 설치되어 반도들을 체포하기 시작했다. 「자유신문」은 진압군에 의해 탈환 된 직후의 여수의 정황을 다음과 같이 보도했다(1948년 11월 9일).

'항구도시 여수시 전체가 잿더미가 되었고, 모두가 공포와 테러에 전전긍긍하고 있었다. 명령문, 호소문, 경고문 등 정부군과 반란군 양쪽이 붙인 갖가지 유인물이 벽들을 가득 채우고 있었다. 시체와 부서진 가구들이 논과 집터에 널려 있었다. 사람들은 그들의 잃어버린 가족과 재산을 찾기 위해 잔해 위를 정처 없이 떠돌고 있었다.

거지들은 떼를 지어 뭐라도 찾을 수 있을까 하고 폐허를 뒤적거리고 있었다. 경찰서 건물은 불에 타서 뼈대만 앙상히 남아 있었고 총탄 구멍도 무수히 나 있었다. 시청 건물은 이제 여수수복협회에서 사용하고 있었다. 시내 모든 것에 유혈이 낭자했고, 한곳에서는 지면에 폭넓은 핏자국을 볼 수 있었는데, 그곳은 반란군들이 무고한 시민과 우익이라고 생각되는 사람들을 살해한 것으로 추정되는 곳이었다.

경찰서와 지역 계엄사령부는 재판을 기다리는 자들로 꽉 차 있었다. 우리는 18세 정도 되는 소녀가 군 조사 요원들에게 말하는 것을 보았다. 그것은 마치 그녀가 폭도들과 관련이 있고 반란군과 함께 전투에 참여한 것처럼 보였다. 영업 중인 점포는 거의 없었으며, 문을 열었더라도 반쯤만 열렸을 뿐이었다.

시내에서 유일하게 분주한 곳은 신분증이나 통행증, 기타 서류를 작성해주는 사람들인 것 같았다. 우리는 11월 24일까지 1천 200명 이상이 죽었다는 것을 알게 되었으며, 사망자와 실종자 수는 당국이 철저한 조사를 하면 더 늘어날 것으로 보였다.'

「경향신문」 보도에 의하면 반란군에게 살해된 수백 구의 시체는 비행장 근처의 도랑이나 하수구에 버려져 있었다. 비행장 근처에서 발견된 400여 구의 유해는 대부분 팔다리가 잘리거나 등 뒤로 손이 결박되어 있었다. 희생자 대부분은 옷이 벗겨진 상태였고, 신원을 감추기 위해 콜타르가 칠해져 있었다.

계엄령 선포 시 발표된 대로 반란에 협조한 자들에게는 가혹한 처벌이 기다리고 있었다. 여수와 순천 일대가 탈환된 후 반란군들이 점령기간 동안 온갖 참혹한 짓을 저지른 사실이 백일하에 드러나자 분노한 군경은 부역자 색출에 나섰다. 반란군 및 부역자 색출작업은

2단계로 진행되었는데[123], 제1단계는 거의 전 읍민을 학교나 공공시설에 집결시켜 경찰관, 청년단원, 학련(전국학생연맹), 우익요원 등이 반란군과 부역자를 색출했다.

심사 기준이 된 것은 총기를 소지하고 있는 자, 손바닥에 총을 쥔 흔적이 있는 자, 군용 팬티 착용자, 머리를 짧게 깎은 자 등이었다. 이 중 즉결처분에 직접 가담하거나 인민재판에서 처형에 앞장섰던 사람들은 즉석에서 곤봉, 개머리판, 체인 등으로 타살되거나 총살을 당했다. 나머지는 별도로 수용되어 재심사를 받거나 계엄군·경찰에 넘겨져 심문과 재판을 받았다. 존 메릴은 경찰에 넘겨져 재판을 받는 경우 적지 않은 혐의자들이 적법한 재판 절차를 거치지 않고 경찰에 의해 처형된 경우도 있었다고 지적한다.

제2단계 작업은 제1단계에서 애매하다고 판단된 자, 그 후 고발된 혐의자를 대상으로 행해졌으며, 이들은 심사를 받아 즉석에서 총살되거나 군경에 이첩되거나 석방되었다.

순천에서는 10월 23일, 오전 시내의 거의 모든 성인 남자들이 반란에 합류했었다는 혐의를 받아 재판을 기다리기 위해 농업학교 운동장에 억류되었다. 데이비드 던컨과 함께 20세기 최고의 종군기자로 꼽히던 「라이프」지의 칼 마이던스 기자는 여수와 순천 지역 현장 취재를 했는데 당시 정황을 다음과 같이 증언하고 있다.

"밤이 되자 반군은 가가호호 수색해 우익 성향의 인사를 즉결 처분하든지 집결지로 끌고 가 집단으로 총살했는데 2~3일내 500명 이상을 학살했다. 순천을 탈환한 진압군도 잔인하긴 매한가지였다. 아기를 등에 업은 부녀자들이 보는 가운데 그들의 남편이나 아들을 몽둥이, 소총 개머리판, 심지어는 철모로 구타했고 총탄 세례를 퍼부었다."[124]

학교 운동장에 속옷이 벗겨진 채 끌려온 사람들은 그 자리에서 구제되거나 사형당하는 그룹으로 분류되었다. 어린 아기를 업고 온 여인들이 문 밖에서 아들과 남편에 대한 판결을 듣기 위해 기다리고 있었다.

먼저 40세 이하의 남자 중 군용 팬티를 입은 자, 머리가 짧은 자가 따로 분리되어 경찰, 대동청년단원 등에 의해 폭동군 및 부역자가 적발되었다. 그 다음 각 동네별 지방유지, 우익인사에 의해 부역자가 적발되었다. 부역자는 제1급(인민재판에 적극 참여자), 제2급(소극적 참여자), 제3급(애매한 자)으로 분류되었다. 경찰은 이중 악질적이라고 판단한 12명을 10월 25일 순천농업중학교 교정에서 총살했다. 칼 마이던스 기자가 학교에 있는 동안에도 20여 명 정도가 끌려 나가 사살되었다.[125]

14연대 영구히 해체

여수의 경우 10월 27일 오후 여수읍민 약 4만 명을 서초등학교에 수용하여 생존 경관, 관공서 공무원, 청년단원, 학생연맹원들에 의해 반란군 및 부역자가 색출되어 일부는 학교 뒤편에서 즉결 총살되었다. 혐의자들은 재심사를 받았으며, 그중 다수는 만성리로 가는 터널 뒤쪽에서 총살되었다. 제5연대를 이끌고 온 김종원 대위는 일본도로 직접 반도의 목을 쳐서 처형한 사례도 있었다. 피가 피를 부르는 악순환이 시작된 것이다.

체포된 반란군은 계엄군에게 넘겨져 대전에서 재판을 받았으며, 민간 혐의자는 경찰에 넘겨져 심문을 받은 후 일부는 즉결 처형을 당했고, 나머지는 광주·여수·순천에서 재판을 받았다. 육군사령부는 1949년 1월 10일 14연대 반란과 관련하여 군사재판에 회부된 반란군 혐의자의 재판 결과를 발표했는데, 총 2,817명이 재판을 받아 사형 410명, 종신형 568명, 나머지는 유죄 혹은 석방되었다.

또 제8관구 경찰청은 11월 3일부터 11일 사이 전남 각지에서 3,539명을 검거했는데, 그중 여수·순천 등지의 폭동 관계자가 3,293명에 달했다.

10월 28일, 이승만 대통령은 반란부대인 제14연대를 영구히 해체하고 연대장 박승훈 중령을 파면했다. 또 연대 기간장교 중 피신했던 장교들을 기소하여 대부분 반란 불진압죄로 처벌했다. 박승훈 연대장은 군법재판소에 회부되지 않고 직위해제 되었다가 1949년 5월 복직되어 현역으로 복귀했고, 이희권 부연대장은 군법재판소에 기소되었으나 무죄 선고를 받았다. 그는 1949년 1월 군복을 벗었다가 박승훈 연대장과 함께 현역 복귀했다. 10월 29일 이승만 대통령은 다음과 같은 담화문을 발표했다.

"예로부터 난민적자(難民賊子)가 없는 시대가 없다 하였거니와 이번 남도(南道)에서 일어난 반란군의 좌익(左翼)같은 것은 우리의 역사에 처음일 것이다. 40년 왜적의 압박으로 철천지한을 품은 우리로서 국권을 회복하여 독립자주국민으로 다 같이 자유복락을 누리며 살자는 목적 하에 3천만 남녀가 제 피와 제 생명을 아끼지 않고 분투하는 중이어늘 어찌하여 남의 나라에 자기 조국을 부속시키고 그 노예가 되자는 불충불의한 언행으로 도당을 모아 동족의 남녀를 참혹하게 학살하고 내란을 일으켜 정부를 전복하려는 음모로 참담한 정경을 이루고 있는가.

다행히 국군 전체와 경찰과 해군은 애국애족하는 그 충성으로 위험을 무릅쓰고 사지에 출동하여 도처에서 반역분자들을 일시에 정복하고 반란군의 괴수를 당장에 토살정법(正法)하여 양민을 보호하며 치안을 회복하게 되었으니 장차 국가의 표창도 있으려니와 우선 이에 그 공로를 찬양하는 바이다.

이 난적배에 편입된 도배는 소상한 증거에 따라 일일이 치죄할 것이요, 무지우맹으로 남의 선동에 끌려 범죄한 자는 법대로 처리할 것이며, 또 이번에 순국 일반 장졸은 일일이 그 훈공을 살피는 한편, 상처와 파괴를 당한 가족들은 특별히 구조책을 정하여 일제히 심심한 동정을 표하는 바이다."

반란군의 만행 축소, 정당화, 미화

어느 시대나 국가를 막론하고 반란사건은 무력을 동원하여 재빨리 진압하는 것이 상식이다. 국군 14연대 반란 사건은 반란 과정에서 일부 지역 주민들의 참여가 있었고, 또 전쟁이나 다름없는 치열한 전투가 벌어졌기 때문에 주민들의 희생이 발생했다. 이러한 희생을 좌파 수정주의자들은 '국군의 민간인 학살'로 몰아간다.

『빨갱이의 탄생』의 저자 김득중은 "시민단체 조사에 의하면 여·순사건 진압 과정에서 약 1만 명의 지역 주민들이 목숨을 잃었으며, 이들 대부분은 한국 군대와 경찰에 의해 살해당했다"고 주장

한다.[126]

좌파 수정주의 연구자들은 대부분 군경의 강경진압의 정당성과 필요성, 불가피성을 '양민학살'로 부각시켜 매도하고 악질 지주 처단, 단정·단선 반대, 친일파 경찰 척결 등 그럴듯한 명분을 내건 반란군의 만행은 교모하게 축소하여 정당화 혹은 미화하고 있다.[127] 예를 들면 김득중은 자신의 저서 『빨갱이의 탄생』에서 다음과 같이 기술하고 있다.

'반동적인 우익 인물을 <u>체포하고 처벌하는</u> 일은 인민위원회가 제일 먼저 실시한 사업이기도 했고, 가장 비중을 두어 시행한 일이기도 했다. 봉기를 성공시키기 위해서는 이를 반대하는 세력들을 <u>무장해제 시키고, 무력화</u>하는 것이 제일 중요한 일이었기 때문에 반동분자 색출의 제1차적 대상은 경찰이었다.'[128] (밑줄은 저자가 표시한 것임)

이 인용문은 반란군들이 경찰을 체포 살해한 사실을 기술하고 있는데, 밑줄 친 부분을 자세히 보면 '살해', '처형', '학살' 등의 살벌한 단어 대신 '체포' '처벌' '무력화'라는 순화된 용어를 사용하고 있음이 발견된다. 심지어 다음과 같은 표현까지 발견된다.

'이용기 인민위원회 위원장은 봉기 소식을 들은 "일부 몰지각한 과격분자"들이 주민들의 지탄을 받아온 사람들을 사사로운 보복으로 살해하고 불을 지르는 행위를 했다고 경고했다. 물론 <u>죽은 사람들은</u>

<u>청년단 등에 가입했거나 경찰의 밀정으로 활동했기 때문에 마땅히 처벌을 받아야만 했지만…</u>(후략)**'129**(밑줄은 저자가 표시한 것임)

이 글을 쓴 사람은 청년단에 가입했거나 경찰의 밀정으로 활동한 사람들은 살해당해도 마땅하다는 주장을 하고 있는 셈이다. 글쓴이의 심리상태를 반대쪽에 대입하면 진압군이나 경찰 입장에서 볼 때 반란을 일으킨 자들이나 남로당에 가입하여 좌익 폭동에 가담한 사람들은 죽여도 무방하다는 뜻으로 해석될 수도 있으니 이런 행위를 비난할 합리적 근거가 상실되는 셈이다.

경찰청은 11월 3일부터 11일까지 여수·순천 등지의 반란 관계자 3,293명을 검거했고, 11월 13~14일 반란사건에 가담한 사람들에 대한 고등군법회의가 순천에서 열렸다. 이 군법회의(담당 법무관 김완용 대령 주심)에서는 11월 12일 현재 검거된 459명의 피의자에 대하여 심리를 열어 석방된 자가 190명, 나머지 268명 중 사형 102명, 징역 20년 형 79명, 징역 5년 형 79명, 무죄 석방 11명이었다.

피해 상황 조사기관마다 달라

존 메릴은 1948년 11월 말 군의 공식 발표에 의하면 50여 명의 민간인을 포함해 1,700여 명이 반란에 가담한 혐의로 재판을 받았는데, 866명은 사형, 541명의 기소는 기각, 나머지는 단기로부터 무기징역을 받았다.[130] 11월 17일, 전라남도 당국은 14연대 반란사건에 연루된 불순 교원에 대한 숙청을 단행, 제1차로 초등학교 교사 61명을 파면했다.

반란사건 관련 피해자 상황은 조사기관마다 큰 편차가 있다. 정부 조사에 따르면 1949년 1월 10일까지 인명피해는 총 5,530명(사망 3,392명, 중상 2,056명, 행방불명 82명)이고 가옥 피해는 8,554호(전소 5,242호, 반소 1,128호, 소개 2,184호), 가옥 기타 총 피해 추정액은 99억 1,763만 395원에 달했다.[131]

여수지역사회연구소는 1997년부터 2003년까지 여수와 순천 외곽지역을 대상으로 여·순사건 희생자 수를 조사했다. 그 결과 여순 사건으로 인한 피해자 규모는 여수 지역 5,000명, 순천 지역 2,200명, 보성 지역 400명, 고흥 지역 200명, 광양 지역 1,300명, 구례 지역 800명, 곡성 지역 100여 명으로 총 1만여 명에 이른다. 이를 가해 주체별로 나누어 보면 국군·경찰에 의한 학살이 9,500여 명, 지방좌익과 빨치산에 의한 학살이 500여 명으로 피해자의 95퍼센트가 국군과 경찰에 의해 학살되었다고 주장한다.[132] 희생자는 90퍼센트가 10대에서 30대의 소년과 청장년층이었다.

수습 작업이 진행 중이던 1948년 10월 30일, 김구는 14연대 반란 사건과 관련하여 다음과 같은 담화문을 발표했다.

'우리는 일찍부터 폭력으로 살인·방화·약탈 등 테러를 행하는 것을 배격하자고 주장했다. 금번 여수·순천 등지의 반란은 대규모적 집단 테러 행동인 바, 부녀 유아까지 참살했다는 보도를 들을 때에 그 야만적 소행에 몸서리쳐지지 아니할 수 없다. (중략) 남과 남의 부모처자를 살해하면, 남도 나의 부모처자를 살해하기 쉬우니 그 결과는 첫째, 우리 동족이 수없이 죽을 것이오. 둘째, 외군에게 계속 주둔하는 구실을 줄 뿐이다. 이것은 우리의 자주독립을 좀먹는 행동이니 이로써 우리는 망국노의 치욕을 면하는 날이 없을 것이니…(중략)

여러분의 기대와 탁부(託付)와 애국의 만분의 일도 보답하지 못하는 나로서 무슨 면목으로 여러분께 왈가왈부를 말하랴마는 금번 반란이 너무도 중대하므로 인하여 국가 민족에 미치는 손해가 또한 중대한 까닭에 그대로 함구만 할 수 없어서 피눈물로써 이와 같이 하소연하는 바이다. 동지 동포는 우리의 고충을 깊이 양해하고 동족상잔에서 동족상애의 길로 공동매진하기를 간절히 바란다.'[133]

"조선인민공화국 수호"

14연대 반란사건은 이제 갓 출범한 대한민국 정부에 큰 충격과 교훈을 주었다. 우선 제주에서 발생한 4·3 폭동과는 달리 국군 1개 연대가 반란군으로 돌변하여 전남 지역의 좌익세력들과 합세하여 군민(軍民)반란으로 확대시켜 일종의 '해방구'를 형성한 사건이었다. 게다가 14연대 반란사건 이후 대구에 주둔하는 6연대, 마산 15연대, 광주 4연대 등에서 연이어 반란사건이 발생했다.

반란 과정에서 나온 구호들을 보면 "인공 수호와 충성 맹세" "대한민국의 분쇄 맹세" "남한 정부의 모든 법령 무효 선포" 등 대한민국을 부정하고 북한에서 수립된 인민공화국을 찬양하는 체제 전복적이고 반란적인 내용들이 난무했다.

반란군이 점령했던 전라남도 일부 지역에서는 다음과 같은 세 가지 공통적 현상이 나타났다.[134]

첫째, 반란군이 경찰서를 공격하여 한 지역을 점령한 후 토착 좌익과 합세하여 경찰, 우익요인, 우익 청년·학생 등을 색출하여 즉결처분하거나 혹은 구금했다가 며칠 후 인민재판을 통해 처분하는 양상을 띠었다.

반란군의 여수 점령기간 중 즉결처분 및 인민재판에 의해 피살된 인원수는 200여 명이었으며, 그 중 74명의 경찰이 포함되어 있었다. 순천의 경우 여수보다 점령기간이 짧았음에도 불구하고 400여 명의 관민이 사망했으며, 그 중 경찰은 전사자 11명을 포함하여 186명이 피살되었다. 여수보다 순천에서 경찰 혹은 우익요원들이 더 많이 살해되었는데, 『순천·승주 향토지』에는 다음과 같은 기록이 발견된다.

'제일 먼저 반란군에게 체포됐던 경찰관들은 무조건 총살되었으며, 나중에 체포된 70여 명의 경찰관은 순천경찰서 앞마당에서 군중들을 모아놓고 집단 학살을 하였다. 또 반도들은 체포된 경찰관을 산 채로 모래구덩이에 파묻어 죽이기도 했다. 모래구덩이에 묻힌 뒤 미처 죽지 않고 꿈틀거리는 경찰관은 위에서 죽창으로 쿡쿡 찔러 죽였다.'

둘째, 반란 직후 반란군은 남로당 및 지방 좌익과 합세하여 이른바 '인민위원회' '보안대' '의용군' 등을 구성했으며, 반란군과 의용군은 전투를 담당하고, 인민위원회(및 보안대)는 인민행정과 인민재판을 실시했다. 그러나 인민위원회의 행정이 제대로 이루어진 곳은 여수뿐이었으며, 그나마 임기응변적 형태를 벗어나지 못했다.

셋째, 위의 두 과정에서 군중이 대규모로 참여했다. 여수의 경우 수산중, 여수여중, 여수중, 여수야간중, 여수공업 등 여수읍내에 있던 다수의 중학생이 반란에 참여했다. 사건 진압 후 군경의 발표에 의하면 여수수산중학의 경우 거의 전교생이 폭동 반란에 적극 가담했다고 한다.

10월 27일 호남지구 전투사령부의 발표내용에 의하면 여수를 방어하고 있는 '경비대 공산주의자 및 그 동정자'의 수는 1만 2,000명으로 추산했다.[135] 이런 일들로 미루어 황남준은 14연대 반란사건은 무장폭동에 가까운 것이었으며, 그 파급 과정에서 남로당이 적극 가담함으로써 '대한민국의 분쇄'와 '인공(人共) 찬양'으로까지 급진화되었으며, 이른바 '인민 행정'을 통해 체제 전복적 성격, 즉 반란적 성격까지 내포하고 있었다고 분석한다.[136]

반란군 점령지역에서
어떤 일들이 벌어졌는가?

반란군 치하에 있었던 약 1주일 간 여수에서는 어떤 일들이 일어났는지를 알 수 있는 자료가 있다. 김남식의 저서 『남로당연구』에는 반란군 치하에 있었던 여수에서 벌어진 일들을 남로당의 발표 자료를 토대로 기록해 놓았는데, 그 내용은 다음과 같다.[137]

10월 20일

영시 정각 여수항에서 정박 중인 세 척의 해군 함선을 향해 어디서인가 총소리가 있자 수많은 병사들은 무기고를 점령한 다음 일부 장교들을 살해 혹은 감금하고 2시 반에는 여수경찰서를 습격하였다. 3시 반 경에는 여수시내의 전 파출소를 폭동군이 점령하고 폭동군 일부는 3시 반에 여수역을 출발하는 순천행 열차로 북행했다.

　여수 시내는 경찰서가 전소되고 거리거리에 '인민대회'의 포스터가 나붙었으며 '인공기'가 전 여수 시내에 휘날렸다. 시민들은 인공기를 들고 중앙동 광장에 모이기 시작했다. 시가지에는 '제주도 출동 거부 병사위원회'의 이름으로 ①제주도 출동 절대 반대 ②미군도 소련군을 본받아 즉시 철퇴하라 ③인공수립 만세 등의 요지의 성명서가 발표됐다.

　남로당 여수읍당위원회에서도 재빨리 읍민위원회를 조직하고 읍사무소 자리에 보안서를 설치하고 10시경부터 경찰과 우익 인사들을 체포하기 시작했다. 소위 인민대회는 중앙동 광장에서 약 4만여 군중이 모여서 진행했는데, 오후 3시 반에 '추도가' '해방의 노래' 등으로 개시되어 이용기, 박채영, 김귀영, 문성휘, 유복동 등 5명이 의장이 되어 대회를 진행했다.

인민대회에서도 좌익 노동조합 대표, 농민조합 대표, 여성동맹 대표, 청년대표의 '인민공화국' 수호를 외치는 연설이 있었고 6개 항목의 결정서를 채택했다. (중략)

결정서를 채택하고 '최후의 결전가'로 대회를 끝냈다. 그리고 군중시위에 들어갔다. 한편 비합법적으로 지하에서 활동하던 '민애청(民愛靑)' '학통(學統)' '민주여성동맹' '합동노조' '교원노조' '철도노조' 등이 나타나 제각기 간판을 붙였다. 좌익 군중들은 여수군청을 비롯한 각 기관들을 접수함으로써 하루아침에 여수시내는 좌익 치하가 되고 말았다.

10월 21일

좌익분자들은 소위 '반역자'들을 적발했다. 한독당을 제외한 한민당, 독촉국민회, 대동청년단, 민족청년단, 서북청년회 등의 간부와 단원들이었다(한독당을 제외한 것은 김구와 그 일부가 남북협상에 참가하고 5·10 선거를 반대했기 때문이다). 집집마다, 그리고 시내를 달리는 차에도 인공기를 달게 했으며 폭동군이 시내를 지나갈 때는 어린이들에게 '만세'를 부르도록 했다.

이날 인민재판이 있었는데 제일 먼저 여수경찰서장 고인수를 비롯한 사찰계 직원 10여 명이 처형되었다. 오후에는 국군 비행기로부터 반란군에게 "앞으로 2시간 여유를 줄 테니 귀순하라"는 전단이 뿌려졌다. 당시 여수의 분위기는 매우 살벌했으며 반란군들의 사기는 높은 편이었기 때문에 귀순 권유 전단을 뿌렸지만 별 반응이 없었다.

10월 22일

이날도 소위 '반역자' 적발과 숙청이 계속됐다. 그리고 여수군청을 비롯한 각 행정기관을 접수한 인민위원회는 종래 과장급 이상을 모두 파면시키고 하부 직원들은 그대로 집무케 했다. 과장급 이상은 좌익 간부들이 차지했다.

10월 23일

여수인민위원회에서는 시민들에게 1인당 백미 3홉씩을 배급하고 천일고무의 창고에 있는 백색 지까다비를 나눠주었다. 각 금융기관과 산업직장은 그의 종업원들에게 운영권을 위탁하고 일반 시민들에게 일부 대출을 했다. 폭동군에 대한 원호활동을 전개하고 그들에게 전매국에 있는 담배를 공급했다. 이날 남로당에서는 '반역자' 처리를 위한 심사위원회라는 것을 조직하고 동 위원회로 하여금 숙청 대상자들을 인민재판에 회부하여 처형하게 했다

이날까지 인민재판에서 숙청된 사람들은 김영준(한민당 여수지부장), 박귀환(대동청년단 여수지구 위원장), 연창희(경찰서 후원회 회장), 차환인(한민당 간부), 이광선(CIC·육군 방첩대 여수주재위원), 최인태(우익계 인사), 김수곤(우익계 인사), 박찬길(경찰요원), 박귀역(경찰요원) 등 수십 명이었던 것으로 알려졌다.

10월 24일

반란을 진압하기 위한 국군의 공격이 시작됐는데, 이는 순천 방면으로부터 개시됐다. 이에 좌익계 분자들과 반란군이 합세하여 대항했는데 이 전투에서 폭동군에 탄약을 운반하던 여성동맹원 정기덕(18세)이 피살됐다. 이날 처음으로 「여수인민보」라는 좌익 신문이 발간됐는데, 이 신문은 「여수일보」를 접수하고 그 시설을 이용하여 발간한 것이다.

1면에는 '여수 인민에게 호소함'이라는 표제 하에 '제주도 출동거부자 병사위원회'가 폭동을 일으킨 자기들의 명분을 밝혔으며, 그리고 20일에 있었던 여수 인민대회 이름으로 된 '인민군 장병들에게

드리는 감사문'과 동 대회에서 연설한 각계 대표들의 연설 요지를 게재했다. 2면에는 인민대회의 상황을 상세히 보도했다.

10월 25일

국군의 토벌 공격은 계속되었으나 여수 시민은 아직도 반란군 치하에 있었다. 24일 폭도에게 탄약을 나르다 죽은 여맹(민주여성동맹) 원 정기덕에 대한 인민장의(葬儀)가 보안서 광장에서 거행됐는데 이 장의식에 수 천 명의 주민이 강제 동원됐다.

10월 26일

이날부터 국군의 토벌작전은 본격화되었다. 전차, 장갑차, 비행기 등 기동부대들이 여수를 공격했다. 폭동군과 전투가 치열하게 전개됐는데 여수읍 교외의 미평 오림리 부근의 전투가 가장 치열했다. 폭동군은 이러한 공격에 견디지 못해 구례 방면으로 퇴각 이동했으며 여수시내는 대부분 좌익계 청년 학생들만 남게 되었다.

10월 27일

여수시는 불바다가 되고 말았으며 시가전은 한 집 한 집을 두고 치열하게 벌어졌다. 오후 1시경에 시내는 완전히 국군의 손에 들어갔다.

대구 6연대, 세 차례나 연속으로 반란 일으켜

1차 반란(1948년 11월 2일)

여수에서 반란군 진압 및 후속 조치들이 마무리되어 가던 1948년 11월 2일, 대구에 주둔하고 있던 6연대의 정보과 선임하사 이정택 상사와 곽종진 특무상사는 남로당 군사부장 이재복으로부터 "진압군 출동을 저지하라"는 지령을 받았다. 이 지령에 의해 반란을 일으켰으니 이것이 대구 6연대의 1차 반란이다.

1946년 2월 18일 대구에서 창설된 6연대는 창설 이래 5명의 연대장 가운데 김종석, 최남근 등 2명의 좌익 관련 장교가 20개월 동안 부대를 지휘했다. 창설을 주도한 하재팔은 일제하에서 학병으로 동원됐던 일본군 소위 출신으로 남로당에 가입한 당원이었다. 일본 육사(56기생) 출신의 김종석은 남로당 군사부장으로서 이주하와 이재복 계열이었다.

최남근은 만주군관학교 출신으로 해방 후 북한에서 김일성의 지령을 받아 반공투사로 위장하여 월남한 다음 경비대에 입대하여 장교로 임관했다. 그는 좌익이면서도 우익으로 행세했다. 그는 대구 6연대장으로 근무하면서 경상도 일대의 좌익들을 상당수 입대시켜 훈련시켰기 때문에 6연대는 실질적으로는 최남근이 만든 것이나 다름없었다.

6연대는 1946년 10월 1일 대구 폭동 당시 상당수의 좌익들이 체포를 피하기 위해 입대하는 바람에 사상적으로 좌경화된 병사들이 많았다. 이재복은 14연대 반란에 이어 남로당 세포가 많이 침투되어 있는 이 부대에 큰 기대를 걸고 반란 지령을 내린 것이다.

6연대는 1948년 7월 10일 850명이, 1개월 후인 8월 14일에는 350명 등 두 차례에 걸쳐 1,000여 명의 병력이 제주도에 파견됐다. 이 와중인 10월 20일 여수·순천 반란 진압을 위해 일부 부대가 출동하면서 연대 내의 남로당 조직에서는 여순 반란에 대한 호응투쟁을 계획했다.

6연대 내의 조직책인 인사계 겸 선임하사인 곽종진 특무상사의 지시에 따라 같은 세포원인 일등상사 이정택의 선동으로 폭동이 발생했다. 11월 2일 오후 헌병이 연대 인사계인 곽종진 특무상사를 체포하려 하자 이정택은 "여수·순천의 14연대 반란병들이 대구를 습격했다"고 선동하여 대원을 비상소집한 후 무기고에서 무기와 탄약을 지급했다. 반란에 불응하는 병사들을 그 자리에서 사살하고 그들은 반란을 일으켰다.

부연대장이 즉시 미 제1보병연대에 지원 요청을 했고, 미군이 출동하여 반란군을 포위하고 190여 명을 체포했다. 이 와중에 포위망을 뚫고 탈출한 이정택과 일부 반란군들은 지방 폭도들과 합세하여 칠곡, 동명 등지에서 경찰지서를 습격하고 소방차를 탈취하여 김천으로 달아났다. 곽종진이 이끄는 20여 명은 지나가는 열차를 정지시켜 열차를 타고 도주했다.

반란군은 김천에 주둔 중이던 제6연대 소속 1개 중대와 합류하려 했으나 수백 명의 진압군에게 포위되어 반군 일부는 사살 당하고 생존자들은 팔공산으로 입산하여 빨치산이 되었다.

6연대 반란으로 조장필 소위 이하 장교 4명과 사병 4명이 피살되었다. 반란사건 이후 제6연대는 대대적인 숙군작업이 진행되었다. 400여 명의 장병들을 조사한 결과 112명의 좌익 세포를 색출했고, 그 중 6명은 군법회의에서 사형 판결을 받아 총살되었다.

2차 반란(1948년 12월 6일)

당시 연대본부와 제2, 제3대대는 숙군작업이 진행되었지만 지리산 일대에 출동하여 빨치산 토벌작전에 투입됐던 6연대 하사관 교육대와 제1대대의 2개 중대는 숙군 작업이 진행되지 못했다. 군 수뇌부는 380명의 토벌부대를 복귀시켜 조사를 하기로 결정했다. 제1대대장 차갑준 대위는 함양을 출발하기 전에 부대원들의 실탄을 회수하려 하자 좌익 장병들이 명령을 따르지 않았다. 차갑준 대대장은 연대본부에 "대대가 고령에 도착하면 강제로 실탄을 회수해달라"고 요청했다.

12월 6일 오후 4시 제1대대를 태운 차량 17대가 낙동강을 건너 대구 근교인 달성군 월배 부근에 이르렀을 때 후미에 있던 차량에서 폭동이 발생했다. 좌익에 물든 대대 인사계 이동백 상사와 홍순식 중사는 연대에 돌아가면 위험이 닥칠 것을 예상하고 6연대 내의 남로당 세포들과 모의하여 반란을 일으킨 것이다.

이들은 탄약 수송 트럭을 탈취한 다음 차량에 타고 있던 장교 9명을 사살하고 다른 대원들에게 "이대로 복귀하면 우리 모두는 숙군된다. 우리는 죽으러 갈 필요는 없다. 모두가 나를 따르라"고 선동했다.

이 선동에 50여 명이 반란에 가세했고, 나머지 병사들은 분산하여 대구시 대명동에 있는 연대본부로 복귀했다. 이동백 일당은 달성에서 경찰지서를 습격한 뒤 탄약을 실은 트럭을 몰고 산악 지역으로 도주했다. 토벌대는 12월 7일 새벽 2시, 낙동강을 건너는 반란군을 발견하고 공격했으나 반란군들은 어둠을 틈타 팔공산으로 도주했다. 이것이 6연대의 2차 반란이다.

3차 반란(1949년 1월 30일)

대구 6연대 제4중대는 포항 시외의 영일비행장 경비를 위해 주둔하고 있었다. 이 때문에 숙군 수사기관의 조사를 받지 않았었는데, 연대본부에서는 제4중대의 좌익분자 색출 조사를 위해 제3중대와 임무교대를 비밀리에 진행했다. 이 비밀이 남로당원에 의해 좌익 세포에게 알려졌다.

제1차 6연대 반란 당시 도주하여 입산한 이정택 일당이 포항 주둔 제4중대 재무계 선임하사(남로당 프락치)에게 반란을 모의했다. 1949년 1월 30일 4중대 재무계 선임하사는 4중대장 이영삼 중위에게 술을 잔뜩 먹여 부대 지휘를 못하게 만든 다음, 소대장과 하사관 1명을 사살하고 무기고를 열어 50여 명의 남로당 병사들과 함께 폭동을 일으켰다.

그러나 두 차례의 반란사건과 그 후속 조치를 알고 있던 대원들이 반란에 협조하지 않았다. 반란자들은 구룡포와 경주로 도주하던 도중 진압군이 출동하자 해안 산악지대로 흩어져 도주하여 찻잔 속의 태풍으로 그쳤다.

대구 6연대는 각 대대와 중대가 각지에 분산되어 있는 바람에 세 차례에 걸쳐 반란이 연속으로 일어났음에도 불구하고 대규모로 번지지 않고 일부 불순분자들의 난동에 그쳤다. 만약 6연대 병력 전체가 대구에 집결해 있었다면 여수·순천 못지않은 폭발력을 보였을지도 모른다. [138]

지리산으로 탈출한 반란군

14연대 반란은 9일 만에 진압군이 여수를 탈환함으로써 일단락되었지만 상당수의 반란군들이 지리산 일대로 도주하여 또 다른 문제를 야기했다. 다수의 반란군이 포위망을 빠져나갈 수 있었던 이유는 작전지휘체계와 통신망의 미비, 지휘능력과 전투기술의 미숙, 인접 부대와의 협조 부재 등이 낳은 작전상의 실수 때문이다.

미군 정보보고서에는 11월 16일 현재 여순 지구 무장폭동군이 백운산 방면에 350명, 벌교에 200명, 고흥에 150명, 보성에 300명 정도가 산재해 있다고 기록하고 있다. 이들은 단선·단정 반대 투쟁 과정에서 입산한 빨치산들과 합류하여 여기저기서 군과 경찰, 우익인사들을 습격했다.

반란군들이 지리산과 백운산으로 도주하여 빨치산 활동의 근거지를 형성하자 육군총사령부는 10월 30일, 호남방면 전투사령부를 설치하고(사령관 송호성 준장) 전투 지구를 남과 북으로 분할했다. 북지구(남원)는 제2여단장 원용덕 대령, 남지구(순천)는 제5여단장 김백일 중령이 지휘를 맡았다.

14연대 반란 및 지리산 일대에서의 빨치산 활동 근절은 대한민국 정부의 존재 여부를 가름하는 시험대였다. 민심을 안정시키고 치안을 유지하기 위해서는 하루라도 빨리 진압을 서둘러야 했다. 계엄사령부는 여수·순천 지역에 선포했던 계엄령을 11월 1일을 기해 전남북 지역으로 확대하고 "불법무기 소지자와 반군·폭도·불온분자 은닉자는 물론 식사·의류·금품을 제공한 자에 대하여 총살 혹은 기타 형에 처한다"는 포고문을 발표했다.

빨치산들은 입산 후 장기항전 태세를 갖추기 위해 병력을 산세가 웅장한 지리산과 백운산, 덕유산, 삼도봉 등지로 폭넓게 분산했다. 그리고 구례, 곡성, 광양, 무주, 장수, 남원, 거창, 산청, 함양, 진주,

하동 등 곳곳에서 밤이 되면 출몰하여 관공서 습격, 방화, 약탈, 납치는 물론 민가를 습격하여 식량과 의복, 생필품 등을 약탈하여 전남북과 경남 일부 지역에 공포 분위기를 조성했다.

지리산 지구 빨치산 토벌작전은 4F로 상징된다. 빨치산들을 찾아서(Finding) 한 지역에 고정시킨 후(Fixing) 싸워서(Fighting) 끝장을 낸다(Finishing)는 개념이었다. 그러나 4F는 일종의 구호였을 뿐 실전에서 효력을 발휘하기까지는 숱한 난관이 도사리고 있었다.

지리산과 덕유산 일대는 산세가 웅장하고 험한 데다가 숲과 덤불이 우거져 빨치산들이 숨어서 활동하기에는 더없이 유리한 지형이었다. 진압부대가 작전에 나서더라도 험준한 산비탈의 외길을 한 줄로 행군할 수밖에 없어 매복한 빨치산들에게 습격을 당하곤 했다. 비행기를 통한 공중 정찰로 빨치산들의 움직임을 발견해도 진압부대가 현장에 쉽게 접근하기 힘들었다. 따라서 진압작전은 빨치산을 일거에 섬멸하는 것이 쉽지 않으므로 빨치산들을 일정한 지역 내에 가두는 작전을 우선적으로 진행했다.

토벌군은 초기에는 게릴라전에 대한 경험 부족으로 곳곳에서 빨치산들에게 매복 기습을 당해 큰 피해를 입었다. 1948년 11월 3일에는 구례군 파도리에서 출동한 12연대 소속 90여 명이 빨치산에게 포로로 잡히는 불상사가 일어났다.

반란군 지휘관 김지회와 내통한 마을 이장과 주민들은 12연대 병사들에게 환영식을 해준다면서 소를 잡고 술을 대접했다. 주민들은 부대원들에게 잔뜩 술을 먹여 크게 취하도록 만들었는데, 그 후 빨치산이 들이닥쳐 90명이 현장에서 체포된 것이다. 빨치산들은 생포한 병사들에게 실탄과 짐을 운반하는 노역을 시켰다. 며칠 후 반란군 지휘관 김지회는 병사들에게 400원 씩 여비를 준 다음 "고향에 가서 공산주의를 전파하라"면서 풀어주었다.

　12연대 병사들이 대거 포로가 된 다음날인 11월 4일 오후 3시 30분, 12연대장 백인기 중령이 남원 진압군 사령부의 연락을 받고 산동면 지서를 지나 고개를 넘으려는 순간 매복해 있던 빨치산 100여 명의 집중 사격을 받았다. 운전수가 급정거하면서 연대장이 차에서 굴러 떨어졌다. 기습을 받은 부대원들은 뿔뿔이 흩어졌고 백인기 중령은 자동차를 방패삼아 응전했으나 탈출이 어렵게 되자 대나무 숲으로 들어가 권총으로 자결했다.

　다음날인 11월 5일 연대장을 구출하기 위해 구례에서 남원으로 이동하던 제5중대도 빨치산들의 기습 공격을 받아 저항 한 번 제대로 못해보고 70~80명이 포로로 붙잡혔고, 전사 50여 명, 부상 50여 명 등 심각한 타격을 받았다. 12연대의 대패와 백인기 연대장 자결 사건은 국군 전체에 큰 충격파를 던졌다.

지리산 곳곳에서 격렬한 전투 벌어져

11월 8일 12연대의 임시 본부가 위치하고 있던 구례초등학교 부근에서 격전이 벌어졌다. 이날 새벽 2개 대대 규모의 빨치산이 기습을 해 와 한 시간 동안 격렬한 전투를 벌인 끝에 30여 명의 사상자와 20여 명의 포로를 남기고 퇴각했다. 11월 9일에는 구례에서 더 큰 전투가 벌어져 200여 명의 빨치산이 사살되고 500여 명이 포로로 붙잡혔다.

존 메릴은 한국 측 기록에 이 전투가 언급되어 있지 않은데, 그 이유는 일부 사상자 가운데 다수가 빨치산으로 몰려 처형당한 민간인이 아닌가 의심되기 때문이라고 해석한다.[139] 당시 지리산의 빨치산들을 토벌하던 군경의 상황을 엿볼 수 있는 자료가 있다. 제헌국회의 강기문 의원은 지리산 반란군 토벌작전을 벌이는 군경을 현지 시찰한 후 국회에서 다음과 같이 보고했다.

"군경은 지리산 산악지대에서 반란군을 토벌하기 위하야 가진 악조건 하에 싸우고 있으나 군은 얇은 내의에 떨며 야간에는 마루바닥에서 단 한 장의 담요로 몸을 싸고 밤을 새우며 식사는 특히 부식물이 단 한 가지에 불과하야 영양을 섭취 못하고 비참한 상태에 있었습니다. 경관은 흑색인 동복은 전략상 불리함으로 국방색인 하복을 입고 전투모도 없이 짚새기를 신고 38식, 카빙(카빈) 등 불충분한 무기를 가지고 있었습니다.

침상은 역시 군과 같고 한기와 영양부족으로 인하여 동상, 부종 등의 병자가 속출하여 사기가 왕성치 못하였습니다. 만나는 군인, 만나는 경관마다 국회는 어떻게 생각하며 정부는 도대체 무엇을 하느냐, 참으로 무책임하다고 고함을 치며 우리에게 기관의 원동력을 보급하여라, 그렇지 않으면 이 이상 전투를 계속 못하겠다고 까지 극언하였습니다.'140

강기문 의원의 시찰보고에는 반란군들이 펼치고 있는 대민(對民) 심리전을 다음과 같이 소개하고 있다.

"반란군은 부락의 구장, 민보단장 기타 유복한 자를 해치고 기(旣) 자산을 강탈하되 극빈한 가정에 와서는 현금을 주고 물품을 매상하여 일반 인민의 호감을 사고 있습니다. (중략) 반란군은 군인을 노란 개(黃犬), 경관을 꺼먼 개(黑犬), 구장, 민보단장 등을 살찐 개(肥犬)라 호칭하고 있고, 국군이 추격하면 도피하고 경관에 대해서는 맹렬한 공격을 가함으로써 반란군은 경관을 증오할 뿐이요, 국군에게는 악의가 없는 듯한 태도를 취하야 군경 이간책을 쓰고 있습니다.

반란군이 야간에 하산하야 유숙하고 식량 의류를 준비하여 간 부락을 국군이 전략상 소각한 일이 있었는데, 반도는 이를 선전 자료로 삼아 인민을 보호하는 국군이 아니라 인민을 해치는 존재라 하며 국군의 이간을 책하고 있으니 국군에서도 민심 수습에 적절한 전략이 필요하다고 본 의원은 생각합니다."[141]

반란군 토벌의 결정적 전기는 11월 23일 진압군이 백운산 정상의 밀림이 우거진 골짜기에 위치한 반란군 지휘부를 점령하면서 이루어졌다. 지휘부를 상실한 빨치산들은 겨울이 닥치자 1개 중대 당 50명으로 이루어진 8개 중대로 분산하여 지리산 이곳저곳으로 이동하면서 민가를 습격했고, 식량이 떨어져 기아에 직면하자 투항하는 자들도 늘어났다.

비행기가 투항을 권고하는 전단을 살포했는데, 투항하여 무기를 반납하면 보상을 한다는 문구가 적혀 있었다. 한편에선 투항을 유도하기 위해 영향력 있는 지역 인사, 극단 감독, 군악대로 구성된 선무단이 지역을 순회했다. 이러한 선무 활동에 힘입어 1949년 1월에서 2월 사이 50여 명의 반란군, 1,600여 명의 민간인 빨치산, 4,500여 명의 남로당원들이 투항해 왔다. 투항 귀순자들은 무기를 압수하고 교화소에 입소시켜 사상교육을 실시했다.

3단계 토벌작전 실시

이 무렵 투항해 온 반란군 두 명이 1949년 1월 2일 기자회견을 통해 자신들의 산중 빨치산 생활을 다음과 같이 밝혔다.

'우리는 14연대 출신 이등병으로 지난 10월 19일 여수 반란사건 발발 당시 위협에 못 이겨 그들의 행동에 끌려 다니다가 순천을 거쳐 백운산 속으로 들어갔다. 거기에는 김지회 이하 5, 600명의 병정이 있어 어마어마한 감시를 하여 자기 부모형제를 그리워 집으로 돌아가고 싶어 하는 기색만 보여도 여지없이 총살을 감행하고 밤중에는 오발만 해도 총살했다. (중략)

김지회는 머리를 깎고 홈스팡세의 신사복을 입고 작전지휘를 하고 있으며, 그의 처도 역시 머리를 깎고 철모를 쓰고 군복 남장으로 행동을 같이하고 있다. 이 중위(소위 반도 부지휘자)는 여수에서 약탈한 현금 중 70만 원을 배낭에 지고 다니다가 국군의 포위작전에 사살 당했다. 우리는 비행기에서 뿌리는 귀순 삐라를 보고 탈출 기회를 엿보았다가 구사일생으로 고향 함평에 와서 귀순했다.'(『동아일보』 1949년 1월 15일).

포로와 귀순자들의 발과 피부는 거북의 등과 같이 굳어져 있었다. 14연대 대전차포 이등병이었던 김동진은 김지회와 함께 지리산으로 입산하여 1년 동안 지내다가 마천 전투에서 교전 도중 부상을 당하여 포로가 되었는데 "모두 다 (산에서) 내려오고 싶어 하는데, 내려가면 죽인다 하기에 내려오지 못했다. 산에선 한두 끼 쯤 굶는 것은 보통이며, 3일 동안 한 끼도 먹지 못한 때가 있었다"고 말했다(『경향신문』, 1949년 10월 22일).

서서히 날씨가 풀리자 빨치산들은 부대를 재편성해 진압군을 공격하기 시작했다. 1949년 3월 1일 진압군은 토벌을 강화하기 위해 지휘체계를 재편했다. 남원에 사령부를 둔 지리산지구 전투사령부가 신설되어 정일권 준장이 사령관에 임명되었고, 광주에 사령부를 둔 호남지구 전투사령부는 원용덕 준장이 사령관에 임명되었다.

양쪽 사령부는 각각 5개 대대 병력을 투입해 빨치산 소탕을 위한 3단계 작전을 실시했다.

제1단계 작전은 3월 초부터 일주일에 걸쳐 추위를 피하거나 식량 획득을 위해 하산한 반란군을 지리산으로 쫓아 올리는 수색작전이었다. 이 기간 중 화개장 전투에서 제9연대 3대대가 김지회 부대로부터 기습을 받아 상당한 피해를 입었다.

제2단계 작전은 3월 11일부터 야산지대에 산재한 반란군들을 지리산 일대로 몰아넣은 다음 격멸하는 작전이었다. 진압부대는 노고단, 반야봉, 천왕봉 일대를 중심으로 지리산맥의 남과 북을 이동하면서 반란군 은거지를 집중 수색했다. 이렇게 되자 빨치산들은 근거지를 버리고 분산하여 함양, 안의, 거창 지역으로 도주했다.

제3단계 작전은 3월 16일부터 거창 함양 등지로 이동하는 반란군에 대한 색출 소탕에 들어갔다. 지리산을 거점으로 활동하던 반란군들은 김지회, 홍순석 지휘 하에 500여 명이 3월 21일 덕유산으로 이동했다. 시리산지구 전투사령부는 3월 28일 밤 덕유산을 포위하여 반란군에게 큰 피해를 입혔다. 이 전투에서 큰 타격을 받은 반란군들은 소규모 병력으로 흩어져 다시 지리산으로 도주했다.

반란 지휘관 홍순석·김지회 사살

1949년 4월 9일 새벽 3시, 산내면 반선리 부락에 빨치산 일당이 나타나 주민들에게 술과 밥을 요구하는 사이 제3연대 3대대가 출동하여 반란군을 공격했다. 이 공격으로 홍순석을 비롯한 정치부장, 후방부장 등 반란군 지도부 17명이 사살되었고, 김지회는 부상을 당하여 도주하다가 반선리 부근에서 죽었다.[142] 홍순석은 농구화를 신고 토끼가죽으로 만든 점퍼를 입고 있었는데, 자신의 인장을 지니고 있어 신분을 쉽게 확인했다.

4월 13일 달궁 부락에서 김지회의 처 조경순이 체포되었다. 김지회를 그림자처럼 따라다녔던 조경순은 빨간 스웨터를 입고 다녀 언론에서는 '빨간 스웨터의 공비 여두목'이라 불렀다. 김지회의 죽음은 그의 처가 당국에 붙잡힌 후 그녀로부터 정보를 얻어 반선리 주막에서 100여 미터 떨어진 덤불 속에서 그의 시체를 찾아냈다. 시체는 부패하여 인상착의를 분별하기가 곤란했으나 조경순에게 확인시킨 결과 김지회라는 사실이 확인됐다. 당시 김지회의 나이는 25세였다. 조경순은 체포된 후 다음과 같은 참회담을 밝혔다.

"김지회와 알게 된 것은 광주도립병원 간호부로 있을 때 알게 되었다. 여·순사건이 일어났을 때 김이 말하기를 이북 군이 광주까지 점령했다고 허위 선전하여 우리들의 판단을 현혹케 했다. 지리산 입산 후에는 귀순하면 사살한다는 등 협박 공갈로 하산을 방해했으며, 지리산중의 생활이야말로 생지옥이었다. 일반 동포에게 바라건대 나 같은 어리석은 사람이 이 땅에서 다시 나오지 않기를 바란다."(『동아일보』, 1949년 5월 1일)

홍순석과 김지회의 죽음은 명확하게 밝혀졌으나 반란 선동자인 지창수는 언제 어디서 죽었는지 확실치가 않다. 지창수도 지리산으로 도주하여 1950년 6·25 남침이 일어나기 전에 죽은 것으로 추정될 뿐이다.

지리산지구 전투사령관 정일권 준장은 김지회 일당을 섬멸한 후 서울로 복귀했고, 1949년 9월 28일 김백일 대령이 지리산지구 전투사령부 지휘권을 인수하여 겨울에 대규모 진압작전을 전개해 잔당들을 거의 섬멸했다. 지리산지구 전투사령부는 해체되었고, 1950년 2월 5일에는 호남 일대에 선포되었던 계엄령이 해제되었다.

　한편 정부는 제주노 사태를 평정하기 위해 1948년 11월 17일 제주도에 계엄령을 선포하고 인민유격대를 '폭도배(暴徒輩)'로 규정하고 초토(焦土)작전을 벌였다. 중산간 부락의 주민들을 이주시킨 후 가옥들을 불태웠고, 폭도배를 돕는 주민들을 체포하여 재판 없이 처형하기도 했다.

　1949년 9월부터 1950년 3월까지 남한에서는 공산 게릴라(빨치산)들의 활동이 격화되었다. 이 기간 동안 남한으로 침투한 공산 게릴라는 3,000명이 넘었으며, 그 가운데는 강동정치학원을 졸업한 간부급도 600명 이상이 포함되어 있었다. 이러한 게릴라 활동에 직면한 이승만 정부는 전군의 3분의 2에 해당하는 3만 5,000명 병력을 투입하여 대대적인 토벌작전을 전개하여 대부분의 빨치산을 소탕했다.

국군 부대의 3분의 2,
빨치산 토벌에 묶여

북한은 남침 전까지 10차례에 걸쳐 약 2,400명의 강동정치학원을
수료한 게릴라를 남한에 침투시켰으나 대부분 아군에 의해 사살
되거나 분산되었다. 그 결과 6·25 남침전쟁이 벌어졌을 때는 불과
460명 정도(현지 공비 포함)가 생존하고 있어 의미 있는 활동을 할 수
없었다.[143]

국군은 14연대 반란사건과 제주 폭동 진압, 그리고 곳곳에서 활
개 치는 빨치산 토벌을 위해 8개 사단 중 3개 사단(제2사단 대전, 제3사
단 대구, 제5사단 광주)이 후방 지역에 분산 배치됐다. 1950년 6월 24일
현재 국군의 61개 보병대대 중 38선 진지에 배치된 것은 11개 대대
에 불과했고, 25개 대대는 예비대로 서울-원주-삼척 사이에, 나머지
25개 대대는 후방의 게릴라 토벌작전에 투입되었다.[144] 그 결과 전
방이 텅 비다시피 함으로써 6·25 남침 초전에 방어 작전에 실패하는
요인이 되었다.

1950년 9월 유엔군이 인천에 상륙하면서 낙동강 전선에서 격렬
한 공세를 펼치던 인민군들은 퇴로가 끊겼다. 특히 마산·창령 전선
에 투입되었던 인민군 제4·6·7·10사단은 고립되어 2만 3,000여 명이

포로가 되었고, 패잔병 1만여 명은 지리산으로 도주하여 공비가 되었다.

낙동강 전선에 배치되었던 이현상은 북으로 퇴각하던 중 당의 지령의 받고 지리산으로 들어갔으며, 1951년 북한 당국에 의해 남한 빨치산 조직인 남부군 총사령관에 임명되었다. 이현상은 1953년 9월 17일 지리산 쌍계사 의신리 빗점골에서 사살되었는데, 당시 그의 나이 48세였다. 이현상의 시신은 방부 처리되어 서울로 이송되었으며, 같은 고향 출신 친구인 유진산 등 지인이 찾아와 시신을 확인했다.

이현상이 사살된 후 지리산 빨치산은 와해되었다. 극소수 남아 있던 빨치산들은 지리산과 덕유산 등을 떠돌며 산짐승 같은 생활을 하다가 총에 맞아 죽고, 병으로 죽고, 얼어 죽고, 굶어 죽었다. 북한은 평양의 열사묘에 이현상의 가묘를 만들고 '리현상 동지-남조선 혁명가, 1905년 9월 27일생, 1953년 9월 17일 전사'라는 묘비를 세워놓았다.[145]

1948년 10월 19일 14연대 반란의 패잔병들이 지리산으로 도주하여 게릴라전이 시작된 이래 1953년까지 지리산 일대에서 빨치산들은 국군 토벌대와 1만여 회가 넘는 교전을 벌였고, 이 와중에 2만여 명이 사망하는 참혹한 전투가 벌어졌다. 최후의 빨치산 정순덕이 체포된 것은 1963년 11월 12일 새벽이었다.

이날 산청군 삼장면 내원리 내원사 계곡에서 정순덕은 잠복 중이던 경찰로부터 우측 대퇴부에 총격을 받아 체포되었다. 정순덕은 1950년 9월 27일 인민군의 후퇴와 함께 산으로 떠난 남편 성석조를 만나기 위해 입산했다. 그녀는 산에서 주로 밥하고 빨래와 부상당한 빨치산들의 병구완을 하며 13년간이나 산에서 짐승 같은 생활을 하다 이날 체포된 것이다.

체포된 정순덕은 무기징역을 선고받았으나 1985년 8·15 특사로 가석방되어 서울 낙성대 '만남의 집'에서 살다가 2004년 사망했다.

국가보안법 제정

국군은 한 나라를 지키는 국가 주권의 최후 보루인데, 14연대 반란 사건으로 그 보루마저 믿을 수 없는 상황이 되자 이승만 대통령은 10월 24일 "지하공작으로 전국을 혼란에 빠뜨리고 있는 공산주의자들을 단호하게 숙청하겠다"는 담화를 발표했다. 이 대통령은 11월 4일에 또 다시 "각 급 학교와 정부 기관을 조사해 공산사상이 만연되지 못하도록 법령을 발표할 것이니 국민들은 절대 복종하라"는 담화문을 발표했다.

여수·순천 지역에서는 반란군 치하에서 해체되었던 정당 사회단체들이 재조직되었으며, 우익 청년·학생단체가 강화 신설되었다. 5·10 선거를 전후하여 결성되었던 향보단과 같은 경찰 보조단체는 '민보단' '의용단'이란 명칭으로 재조직되었다. 순천의 경우 충무부대가 신설되었는데, 이 단체는 순천경찰서 사찰과 산하로서 반란군에 대한 정보 입수, 척후 탐지 등을 통해 군경 진압부대를 지원하는 활동을 전개했다.

이처럼 반공태세가 강화됨과 동시에 국가 공권력은 남로당과 주요 좌익 지하단체의 조직 적발에 나섰다. 11월 22일 경찰은 남로당 전남도당 및 시당부를 급습하여 100여 명을 검거했으며, 11월 17일부터 19일 사이 광주 모처에 위치한 남로당 전남도당부와 광주시당부를 습격하여 남로당 주요 간부들을 검거했다. 남로당과 민주주의민족전선(민전) 산하 133개 적색 단체를 불법화함으로써 남로당은 재기불능 상태에 빠지게 되었다.

14연대 반란사건을 계기로 대한민국은 명실상부한 반공국가로 탈바꿈하기 시작했다. 이승만의 반공을 위한 강력한 의지는 1948년 12월 1일, 법률 제10호로 국가보안법이 제정되고, 12월 20일 공포되는 것으로 표출되었다.

국가보안법은 반란의 단계에 이르지 않더라도 반란을 꾀하는 단체의 구성이나 이적 행위만으로도 처벌이 가능하도록 되어 있었다. 이것은 14연대 반란사건으로 공산 반군의 위험성과 무서움을 뜨겁게 체험한 이승만 정부가 비상시에 위험을 사전 제거하기 위한 예방적 조치가 가능하도록 한 특별형법이었다.

이처럼 강력한 국가보안법의 제정은 의미심장하다. 1946년 11월 23일 창당된 남로당은 합법정당으로서 미군정의 보호를 받아가면서 남한을 공산화하기 위해 반국가적 활동을 마음껏 해왔음에도 불구하고, 마땅한 법적 근거가 없어 처벌이 곤란했다.

이 와중에 14연대 반란사건을 계기로 좌익세력의 폭동과 내란행위를 처벌하는 국가보안법을 제정함으로써 대한민국을 수호하고 건국을 조직적으로 반대하고 방해하는 공산당과 좌익세력을 단호하게 처벌할 수 있는 법적 근거가 마련된 것이다. 따라서 국가보안법은 대한민국의 건국을 조직적으로 반대하던 좌익계 인사들을 처벌하여 국가를 보전하고, 국민생활을 위협하는 살인·방화·테러·파괴 행동을 막기 위한 불가피한 선택이었다.

국가보안법은 처음 공포된 후 여러 차례 개정되었다. 또 국가보안법만으로는 대한민국의 안전을 보장하기에 부족하다는 판단 하에 1961년 반공법이 제정되었다. 이 법은 1980년 개정된 국가보안법에 흡수 통합되었다. 1991년에 개정된 국가보안법은 '반국가단체'에 대하여 정부를 참칭(僭稱)하거나 국가를 변란할 것을 목적으로 하는 국내외의 결사 또는 집단으로서 '지휘 통솔체제를 갖춘 단체'로 그 범위를 선명하게 개념화했고, 범위도 한정했다. 또 금품수수, 잠입·탈출, 찬양·고무, 회합·통신 행위에 대해서는 국가의 존립·안전이나 자유민주적 기본질서를 위태롭게 한다는 것을 알면서 행한 경우만을 처벌 대상으로 한정했다.

좌파 연구자들은 국가보안법이 반공을 강화하기 위한 초법적 성격의 악법(惡法)이라고 강력 비판하고 있으나 김용직은 "당시 국가보안법은 그 제정 과정에서부터 어느 정도 인권침해의 소지가 있었지만 그것의 설치가 국가체제의 수립에 있어서 긴요하다는 점을 법무장관이나 행정부 관리뿐 아니라 국회의원들도 인정했다"고 지적한다.[146]

명실상부한 국군으로 정체성 확립

1948년 12월 1일, '여순반란지구 전몰장병 합동 위령제'가 열렸다. 이날 이범석 국방부장관은 국군이 실천해야 할「국군 3대 선서」를 제시하고 전 장병들이 이를 실천할 것을 요구했다. 그 내용은 다음과 같다.

① 우리는 선열의 혈적(血跡)을 따라 죽음으로써 민족국가를 지키자.

② 우리의 상관, 우리의 전우를 공산당이 죽인 것을 명기하자.

③ 우리 군인은 강철같이 단결하여 군기를 엄수하며 국군의 사명을
다하자.

국가보안법 제정과 동시에 이승만 정부는 중등학교 교과 과정에
군사훈련을 필수과목으로 지정했다. 1949년 4월 22일 학도호국단
을 창설했으며, 우익 청년단체를 준군사조직으로 개편했다. 또 치안
능력과 군을 강화하여 군 병력을 10만 명으로 거의 두 배 수준으로
늘렸다. 그리고 「국군 3대 선서」를 변용하여 「우리의 맹세」를 제정,
일반 국민이 지켜야 할 규범으로 제시했다. 그 내용은 다음과 같다.

① 우리는 대한민국의 아들 딸, 죽음으로써 나라를 지키자.

② 우리는 강철같이 단결하여 공산침략자를 쳐부수자.

③ 우리는 백두산 영봉에 태극기를 날리고 남북통일을 완수하자.

이승만 정부는 좌익 세력의 발호를 막기 위해 경찰관을 대거 채용
하여 1948년 11월 3만 5,000명이던 경찰의 숫자를 1949년 3월에
는 4만 5,000명으로 늘었다. 경찰은 좌익세력 적발을 위해 1948년
10월 9일 경찰 보조기관으로 민보단(民保團)을 출범시켰다.

해방 후 남한에는 서북청년회(선우기성, 문봉제), 대한독립촉성청년연맹(전진환), 국민회청년단(강낙원), 대한민주청년동맹(유진산), 한국광복청년회(오광선), 대한독립청년단(서상천), 대한민족청년단(이범석), 대동청년단(지청천) 등 8개의 청년단체가 활동하고 있었다. 공산주의의 위협에 적극 대처하기 위해 난립되어 있던 여러 청년단체들은 '대한청년단(한청)'으로 통합했다.[147] 이 과정에서 통합에 반대했던 대한민족청년단(단장 이범석)은 1949년 1월 20일 해산되었다. 한청은 단원들을 훈련시켜 지리산 빨치산 토벌에 나섰다. 한청은 경찰과 합동으로 토벌 작전을 벌였는데, 전투 과정에서 단원 수백 명이 전사했다.

1949년 10월 정부는 국가보안법에 따라 100여 개의 남로당 전위조직을 불법단체로 규정하고 해산했다. 군대와 경찰은 물론 행정기관, 학교, 노동단체 등을 엄격하게 심사하여 각계각층에 침투해 있던 9만 명 가까운 공산주의자 또는 동조자들을 제거했다. 공산주의 활동을 한 혐의가 있거나 공산주의에 동조 성향이 있는 사람들을 체포하거나 전향시켰으며, 전향자들의 모임인 국민보도연맹(이하 보도연맹)에 가입시켜 감시했다.[148]

1949년 4월 20일 창설된 보도연맹은 좌익 전력자들을 사상적으로 개조하고 포섭하며, 전향자를 계몽 지도하여 명실상부한 대한민국 국민으로 받아들이는 것이 그 취지였다. 6·25 남침전쟁 전까지 보도연맹 가입자는 약 30만 명으로 추산되었다. 보도연맹 중앙본부는 1949년 10월 25일부터 31일까지 1주일 동안 '남로당원 자수 선전주간'을 설정하여 남로당원의 자수 전향 운동을 벌였다.

이 기간 중에 자수한 사람이 2,000명을 넘어서자 중앙본부는 자수기간을 11월 말까지로 연장했다. 그 결과 자수한 좌익 전력자와 보도연맹 가입자는 5만 2,182명이나 되었다.

국가보안법이 제정되고 약 1년 만에 이 법에 의해 검거 내지 입건된 사람이 11만 8,621명에 달했으며, 1949년 9~10월 사이에 132개의 정당과 사회단체가 해산되었다. 전국의 18개 형무소와 1개 형무소 지소가 좌익수로 넘쳐 두 개의 형무소가 새로 건설되었다.[149] 이런 수치에 대해 김득중은 국가보안법은 한국 사회에서 역사상 최단 기간에 최대의 인원을 범법자로 적발하고 처벌하는 법이 되었다고 비판했다.[150]

남로당의 마지막 도전

폭동·무장 반란·빨치산 활동 등 공산당의 파상적인 공격으로부터 이제 갓 탄생한 대한민국을 수호하기 위한 국가보안법 제정, 반공정책

강화, 정당한 반란 진압 활동에 대해 좌파들은 다음과 같이 부정적인 시각으로 비판한다.

'계엄법과 국가보안법은 군대와 경찰력의 사용을 합법화 해주었다. 위험한 사상을 가졌다는 이유만으로 처벌이 가능하게 한 국가보안법이 수많은 정치범을 양산한 결과 전국 형무소는 국가보안법 위반 사범으로 가득 찼다. 반공체제하에서 법은 사실상 폭력의 다른 이름이었다.'[151]

주철희가 쓴 다음 인용문은 반공주의를 비판하는 전형적인 사례에 해당할 것이다.

'여·순사건을 통해 반공주의를 확고하게 구축했다. 정적을 옭아매 제거할 수 있는 국가보안법을 만들었다. 국민보호라는 미명 아래 국민보도연맹을 만들어 제멋대로 억압하고 통제했다. 시국수습대책과 공산주의 세력을 대비하고자 학도호국단을 창설하여, 고등학생부터 군사훈련을 받게 했다. (중략) 자유민주주의를 주창한 이승만 정부는 전 국민을 감시자이며 감시의 대상으로 몰아갔다. 반공이데올로기 안에서 개인의 삶을 정신분열증 환자로 만들어 갔다. 이승만 독재정권의 안착과 탈법이 제멋대로 판치는 세상을 만드는데 여·순사건은 도구가 되었다.'[152]

무장 군인들이 반란을 일으켜 대한민국 정부를 타도하고 인민공화국을 옹호하겠다고 나서는 판에 이를 진압하고 공산당 활동에 제약을 가하는 것은 부당하다는 식의 주장을 하고 있는 것이다.

국가보안법이 공포되자 지하로 스며든 남로당은 게릴라전으로 저항하기 위해 1949년 7월부터 조직적으로 인민유격대를 편성했다. 인민유격대는 제1병단은 오대산지구(대장 하준수), 제2병단은 지리산지구(대장 이현상), 제3병단은 태백산지구(대장 김달삼)에 거점을 마련했다. 월북해 있던 박헌영은 김일성을 비롯한 북한 지도부에 자신들의 존재감을 알리기 위해 무리한 유격투쟁을 벌이라는 지령을 내린 것이다.

그러나 남로당 유격대는 한낱 소모품에 지나지 않았다. 박헌영은 남로당의 건재를 김일성을 비롯한 북한 지도부에 과시하기 위해 남한 지역에서 화끈한 빨치산 투쟁을 보여줄 필요가 있었을 것이다. 그러나 김일성의 입장은 달랐다. 이미 소련으로부터 막대한 무기와 도발 자금 및 장비, 중국 공산당으로부터 3개 사단 병력을 넘겨받은 김일성이기에 남한의 빨치산 유격대 정도는 있으나마나한 존재로 판단한 것이다.

김일성 입장에서는 '남조선 해방 투쟁' 과정에서 남로당 빨치산들의 역할이 커질 경우 정치적 헤게모니를 박헌영이 쥘 수도 있다고 우려했다. 따라서 김일성은 남로당 빨치산 유격대의 존재는 자신들의 남침 전쟁을 위한 보조 가치 정도로만 평가했다. 때문에 남로당 유격대가 무기와 탄약을 달라는 긴급 요구에도 불구하고 별다른 조치를 취하지 않아 대부분이 사살, 소멸되고 말았다.

김일성은 남침전쟁을 위한 무력을 준비하는 한편에선 대한민국 지도부 및 정부 부처, 국회 및 주요 관공서에 간첩과 불순분자를 침투시켜 남한을 내부에서 무너뜨리기 위한 지열한 공삭을 전개했다. 이른바 합법투쟁과 비합법 투쟁을 동시 전개한 것이다.

김일성은 1948년 12월 남로당 국회공작 책임자 이삼혁을 남파시켜 국회 소장파의 중심인물이었던 노일환, 이문원을 포섭하여 남로당에 가입시켰다. 노일환과 이문원은 김약수(국회 부의장)를 중심으로 13명의 국회의원을 규합하여 남로당의 지령대로 외국군 철퇴안을 상정했으나 두 차례나 부결되었다. 이렇게 되자 1949년 3월 19일 국회의원 62명이 서명한 '외국군대 철퇴 진언서'를 제출하고 기자회견을 열어 미군의 즉각 철수를 강조했다.

김약수는 1920년대부터 북풍회, 화요회, 제1차 조선공산당을 조직한 인물이다. 해방 후에는 국회 부의장으로서 반민특위를 조직하여 친일파 숙청에 힘쓰는 척 하면서 은밀하게 공산당 활동을 하다 발각되어 서대문 형무소에 수감되었다. 그는 6·25가 발발하자 월북했다.

대대적인 숙군작업

한편에선 14연대 반란사건으로 잠시 중단됐던 군부 내 숙군작업을 대대적으로 진행했다. 1948년 8월 1일부터 경찰의 협조 아래 국방경비대 병사들의 지문 채취 작업이 시작됐는데, 9월 초순까지 국방경비대원 중 약 절반의 병력에 대한 지문 채취 작업이 완료됐다.

백선엽 육본 정보국장은 송호성 총사령관의 참모장으로 여순 반란 진압작전에 참여했는데, 광주의 제4연대에서 반란에 합류하는 자가 나타나자 육군 정보국 소속 조사반을 광주로 소환하여 숙군작업을 전개했다. 빈철현 대위를 반장으로 한 조사반은 4연대 장병 3,000여 명에 대한 성분 심사를 한 결과 남로당 계열 150명을 색출하여 체포했다.

1948년 10월 21일 오전 11시 이범석 국무총리는 기자회견에서 14연대 반란의 원인을 다음과 같이 밝혔다.

"러시아 10월 혁명 기념일을 계기로 전국적인 기습 반란을 책동하였다. 이것이 군정 이양을 시작하면서 약 20일 전에 오(오동기 14연대장)와 관계자를 잡자 군대에 오와 통하는 자들은 공포심이 일어난 모양인데 일조일석에 군대 숙청이 불가능하여 이번에 모종 임무를 주어 혐의 농후한 이들을 딴 곳으로 분리할 때 공포를 느낀 자들은 지체하면 일할 수 없다고 생각하고 행동을 개시했던 것이다."

이 발언을 음미해 보면 14연대 내에서 '혐의 농후한' 좌익분자들을 분리하여 이들을 제주도로 보내 빨치산 토벌에 투입하려 했던 것으로 추측된다. 14연대는 문제가 많은 장교와 하사관·사병들을 분리하여 1개 대대를 편성한 다음 제주로 보내 폭동세력 토벌 및 숙군 두 가지를 한꺼번에 해결하려 했다.

그러나 군에 침투해 있던 적색분자들은 치밀하고 비밀스런 점조직으로 구성되어 있어 공산당 조직의 전모를 일거에 파악하기는 쉽지 않았다. 군내 남로당 비밀 당원이었던 병사나 장교들은 자신이 속해 있는 세포 조직에 대해서만 알고 있었을 뿐 다른 조직에 대해서는 잘 몰랐기 때문이다.

따라서 수사 과정에서 자백이 유일한 증거인 경우가 많았다. 때문에 자백을 받아내기 위해 강압적인 방법이나 고문 등이 자행되기도 했고, 조사 과정에서 억울한 누명을 쓰고 유죄 판결을 받은 피해자도 있었다. 백선엽 장군은 자서전『군과 나』에서 당시 숙군 작업의 어려움에 대해 다음과 같이 토로하고 있다.

'내 책임 하에 진행된 숙군작업에서 물론 옥석이 구별되지 않은 경우가 전혀 없었다고 말할 수는 없다. 그러나 이 작업이 사상적으로 혼미상태에 빠진 국군을 "자기 살을 도려내는 고통"을 통해 소생시

컸다는 점은 누구도 부인할 수 없을 것이다. 그로부터 1년 후 전쟁이 터졌을 때 비록 개별 병사가 적에게 투항한 사례가 있어도 집단 투항한 사례는 단 한 번도 없었다는 것이 증거다. 만약 여순 반란사건이 없었고 숙군이 없었다면 이후 6·25 전쟁 상황에서 국군이 자멸의 길을 걷지 않았으리라고 장담할 사람은 아무도 없을 것이다.'[153]

숙군 작업은 육군본부 정보국 3과장 김안일 소령이 주도하고 제1연대 정보주임 김창룡 대위가 보좌했다. 조사관으로는 신설된 정보학교에서 정보교육을 받은 유능한 장교들이 참여했다. 정보국 3과는 1948년 11월 1일 육군 정보국 소속 방첩대(SIS·Special Intelligence Service·특별조사과)로 확대 개편되었다.

숙군 주역 김창룡의 공과(功過)

숙군 선풍이 불자 서울 명동에 있던 육군본부 별관(구 증권거래소) 건물이 주목을 받았다. 그 건물 2층에는 혐의자들을 잡아들이는 헌병사령부가 있었고, 3층에는 정보국이 있었다. 우여곡절 끝에 1949년 봄 혐의자와 연루자에 대한 조사를 일단 마쳤다.

함경남도 영흥 출신인 김창룡은 해방 전 만주철도 직원을 거쳐 정보요원 양성소인 나가노(長野)정보학교에서 정보 관련 교육을 받고 사상범을 체포하는 관동군 헌병이 되었다. 해방 후 월남하여 조선경비사관학교 3기생으로 졸업했다. 14연대 반란 지휘자인 김지회와 홍순석이 그의 동기생이었다. 초대 공군 참모총장을 역임한 김정렬은 김창룡에 대해 다음과 같은 평을 남겼다.

'김창룡은 모든 사람을 뻘간 렌즈를 통하여 투시하여 보는 사람이었다. 그의 눈에는 모두가 빨갱이였다. 그래서 일단 모든 사람을 빨갱이로 보고, 의심하고 두들겨 보는 사람이었다. 그러다가 어쩌다 진짜 빨갱이가 잡히게 되면 그것이 그의 공적이 되었다. 또한 그는 군 서열과 계급을 무시하고 안하무인격으로 행동하였는데, 그래서 그에게는 "스네이크(뱀)"라는 불명예스러운 별명이 따라다니기도 하였다.

그가 1949년 1월부터 벌였던 숙군사업도 이와 같은 방식이었다. 그때 김창룡 소령에 의하여 좌익 혐의자로 걸려들어 간 사람은 무려 3,000명 가까이 되었다. 이중에서 기소되어 서대문 형무소로 간 사람은 10% 정도밖에 안 되는 300여 명에 불과하였다. 나머지 90%에 속한 2,700여 명이나 되는 무고한 사람들은 아무런 근거도 없이 빨갱이라는 누명을 쓰고 온갖 고초를 다 겪어야 했고, 그 후로도 여러 가지 점에서 불이익을 당해야 했던 것이니, 참으로 어처구니가 없는

일이었다.'[154]

　김창룡은 부하들과 함께 삼청동에서 엿장수, 담배장수로 위장하여 잠복근무를 한 끝에 남로당 군사부 연락책 김영식을 체포했다. 김창룡은 김영식의 집을 수색하여 비밀문서와 암호로 된 문서를 찾아내 해독한 끝에 군내 남로당 요원들의 이름, 계급, 군번을 정리해 놓은 문서를 확보했다.

　이 자료를 토대로 남로당 소속 장교들을 체포했는데, 장교들 중 가장 많은 숫자가 숙군된 것은 조선경비사관학교 2·3기생이었다. 육사 2기는 총 196명 중 34명, 3기생은 286명 중 70명이 군에서 제거되었다. 장교 체포자 명단 중 2기 출신 '박정희 소령'의 이름이 발견된다.

　14연대 반란사건 당시 박정희 소령은 반란군 토벌사령부에서 김점곤 작전참모를 보좌하며 작전 상황판을 정리하거나 작전 보고서 작성을 담당했다. 반란이 진압된 후 육군본부 작전교육과장으로 발령을 받았는데, 11월 11일 박정희는 김창룡에게 체포되었다.

　박정희 체포조를 지휘한 김창룡과 수사관들이 박정희의 지하 방을 급습했을 때 박정희는 줄 톱으로 45구경 권총에 새겨져 있는 총번을 지우고 있었다. 박정희는 암살용으로 사용할 권총을 제공하라는 윗선의 요구 때문에 총번을 지웠다고 진술했다.

군 총병력의 10퍼센트 숙군되거나 탈영

군 수뇌부는 숙군 대상자 중 주모자와 적극적인 가담자, 좌익활동 전력이 있는 사람들은 군법회의에 넘기고, 소극적인 가담자나 부화뇌동한 사람들은 군복을 벗기는 정도로 처벌한다는 방침을 세웠다. 따라서 법정에서 사형과 징역 등 처벌을 받은 사람은 얼마 되지 않았고, 연행자의 90퍼센트 이상이 불명예제대를 하는 것으로 종결됐다. 이때 군법회의에서 사형선고를 받고 형장의 이슬로 사라진 사람 가운데는 백선엽과 함께 북에서 월남한 최남근 중령도 있었다. 현역 연대장의 사형은 큰 충격이었다.[155]

숙군에 이어 군 내부의 지휘 계통에 대한 대대적인 개편도 이루어졌다. 지도력이 결여되었거나 무능 부패한 지휘관과 장교들이 전출되거나 군에서 쫓겨났다. 이러한 대규모 숙군과 지휘체계 개편으로 군의 전문성과 신뢰감, 협동심이 크게 높아졌다. 1949년 3월 3일 채병덕 육군참모총장은 기자회견에서 숙군이 일단락되었음을 다음과 같이 밝혔다.

"국군에 가장 필요한 것은 건전한 사상과 우수한 장비임은 재언이 불필요한 바인데, 과거 3년간 군정의 지도 불충분으로 공산분자의 잠입이 없지 않아 상당히 세포망이 조직됐으나 여순 반란사건 이래 그 숙청에 착수하여 반란에 직접 참가한 자 이외의 장교 326명, 사병 1,170명, 합계 1,496명을 숙청하였다. 특히 이재복, 이용수, 김영식과 김종석, 최남근, 오일균 소령 등을 체포함에 따라 세포망이 완연히 드러났으므로 숙청은 완전하였다. 그러나 공산사상의 침입은 계속될 것이며, 현재도 없지 않을 것임에 비추어 본관은 남북통일만이 문제를 해결하는 유일의 관건임을 재강조하는 바이며…"[156]

이날 기자회견 이후에도 숙군작업은 계속되어 1949년 7월에 일단 종료되었는데, 이 시기까지 총 4,749명의 장교와 하사관, 사병들이 사형·유기징역·불명예제대 등의 처벌을 받았다. 또 숙군 조사 과정에서 체포 위험이 닥치자 군 내부의 남로당원 및 좌익 적색분자 5,568명이 탈영했다. 군 총병력의 10퍼센트에 해당하는 1만 317명이 좌익 공산세력이거나 그와 관련이 있는 세력이었다는 뜻이다.

좌익 공산세력을 솎아낸 자리는 훈련된 우익 청년들과 월남한 서북청년단 등 우익단체 요원들이 입대하여 메웠다. 1948년 12월 20일 서북청년회 위원 200명이 대전 제2여단에 입대했고, 대동청년단원 4,000명이 경찰에 들어갔다. 국군은 청년단들로부터 병사들을 충원 받아 1949년 3월 현재 6만 9,000명으로 증강되었다.

우익 청년단원들의 입대 덕분에 군의 정치 성향도 짧은 기간에 정상화되었다. 또 1949년 8월 9일 병역법이 공포되면서 만 20세 이상의 대한민국 남자에게 병역 의무가 부과되었다.

숙군 대상자 처리는 반란 주모자와 적극적인 활동자, 폭력·파괴 행위 가담자는 사형 등 엄벌에 처하고, 좌익 경력은 있으나 소극적인 가담자들은 정상을 참작하여 재판 결과 90퍼센트 정도가 불명예제대를 시키는 선에서 형을 면제했다. 그 후에도 숙군 수사가 계속되어 1950년 2월 16일에는 군에 침투한 북한 간첩망 56명(육군 49명, 공군 7명)을 체포했다.

육해공에서 월북 사건 연이어 발생

숙군 과정에서 조선경비사관학교 2기생인 강태무·표무원 소령이 완전 무장한 대대 병력을 이끌고 월북하는 충격적인 사건이 발생했다. 두 사람은 경북 고성 출신의 고향 친구 사이로 1946년 10월 북한의 평양학원 대남반 제1기생들로, 평양학원을 졸업하고 곧바로 월남하여 경비사관학교에 입교했다. 국군 장교로 임관하여 춘천 주둔 제1여단 8연대 1대대장으로 재직하던 표무원 소령은 인민군과 내통하여 1949년 5월 4일 오후 1시, 야간 연습 명목으로 대대 병력 456명을 인솔하여 38선을 넘었다.

사전에 연락을 받고 매복 중이던 인민군이 국군 병력을 포위하자 표무원은 부하들에게 투항하라고 외쳤다. 이때 제2중대장 최동섭 중위가 "우리는 대대장에게 속았다. 즉시 원대 복귀하라"는 명령을 내렸다. 최동섭 중위는 인민군과 교전 과정에서 부상을 당했으나 3·4중대와 함께 무사 귀환했다. 중화기 중대인 제4중대는 한정희 중위의 지휘 하에 박격포와 기관총 등 중화기를 챙겨 귀환했다. 최동섭·한정희 중위와 병사 239명은 귀환했으나 표무원과 제1중대장 김관식 중위를 비롯한 나머지 대대원은 월북했다.

홍천에 주둔하고 있던 제8연대 2대대장 강태무 소령도 1948년 5월 5일 오후 5시, 휘하 병력 294여 명을 인솔하여 '38선 경비 훈련'을 빙자하여 38선을 넘었다. 이때 인민군의 공격을 받아 한 시간여 교전을 벌였다. 강태무 대대장이 갑자기 "우리는 포위되었으니 무기를 버리고 투항하라"고 외쳤다. 김인식 8중대장은 이 명령에 반기를 들고 5·7중대와 힘을 합쳐 저항했으나 5중대는 거의 전멸했고, 7중대는 적에게 투항했다. 이 전투에서 장교 1명과 병사 156명이 전사했고, 장교 2명과 병사 143명은 탈출하여 홍천 기지로 귀환했다.

강태무·표무원은 숙군과정에서 체포된 오일균의 세포였는데 1949년 2월 오일균이 체포되어 총살되자 신변의 위협을 느끼고 미리 북한측과 접촉하여 계획 월북한 사건이었다.[157] 잘 훈련된 2개 대대가 무장한 채 월북한 사건은 국군의 사기에 심대한 타격을 주었다. 북한은 월북한 국군을 영웅 대접을 해 주었다. 1948년 5월 7일에는 해군 소해정인 통천정 소속 29명의 승조원이 통천정을 몰고 원산항으로 월북했고, 5월 12일에는 강화정, 6월 7일에는 고원정이 월북하는 등 연이어 이탈 사건이 이어졌다. 심지어 미 군사고문단장 로버츠 장군의 전용 요트까지 납북되는 사태가 벌어졌다.

1948년 11월 18일에는 여의도 비행장에서 이륙한 L-4 연락기가 월북했고, 1949년 9월 24일에는 대북 전단을 살포하던 비행기가 비행 도중 이병호 소위가 조종사를 위협하여 군용기를 몰고 월북했다. 일련의 사건으로 인해 미군은 한국 공군을 믿을 수 없는 집단이라고 생각하게 되었다.

숙군을 두려워하던 좌익 군인들의 집단 월북 사태는 육해공군을 가리지 않고 이어졌다. 북한은 평양 라디오 방송을 통해 월북자들의 육성을 대대적으로 선전하면서 "이승만 정권은 군인들의 지지조차 받지 못하고 있으니 곧 붕괴될 것"이라고 선동했다.[158]

참다못한 이승만 대통령은 군 수뇌부에게 "내 손으로 임명한 육군총장과 해군총장들이 김일성 군대만 도와주고 있으니 어떻게 된 일이냐? 동해에서는 태극기가 올라가고, 서해에서는 성조기가 올라가고 있으나 이래서야 되겠는가!" 하고 호통을 쳤다. 이승만 대통령은

"군에 침투해 있는 빨갱이들을 철저히 색출하라"고 지시했다.[159]

강태무는 월북한 후 김일성의 특별 명령에 의해 인민군에 편입되어 제766군부대 예하의 제200부대장으로 근무하던 중 1950년 6월 25일 남침 첫날 강원도 임원진에 상륙하여 국군의 후방을 교란했다. 후에 인민군 중장까지 승진한 그는 함경도 노동당 부위원장을 지낸 후 2006년 사망했다. 이들이 북한에서 죽었을 때 김정일은 화환을 보내 애도를 표했다.

미국, 국군에게 신무기 공급 중단

국군 장교와 사병들의 월북 사건이 연이어 발생하자 미국은 이승만의 군부 장악력을 의심하기 시작했다. 국군이 제2의 장제스 군대가 되는 것 아닌가 하는 의구심이 생긴 것이다. 2개 대대 월북 사건 이후 미국은 신무기 원조를 중단하고 낡은 무기만 제공하는 등 국군의 무장에 치명적인 영향을 주게 된다.

이처럼 긴박한 분위기 속에서 이승만 정부는 대대적인 숙군을 단행하여 군내에 침투한 남로당 조직을 붕괴시켰다. 1949년 7월 말까지 남로당 및 좌익 적색분자 군인들이 대대적으로 제거되거나 탈영하면서 군은 대한민국 국군으로서의 정체성을 확실하게 정립하는 결정적인 계기가 되었다.

만약 이 시기에 14연대 반란사건이 발생하지 않았다면 대대적인 숙군은 상당 기간 늦춰졌을 가능성이 있다. 그 결과 6·25 남침 당시 군에 침투해 있던 남로당 소속 군인들이 인민군의 공격에 호응하여 반란을 일으켜 대한민국은 일거에 적화되었을 가능성이 높다.

사실 그 무렵 남침을 준비 중이던 스탈린과 김일성, 박헌영은 남한의 국군 내에 침투해 있는 남로당 프락치들에게 상당한 기대를 걸고 있었다. 김일성은 스탈린에게 남침 전쟁 허가를 받기 위해 1949년 3월 3일부터 3월 20일까지 박헌영(당시 북한 부수상 겸 외상), 홍명희(부수상), 정준택(국가계획위원장), 장시우(상업상), 백남운(교육상), 김연주(체신상), 김일(민족보위성 부상) 등 고위 각료와 함께 모스크바를 방문했다.

1949년 3월 7일 스탈린과 회담한 김일성과 박헌영은 남침 허가를 요청했다. 그러나 스탈린은 "미군 철군이 이루어지지 않았기 때문에 시기상조"라며 거절했다. 이날 회담에서 스탈린은 '남조선 군부'에 침투한 첩자들에 대해 김일성과 박헌영에게 다음과 같이 묻는다.

'스탈린 : 해군력 요청에 대해서는 상응한 원조를 하겠다. 그뿐 아니라 조선(북한)은 항공기를 보유할 필요도 있다. 남조선 군부에 스파이 요원은 침투해 있는가?

박헌영 : 침투해 있지만 아직 노출시키기 않고 있다.

스탈린 : 아직 모습을 드러내지 않는 것은 잘한 일이다. 노출시킬 필요는 없다. 남측도 북측 군내에 스파이 요원을 침투시키고 있을지 모르기 때문에 신중하게 대처하도록 지시를 내려 달라. 38도선에서 무슨 일이 일어나고 있는가? 남측이 공격해 들어와 여러 거점을 점령했으나 곧바로 그 거점을 탈환했다고 들었는데… 사실인가?

김일성 : 남측이 우리 군 내부에 스파이를 침투시키고 있을 가능성에 대해서는 경계를 늦추지 않고 있다. 그리고 필요한 조치도 강구하고 있다. 38도선에 있는 강원도에서 남측과 소규모 교전이 있었다. 그때 경찰 부대 장비는 보잘 것 없었고 우리 정규군이 나타나자 퇴각했다.

스탈린 : 남측을 격퇴시켰다는 이야기인가? 아니면 그들 스스로 퇴각했다는 말인가?

김일성 : 전투 결과 남측이 격퇴되었고, 그들은 국경선에서 퇴각했다.'(1949년 3월 7일 스탈린-김일성·박헌영 회담)[160]

스탈린은 이날 김일성·박헌영과의 회담에서 김일성의 남침 요청을 거부하고 그 대신 북한과 경제문화협정, 상품교류협정, 차관공여협정 등을 체결했다. 차관공여협정에 의해 1949년부터 1952년까지 2억 1,200만 루블의 차관 제공이 결정되었다. 이것은 명목상의 협정일 뿐 가장 중요한 것은 비밀 군사원조협정이었다. 3월 17일 체결된 조·소 군사비밀협정에 의해 전차, 항공기, 야포 등 최신식 소련제 무기가 북한에 제공되기 시작했다.

김일성이 스탈린과 회담한 지 한 달 후인 1949년 4월 21일, 중국 공산당의 인민해방군이 양쯔강(揚子江)을 건너 장제스 정부의 수도였던 난징(南京)을 함락시켰다. 장제스 정부를 지원했던 미국은 중대 사태에도 불구하고 미군을 파병하지 않았다.

이 상황을 예의주시한 스탈린은 김일성이 남침해도 미군이 한국을 돕기 위해 참전하지는 않을 것으로 판단했다. 난징을 함락시킨 마오쩌둥 군대는 양쯔강을 도하하여 장제스의 국민정부군 군대를 파죽지세로 밀어붙여 중국 대륙이 공산화됐고, 10월 1일 중화인민공화국을 수립했다.

당시 남한의 지식인들 중 다수는 중국 대륙의 공산화를 바라보면서 남한도 곧 공산화될 것으로 예상했다. 한국 청년들을 의식화시키는 데 앞장섰던 리영희 전 한양대 교수는 자서전『역정-나의 청년시대』에서 "세계정세에 관심을 갖고 의식의 개안이 이루어진 계기가 되었던 것도 지축을 흔들면서 새롭게 만들어져 가고 있던 중국의 공산화였다"고 밝히고 있다.[161]

공산주의 혁명이론에 의하면 반란은 혁명의 결정적 시기에 군과 민간조직의 협조 하에 함께 일으키는 것으로 되어 있다. 때문에 김남식은 14연대를 반란으로 내몬 남로당 지도부를 혹독하게 비판한다. "마르크스·레닌주의도 제대로 체득하지 못한 당시 남로당 지도부는 혁명의 전술·전략이 무엇인가도 모르고 있었으며, 정권욕과 출세욕에다가 극좌 모험주의적 성품이었으므로 무계획적이며 무모한 투쟁으로만 내몰았다"는 것이다.[162]

북한은 이러한 극렬분자를 영웅시했다. 여순 반란의 두목인 김지회는 제주도 4·3 폭동 주모자들과 같이 사후에 북한 국가훈장을 받았다.

박정희와 14연대 반란사건

숙군 과정에서 체포됐다가 구사일생으로 살아난 박정희의 좌익 전력은 어느 정도였을까. 그 의문을 풀어보려면 대구 일대를 혼란의

도가니로 몰아넣었던 1946년 10월 1일의 대구 폭동 과정에서 박정희의 셋째 형이자 멘토였던 박상희의 죽음을 주목해야 한다.

남로당 당원이자 당시 민전 선산지부 사무국장이었던 박상희는 고향 선산에 머물면서 대구 사태를 예의주시하고 있었다. 10월 3일 시위대가 선산 경찰서를 습격하자 박상희는 시위대와 경찰 간의 협상을 주도하여 경찰들을 무사히 피신시켰다. 10월 6일 우익 청년단체 요원들과 경찰이 선산경찰서를 점거하려는 시위대를 진압하기 위해 출동하자 박상희가 다시 중재에 나섰다가 경찰이 발포한 총에 맞아 사망했다.[163]

박상희의 절친했던 친구이자 박정희의 또 다른 멘토였던 황태성도 대구 폭동의 주역이었다. 그는 10월 1일 대구 지역 인민위원회의 남로당 세포(야체이카)들을 소집하여 시위방침을 하달하고, 10월 2일에는 군중 앞에서 연설하며 시위를 주도했다. 이로 인해 수배령이 내려지자 황태성은 월북했다.

월북 후 황태성은 해주인쇄소 총무국장, 한국전쟁 당시 의용군에 편입 종군, 무역성 부상 겸 서리, 노동당 중앙위원 등을 역임했다. 1961년 남한에서 박정희 장군이 주도한 5·16 쿠데타가 성공하자 김일성의 명에 의해 1961년 8월 31일 남한에 침투했다가 간첩 혐의로 체포되어 1963년 12월 14일 사형됐다.

박상희는 황태성이 중매를 선 조귀분이라는 여성과 결혼하여 큰 딸 박영옥을 낳았는데, 그가 김종필의 부인이 되어 박정희는 김종필을 조카사위로 두게 된다. 박정희는 셋째 형 박상희로부터 11살 위인 황태성을 소개받았는데, 당시 박상희는 박정희에게 "이 분은 나의 친구이자 훌륭한 항일 애국지사이시다. 잘 모셔야 한다"고 말했다.

1945년 8월 10일 박정희는 만주국 중위로서 파죽지세로 남하하는 소련군을 저지하기 위해 내몽골자치구의 둬룬(多倫)에서 이동하여 싱룽(上陵)에 주둔하고 있었다. 이 와중에 일본 천황이 항복하면서 중국 국민당 군인들에게 무장 해제를 당했다. 중위로 진급한 지 한 달만의 일이다. 그들은 포로로 잡은 관동군이나 만주군 중 조선인은 그냥 풀어주었다. 자유로운 신분이 된 박정희는 베이징으로 가서 김학규 장군이 지휘하는 광복군 제3지대에 들어갔다.

광복군 제3지대 내에 관동군과 만주군의 조선인 패잔병들로 구성된 평진(平津)대대가 구성되어 있었는데, 대대장은 신현준(만주군 상위), 제1중대장은 이주일(만주군 중위), 박정희가 제2중대장을 맡았고 제3중대장은 윤영구(일본 관동군 소위)였다. 1946년 4월 광복군 평진대대가 해산되면서 박정희는 5월 초 톈진(天津)에서 미군 수송선을 타고 부산항으로 귀환했다.[164]

박정희가 고향으로 돌아왔을 무렵 대구·경북 일대에서는 좌우 합작의 대구 공동위원회가 활동하고 있었다. 그는 친형 박상희와 황태성, 대구사범학교 동기 및 선후배들과 어울리며 진로를 고민한다.

당시 박정희가 자주 어울렸던 사람은 선산 출신으로 대구사범학교와 일본 규슈제국대학을 졸업하고 고등문관시험에 합격하여 임실·무주군수를 지낸 엄민영, 엄민영과 규슈제국대학 동문인 백남억, 쌍용그룹 창업자 김성곤 등이었다. 보성전문 상과를 졸업한 유도선수 출신의 김성곤은 일제 말기에 비누공장을 차려 큰돈을 벌었다. 이밖에 박정희의 대구사범 동기인 황용주·조증출·왕학수·서정귀 등과도 자주 어울렸다.

박정희는 대구에서 10·1 폭동이 일어나기 직전인 1946년 9월 24일, 조선경비사관학교 2기생으로 입교했다. 만주의 신경군관학교, 일본 육군사관학교에 이어 사관학교만 세 번째 입교였다. 당시 경비사관학교 교장은 만주군 군의관 출신 원용덕이었다. 박정희가 사관학교에 입교하여 훈련을 받고 있을 때 대구에서 폭동이 발생하여 친형 박상희가 경찰이 쏜 총에 맞아 사망했다. 박정희의 멘토였던 황태성은 경찰의 추적을 피해 월북했다.

2기생 196명은 80일 간의 교육을 마치고 1946년 12월 14일 소위로 임관했다. 졸업 성적은 신재식이 수석, 박정희는 3등이었다. 2기동기생 중 후에 박정희를 시해한 김재규가 있었고, 숙군 과정에서 월북한 표무원·강태무가 있었다.

8연대 시절 남로당원과 접촉

박정희는 사관학교 졸업 후 군번 10166을 부여받고 춘천 8연대에 배속되어 4소대장을 맡았다. 당시 8연대장이 조선경비사관학교 시절 교장이었던 원용덕이었다. 1946년 조선공산당이 합당을 통해 창당된 남로당은 군을 적색화하기 위해 경비대 군인들을 공작하기 위한 군사부를 가동했다. 바로 이 군사부 책임자가 이재복이었다.

박정희가 임관 후 초임으로 근무했던 8연대 장교들 중에는 남로당에 입당한 사람들이 많았다. 박정희와 신경군관학교 동기였던 이상진 소령은 당시 8연대 부연대장으로 박정희의 상관이었는데, 그도 남로당원이었다. 박정희는 초임 장교로 부임하여 이들과 어울리면서 영향을 받았을 것으로 추정된다. 남로당에서도 대구 폭동 당시 사망한 박상희의 동생이라는 점 때문에 당에 대한 충성도가 높을 것으로 판단했을 가능성도 있다.

육사 3기 출신으로 춘천 8연대 시절 박정희 아래서 교범 번역 등을 도왔던 염정태(육군 대령 예편)의 증언에 의하면 8연대에는 좌익 군인이 수두룩했는데, 박정희와 신경군관학교 동기생인 이상진 소령(8연대 부연대장)이 연대 내 남로당 총책이었다고 한다. 당시 군부 내의 남로당 세력들은 포섭 대상자를 남로당에 가입시키기 전에 ○, △, ×로 분류한 다음 검증을 거쳐 최종으로 '○'를 받은 자에 한해 가입을 시켰는데 박정희도 여기서 '○'를 받아 가입한 것으로 추정했다.

박정희는 1947년 10월 조선경비사관학교 중대장으로 발령이 났다. 사관학교 중대장 겸 전술학 교관으로서 생도들을 교육시키면서 박정희는 두 가지 인생의 결정적 인맥을 형성하게 된다. 하나는 강창선(제2중대장)·김학림 대위(2중대 2구대장) 등 남로당 세력과의 인연이요, 다른 하나는 생도 거의 대부분이 월남한 북한 청년들로 구성된 5기생을 중심으로 한 5·16 때의 귀중한 동지들을 얻게 된다.

1948년 8월 박정희는 소령으로 진급했고 육군본부 정보국에 부임하여 14연대 반란 진압을 지휘하는 호남지구 전투사령부 작전참모로 근무하던 중 11월 11일 체포되었다. 남로당 군사부 책임자 이재복을 수사하는 과정에서 박정희가 남로당원임이 드러난 것이다. 서울지구 헌병대 영창에서 조사를 받은 박정희는 서대문형무소에 수감됐다.

박정희는 헌병대에서 김창룡으로부터 조사를 받았는데 김창룡이

"박 소령은 직접 사람을 죽이거나 부대 물품을 빼돌린 게 아니잖소? 전향하세요. 군 내부 조직에 대해 말해 주시오. 함께 나라를 살립시다" 하고 권유하자 국군 내에 침투한 남로당원의 명단을 실토했다. 함께 조사에 참여했던 김안일 정보국 특무과장이 박정희에게 자술서 용지를 건네자 군내 남로당 조직표, 군내 지령문제 등의 결정적인 내용이 담긴 자술서를 적어 냈다.

박정희를 살린 것은 백선엽 당시 정보국장과 박정희의 사관학교 동기생인 김안일이었다. 김안일은 박정희의 자술서를 보고 백선엽에게 구명을 호소했다. 백선엽은 박정희의 만주군 선배였지만 나이는 박정희보다 세 살 아래였다. 백선엽은 만주군 시절부터 박정희를 잘 알고 있었다고 한다. 그는 박정희를 정보국장실로 불렀다. 다음은 백선엽의 증언이다.[165]

'숙군 5단계 작업이 완결될 즈음인 1949년 초 어느 날 방첩대의 김안일 소령이 나에게 "박정희 소령이 국장님을 뵙고 할 말이 있다고 간청하니 면담을 해 주십시오" 라고 전했다. 김 소령은 아울러 박정희 소령이 조사 과정에서 군내 침투 좌익 조직을 수사하는 데 적극 협조했다는 점을 들어 꼭 만나줄 것을 요청했다. 김 소령은 나의 승낙이 있자 곧 박정희 소령을 나에게 데려왔다. 내가 박 소령을 면담한 곳은 정보국장실이었다. 박 소령은 한참을 묵묵히 앉아 있다가

입을 열었다.

"나를 한 번 도와주실 수 없겠습니까."

작업복 차림의 그는 측은한 모습이었다. 그러나 면담 도중 전혀 비굴하지 않고 시종 의연한 자세를 잃지 않았다. 평소 그의 인품에 대해서는 약간 알고 있었으나 어려운 처지에서도 침착한 그의 태도가 일순 나를 감동시켰다.

"도와드리지요."

참으로 무심결에 이러한 대답이 나의 입에서 흘러나왔다.'

백선엽은 김안일, 김창룡 등 실무자들의 의견을 물었다. 김창룡 등 조사관들은 모두 박정희 구제에 동의했다. 박정희를 재판했던 재판장 김완룡(초대 법무감)은 "박 소령은 잘못을 뉘우치고 전향한 데다 그의 명망을 높이 산 군 수뇌부의 선처로 목숨을 건졌다"고 회고했다.[166]

당시 육군항공사관학교 교장 김정렬도 일본 육사 출신인 채병덕 육군참모총장을 찾아가 박정희의 구명을 요청했다. 채병덕 총장은 "박정희가 군 내 남로당원을 색출할 때 협조해주면 풀어주겠다"고 답했다.

김정렬의 박정희 구명 비화(祕話)

당시 육군항공사관학교 초대 교장 김정렬이 박정희 구명운동에 나서게 된 이유는 김 교장이 박정희를 잘 알아서가 아니라 자신의 직속 부하였던 교수부장 박원석 대위 때문이다. 박원석 대위는 박정희 소령의 세포라는 이유로 체포되었는데, 이 사실을 알게 된 김정렬 교장은 박원석 대위의 누명을 풀어주기 위해 그의 윗선이었던 박정희 소령의 구명운동을 벌이게 되었다. 관련 내용은 김정렬 회고록 『항공의 경종』에 실린 '박정희 소령의 고난' 항목에 다음과 같이 기록되어 있다. 인용문이 좀 길지만 이를 옮겨본다.

'…박정희 소령이 숙군과정에서 좌익혐의자로 체포되고, 풀려나오게 된 과정에 대해서는 지금 항간에 여러 가지 이야기들이 분분하다. 나는 직속 부하였던 박원석 대위의 누명을 벗겨주는 과정에서 아주 우연히 이 사건을 접하게 되었다. 이 사건에 대해서 이러저러한 말들이 여기저기서 나오고 있으나, 내가 직접 겪어서 알고 있는 것과는 다른 점도 있다. 1949년 초 숙군의 와중에서 내가 겪었던 일은 이러하다.

1949년 2월 육군항공사관학교가 창설되고 내가 초대 교장으로 부임해서 얼마 되지 않았을 때였다. 당시 교사는 김포 비행장 외곽에 마련되었다. 마침 학교에서 좀 떨어진 곳에 이전에 미군이 사용하던 100호 정도의 관사가 있어서 학교 간부들 전원이 거기서 가족들과 함께 기거하였다. 물론 나도 가족과 함께 관사에서 생활하였다.

그러던 어느 날 밤, 갑자기 관사 현관문을 두드리는 소리가 요란하게 들렸다. 문을 열자 몇 사람의 장정이 갑자기 집으로 들이닥쳤다. 그중에 한 사람이 땅에 넘어지더니 별안간 "저는 잘못이 없습니다"하고 울부짖듯이 소리쳤다. 그 뒤로는 매우 건장한 서너 명의 장정들이 버티고 서 있었다.

땅에 엎어져 소리치는 사람을 살펴보니 바로 나의 직속 부하인 육군 항공사관학교 교수부장 박원석 대위였다. 깜짝 놀라서 당황하고 있는데, 뒤에 버티고 서 있던 장정 중에 한 사람이 자기소개를 하였다.

"저는 수사대에 있는 이한진 대위입니다."

(이한진은 박원석 대위와 육사5기 동기생이었다.)

"어떻게 된 일이요?"

"이놈이 빨갱이입니다. 체포하러 왔습니다."

참으로 놀라운 일이었다. 박원석 대위는 나의 일본 육사 4년 후배(58기)였다. 그는 일본군에서 정찰기 조종사로 근무하였는데, 해방 이후에는 항공대 창설을 기다리지 못하고 육군사관학교 5기생으로 들어가 임관을 받았다. 그러다가 육군 항공대가 만들어지고, 항공사관학교가 설립되자 항공 사관학교 교수부장을 맡아 근무하게 된 것이었다. 가정환경으로 보나, 경력으로 보나, 평소 성품으로 보나, 그가 공산주의자일 리가 없었다. 도무지 믿어지지 않는 말이었다.

"아니 빨갱이가 될 수 가 없을 텐데."

박원석은 거의 넋 나간 상태에서 "억울합니다, 억울합니다"를 연발할 따름이었다.

그러자 이한진 대위가 끼어들었다.

"아닙니다. 이놈이 거짓말을 하고 있습니다. 빨갱이가 틀림없습니다. 체포하려고 하는데 꼭 교장님을 뵙고 간다고 애원하기에 이렇게 데리고 왔습니다."

"확증이 있소?"

"있습니다."

"어디로 데려가는 거요?"

"명동 증권거래소 건물에 있는 수사대입니다."

"대장이 누구요?"

"김창룡 소령입니다."

그래서 할 수 없이 박원석 대위에게 "무언가 잘못된 모양이네. 자

네가 죄가 없으면 곧 풀려날 것이니 염려하지 말게. 오늘은 할 수 없으니 일단 순순히 가 보게나"하고 일러두었다. 그리고 이한진 대위에게 절대로 고문하거나 난폭한 행위를 하지 말 것을 당부하였다.

그러자 이한진은 "걱정마십시오! 박원석은 제 동기생입니다"하고는 박원석을 데리고 떠나갔다.

이들을 보내고 나서 생각해 보니 참으로 기막힌 노릇이었다. 밤잠을 설치고 있다가 당장 그 다음 날로 이한진 대위가 일러준 명동에 있다는 수사대 건물로 찾아갔다.

그곳은 그야말로 음산한 분위기였다. 여기저기서 신음소리, 수사관의 고함치는 소리가 어두컴컴한 복도를 타고 들려왔다. 수사대에 들어가 당장 김창룡 소령을 만났다.

안하무인격이었던 김창룡에게도 약점이라 할까 콤플렉스라고나 할까 하는 것이 있었다. 그것은 일본 헌병보 출신이라 그런지 몰라도 정규일본 육군사관학교를 나온 장교에게는 꿈뻑 죽고 들어가는 것이었다. 비록 안하무인격인 사람이었지만 나와 같은 정규 육사 출신 장교에게는 예의를 갖추었다.

김창룡 방첩 책임자와 대면하였다.

"아니, 남의 교수부장을 빨갱이라고 잡아가면 어떻게 하오?"

"아닙니다. 그놈은 빨갱이가 틀림없습니다."

"증거가 있소?"

김창룡 소령이 차트를 펼쳐 보였다.

웬만한 사람의 키를 넘을 만큼 어마어마하게 큰 차트였다. 차트의 맨 위에 남로당 수뇌부를 정점으로 하여 밑으로 피라미드 모양으로 퍼져나간 남로당 군사 조직표가 그려져 있었다. 박원석 대위는 그 조직표 하단 맨 끝에 이름이 올라 있었는데, 바로 그 위가 박정희 소령이었다. 박정희 소령 밑에는 박원석 대위 하나만 올라 있었다.

"아니, 박원석이가 무엇을 했길래?"

"드러난 것은 없지만 박정희의 세포입니다."

참으로 기막힌 일이었다. 박원석 대위와 박정희 소령은 그 전부터 각별히 잘 알고 지내던 사이였다. 박정희 소령이 일본 육사 57기이고, 박원석 대위는 일본 육사 58기로 선후배이었다. 또한 박원석도 해방을 만주에서 맞이하였는데 둘은 만주에서도 서로 만나고 있었던 차였다. 박원석은 박정희 소령과 친하다는 이유 하나 때문에 박정희 소령이 체포되자 졸지에 그 세포로 몰리게 된 것이다.

박원석 교수부장도 억울하다 생각되었지만 박정희 소령도 마찬가지였다. 박정희 소령과 나는 육사 선후배간이니 물론 그 전부터 잘 알고 있었다. 그는 신경(新京)군관학교를 수석으로 졸업했기 때문에 군 내부에서 명망이 높았다. 특히 젊은 장교들 사이에서는 인기가 좋았는데, 후배들에게 여러 번 그를 추앙하는 이야기를 들은 적이 있었다. 그래서 무슨 모임이 있으면 눈여겨보고 있던 차였다. 또한 그와 아주 가까이에서 접한 일도 있었다.

박정희와 김정렬의 만남

이야기를 다시 되돌리자면 육군항공대를 만들 무렵이었다. 항공대 창설을 주도할 간부 7명은 1948년 4월 수색에 있는 육군보병학교에 특별반으로 들어가서 미식(美式) 훈련을 받았다. 그러고 나서 15일 동안 태능 육군사관학교에 입교하여 훈련받은 일이 있었다. 그때 박정희 소령은 육사에서 중대장 직을 맡고 있었는데, 우리가 바로 그 중대에 소속하게 되었다.

우리 간부 7명은 대부분 해방 전 군의 서열이나 경력상으로 박정희 소령보다 위였으니 그도 상당히 불편하였을 것이다. 그는 일과 후에는 매일 밤 술과 안주를 준비해 박범집(朴範集, 일본 육사 52기)씨와 나를 그의 숙소로 초대하였다. 그래서 육사에 있었던 15일 동안 거의 매일 밤 그와 술을 마시면서 지냈다. 가까이서 이야기도 하면서 지내다 보니 과연 듣던 바대로 인물됨이 훌륭한 사람이었다.

어느 구석을 살펴보아도 공산주의자일 리는 만무했다. 특히 그는 숙군의 원인이 된 여순반란사건 당시 이를 진압하는 토벌군의 작전 참모로 복무하였다. 그가 공산주의자라니 나로서는 정말 어처구니 없는 일이었다.

박원석이 공산주의자라는 것도 당혹스러운데, 그 위가 바로 박정희 소령이라 하니 더욱더 황당한 일이었다. 김창룡이 증거로 제시한 조직표는 오히려 나에게 박원석 대위의 결백을 더욱 확신시켜 주는 것이었다. 도무지 말도 안 되는 소리였다.

그래서 김창룡에게 물었다.

"억울하게 걸렸으면 어떻게 하겠소?"

"아닙니다, 억울할 것도 없습니다. 그는 빨갱이입니다."

답답한 노릇이었다. 잠시 생각하다가 다시 이렇게 물었다.

"박원석 대위가 박정희 소령의 세포라고 하는데, 박정희 소령도 내가 보기엔 빨갱이와 아무 관련이 없는 것 같은데…,"

"아닙니다. 그는 빨갱이인 것이 확실합니다."

김창룡은 자신 있게 대답하였다.

곰곰이 생각해 보니 박원석 대위의 결백함을 증명하기 위해서는 일단 박정희 소령에 대한 혐의가 벗겨져야만 했다. 그래서 이렇게 다시 물었다.

"만약 박정희 소령이 빨갱이가 아니라는 것이 입증되어 풀려나오게 된다면 어떻게 하겠소?"

"그야 박원석이는 자동으로 풀려나가게 되겠죠!"

박원석 대위의 누명을 벗기기 위해서는 그 길이 첩경이었던 것이다.

박원석 대위가 공산주의자가 아닌 것은 확실하지만, 한 가지 걱정되는 바가 있었다. 당시 수사과정에서는 고문이 일상적으로 행하여지고 있었다. 전기고문을 비롯해서 각종 고문을 당하다 보면 없는 죄도 고통에 못 이겨 불어버리기 마련이다. 그래서 나는 일단 김창룡에게 절대로 박원석을 고문하지 말 것을 거듭 부탁하였다.

그리고 다시 한 번 확인해 물었다.

"박정희가 빨갱이가 아니면, 박원석은 거저 나오는 것이오?"

"예, 그렇습니다."

김창룡의 다짐을 받고 증권거래소 건물을 나왔다.

그리고는 곧바로 당시 육군 참모차장이었던 정일권(丁一權) 대령을 찾아가 그에게 말하였다.

"지금 박정희 소령이 김창룡 수사대에 잡혀갔는데, 박정희 소령은 당신의 직속 부하이고, 만주군 후배 아니오. 내가 안타깝게 생각하는 것보다 당신이 더 안타깝게 생각해야 할 것 아니오. 지금 박정희가 그렇게 되었는데 가만히 있을 거요?"

그러자 정일권 차장이 난감하다는 표정을 지으며 고개를 설레설레 흔들었다.

"지금 김창룡이가 나를 빨갱이로 보고, 나를 못 잡아서 안달인데 내가 어떻게 하겠소?"

"아니, 이게 무슨 소리요! 참모차장인데 한 번 따져볼 수 있는 것 아니오!"

그랬더니 그가 질린다는 듯이 두 손을 저었다.

"아이고, 김창룡 이야기는 하지도 마시오!"

참으로 난처한 상황이었다. 김창룡은 모든 사람을 빨갱이로 보고, 무조건 의심하고, 어떤 사람이든지 별의별 꼬투리를 다 잡아 빨갱이로 몰아붙이는 사람이었다. 그러니 정일권 차장도 예외가 될 수 없었던 것이다.

백선엽·채병덕에게 박정희 구명 요청

그래서 할 수 없이 이번에는 백선엽(白善燁) 대령을 찾아갔다. 당시 백선엽은 육군본부 정보국장이었는데 김창룡 바로 위의 직속상관이었다. 그래서 그를 찾아가 박정희 소령의 누명을 벗겨주고 풀어달라고 부탁하였다. 백선엽은 나보다 세 살 아래였고, 해방 전의 군력이 나의 후배 격이었으므로 초면부터 나에게 호형(呼兄)하던 처지였다.

"김창룡 소령은 당신의 부하가 아니오?"

"네 그렇습니다만⋯."

"박정희 소령도 잘 알고 있지 않소?"

"네, 잘 알고 있습니다."

"국장도 지금 많이 걱정하고 있겠지만, 박정희가 빨갱이라는 누명을 쓰고 방첩대에 잡혀 있소. 우리 학교의 교수부장인 박원석도 박정희의 세포라 하여 잡혀 있는데 어떻게 박정희를 풀어줄 수 없겠소?"그러자 그도 역시 고개를 저었다.

"그건 저로서도 어찌할 수가 없습니다. 아니, 말도 마십시오! 김창룡이는 지금 나를 잡아넣지 못해 안달입니다."

그도 정일권 차장과 사정이 마찬가지였다. 직속상관이지만 어찌할 수가 없다는 것이다. 참모차장도 못한다 하고, 직속상관인 정보국장도 못한다 하니 정말 답답한 노릇이었다.

어떻게 좋은 수가 없을까 하고 생각하다가 문득 김창룡의 약점이 다시 떠올랐다. 앞에서 이야기했지만 김창룡은 정규 일본 육사 출신의 장교에게는 꿈뻑 죽고 들어가는 성향이 있었다. 특히 당시 현역

중에 육사 출신 선배였던 채병덕 육군참모총장에게는 더욱 더 그러하였다. 그래서 채병덕 육군참모총장 댁으로 급히 찾아갔다.

채병덕 장군은 나보다 2살 위였으나 일본 육사는 5년 선배였다. 나와는 형제간처럼 친하게 지내던 사이였다. 채병덕 장군을 만나 자초지종을 상세히 설명하였다. 그리고는 박정희 소령이 조직표 제일 아래에 있는 것으로 보아서 혐의 사실도 별것 없는 듯하니, 김창룡을 불러 한 번 확인해 보고 풀어달라고 부탁하였다.

그러자 채 총장도 난감하다는 표정을 지었다.

"야! 지금 박정희뿐이냐! 억울하게 잡혀간 사람이 얼마나 많은데 내가 어떻게 박정희만 빼줄 수 있냐?"

"형님! 박정희도 억울하지만 지금 내 직속 부하인 박원석 교수부장이 억울하게 잡혀 있는데, 박정희가 풀려나면 자동으로 풀려난다고 하니 어떻게 좀 해 주세요!"

다급한 마음에서 거의 동생이 형에게 떼를 쓰듯이 졸라대었다. 내가 하도 다그치니까 채 총장도 "그래, 한 번 해보자"라고 하였다.

그러더니 곧바로 김창룡 소령을 집으로 불렀다.

잠시 후 김창룡 소령이 갈월동 참모총장 댁을 찾았다. 나는 다른 방으로 피하고, 둘이서 한참 동안 이야기를 하더니 김창룡이 돌아갔다. 무슨 타협점을 찾았던 모양이었다.

채 총장이 나를 다시 부르더니 이렇게 말하였다.

"김창룡이가 말하기를 박정희가 남로당 프락치인 것은 확실한 것 같은데 풀어줄 길은 있다고 하는구만."

한 가닥 실마리가 풀려가는 소리였다.

"그 길이 무엇이오?"하고 물으니 채 총장이 김창룡이 한 말을 나에게 상세히 전해 주었다.

공산주의자 체포에 협력한 박정희

그 길은 방첩대에서 공산주의자를 잡으러 갈 때 열 번만 박정희 소령을 앞세우고 얼굴을 내비치게 하는 것이었다. 그렇게 하면 첫째, 박정희 소령이 공산주의자가 아니라면 아무런 거리낌 없이 여기에 협력하여 누명을 벗을 것이요, 둘째, 설사 그가 공산주의자라 하더라도 열 번이나 그들에게 반역을 하게 되면 공산주의자들 세계에서 영원히 추방되고, 그 결과 확실하게 전향하게 될 것이기 때문이었다. 그러므로 박정희 소령이 열 번만 이 일에 협력하면 풀어줄 수 있다는 것이었다. 설명을 마치자 채 총장이 나에게 덧붙었다.

"그래서 내가 김창룡에게 그러면 한 번 박 소령에게 물어보라 했는데 박 소령이 거기에 응해 줄까?"

"아, 그거야 물론 당연히 응하겠지요!"

채 총장에게 박정희 소령이 반드시 그 일에 협력할 것이라고 자신 있게 말하면서 갈월동 총장 댁을 나왔다.

이튿날 아침 일찍 명동에 있는 수사대에 찾아가 김창룡을 만났다.

"그래, 박정희 소령이 무엇이라고 하오?"

"협력하겠다고 합니다."

"그것 보시오! 그가 빨갱이가 아니지 않소. 그래도 열 번 동안 그 일을 꼭 해야만 하겠소?"

"그래도 해 보아야지요."

김창룡의 대답이었다. 그의 말이 열 번 정도 그 일을 하는데 한 보름 정도 시간이 걸릴 것이니 그 일이 잘 되면 곧 박정희도 풀려나고, 물론 박원석 교수부장도 풀려날 수 있을 것이라 했다.

나는 다시 한 번 박원석을 고문하지 말라고 당부하고 다시 다짐하듯이 물어보았다.

"박정희가 풀리면 박원석도 풀어 주는 것이오?"

"걱정하지 마십시오." 김창룡이 확언을 해 주었다.

그 후 박정희 소령은 열 번 동안 공산주의자를 체포하는 현장에 나아가 얼굴을 내비치는 데 협조하였다고 한다. 이 일이 끝나자 김창룡 소령은 요식 행위이기는 하지만 석방하기 위해서는 보증서가 필요하다고 채병덕 총장에게 부탁하였다. 이에 채 총장은 자신의 참모들에게 적당히 보증서 문안을 만들고 여기에 서명하도록 하였는데, 강문봉(姜文奉) 작전국장, 백선엽 정보국장 등이 여기에 서명하였다. 이러한 요식 행위가 끝나자 박정희 소령이 풀려났다.

누명을 벗고 풀려나기는 하였지만 사건이 너무 엄중하였는지라 현역으로 계속 있지는 못하고 예편되었다. 그 후 박정희 소령은 이용문(李龍文) 장군이 정보국장으로 오게 되자, 비록 민간인 군속의 자격이었지만 정보부에서 계속 근무할 수가 있었다.

그리고 당연히 박원석 교수부장도 김포 항공사관학교로 돌아왔다. 그는 나의 부탁 때문이었는지 고문을 당하지는 않았다. 그러나 갑자기 엄청난 누명을 쓰고 곤욕을 치르느라 심신이 극도로 쇠약해 있었다.

나는 그에게 한 달간 특별 휴가를 주었다. 그는 아무런 불이익도 받지 않고 군대 생활을 계속할 수 있었다.'[167]

1949년 2월 8일 박정희는 고등군법회의에서 사형 구형에 무기징역과 파면, 급료 몰수형을 선고받았다. 그 후 박정희는 '15년형'으로 감형되었고, '형 집행정지'로 석방되었으나 군에서 불명예제대를 해야 했다. 김점곤은 당시 박정희가 생명을 구할 수 있었던 이유는 군 고위급 인사들이 박정희의 뛰어난 역량을 높이 샀고, 숙군 작업에서 남로당 조직을 검거하는 데 큰 도움을 주었기 때문이라고 증언했다.

백선엽은 군적을 박탈당한 박정희를 문관 신분으로 정보국 북한 반 상황실장으로 일할 수 있도록 배려해 주었다. 백선엽은 전쟁 발발 5일 만인 1950년 6월 30일, 박정희를 육군 소령으로 복귀시켜 육 본 작전정보국 제1과장에 임명한다. 군에서 쫓겨난 박정희를 다시 군으로 불러들은 것은 김일성의 남침이었다. 10월 25일에는 장도영 의 추천을 받아 제9사단 참모장에 임명됐다.

현대사 뒤엎기

지금까지 연구자들은 국군 제14연대 반란사건의 성격과 의미, 정의 에 대해 다양한 견해를 내놓았다. 그런데 민주화 시대가 열리면서 반란사건에 대한 전통적 해석이 퇴조하고 수정주의적 주장이 난무 하기 시작했다.

그 단초는 김영삼 정부의 교육문화수석 김정남과 서중석이 중심 이 되어 교육부가 발표한 1994년 11월의 제6차 교육과정 국사교과 서 '준거안'이다. 이 준거안에 의해 '여수·순천 반란사건'은 '여수·순천

10·19 사건'으로, '5·16 군사혁명'은 '5·16 군사정변'으로 수정되는 등 용어와 개념들이 뒤집어지기 시작했다.

준거안에 대한 명분은 그럴 듯했다. 여수·순천 지역 주민들이 반란의 주체로 오인될 소지가 있으니 용어를 순화하는 것이 옳다는 의견을 앞세워 1995년 2월 21일부터 '여순 반란사건'은 '여수·순천 10·19 사건'이라는 공식 명칭으로 확정하여 중고교 교과서에 표기하기로 결정했다.

노무현 정부 시절인 2005년 '진실 화해를 위한 과거사 위원회'가 출범한 이후 여순 사건은 새로운 시각으로 재단되기 시작했다. 2010년 '진실 화해를 위한 과거사 위원회'는 여순 사건을 다음과 같이 정의했다.

"1948년 10월 19일 여수 주둔 국방경비대 14연대 소속 군인들의 반란을 시작으로 9·28 서울 수복 이전까지 약 2년 동안 전라남도와 전라북도, 경상남도 일부 지역에서 사건과 관련하여 <u>비무장 민간인이 집단 희생되고 일부 군경이 피해를 입은 사건.</u>"(밑줄은 저자가 표시한 것임)

밑줄 친 이 부분을 주목해서 볼 필요가 있다. '희생'이란 무고한 사람이 다치거나 죽었음을 말하고, '피해'란 물적 재산 및 가옥의 손상을 의미하기에 희생이란 용어보다 경미한 것으로 인식된다. 과연 여순 사건 당시 비무장 민간인이 '집단 희생'되고, 일부 군경은 '피해'를 입었다고 해석하는 것이 객관적이며 적절한 표현일까.

시대가 이렇게 돌아가자 좌편향적 학자들은 노골적으로 기존의 전통적 사관과 가치관을 무너뜨리는 데 앞장섰다. 남원진이란 학자가 쓴 「역사를 문학으로 번역하기 그리고 반공 내셔널리즘」이란 논문은 여수·순천 사건과 관련하여 "<u>반란군은 경찰, 친일파 등을 처형했고, 진압군은 반란군 및 그 부역자를 학살했다</u>"[168]고 기술하고 있다(밑줄은 저자가 표시한 것임).

'처형'은 법적 절차에 의해 엄정한 집행을 했음을 뜻하고, '학살'은 무고한 민간인들을 정당한 이유 없이 법적 절차에 의하지 않고 살해했다는 뜻이다. 남원진은 반란군은 법적 절차에 따라 정당하게 죽였지만, 진압군은 법적 절차를 거치지 않고 비무장 양민을 불법적으로 죽였음을 은연중에 함축하여 보여주고 있다.

남원진은 나아가 "여순 사건 당시 반란군의 처형은 주로 총살의 형태를 지니고 있었지만, 진압군이나 경찰에 의한 학살은 총살·참수·타살·수장 등 다양한 방법으로 이루어졌고, 무기를 가지지 않았던 민간인들의 보복 방법은 주로 죽창·삽·곡괭이 등으로 상대방을 공격하는 것이었다. 당시 학살자는 희생자들에 대해 동족 의식은 물론 인간이라는 의식조차 갖고 있지 않았다"고 주장한다.

반공국가 건설 위해
미군·경찰이 강경 진압만을 고집?

군경과 우익인사에 대한 반란군의 처형이 주로 총살의 형태를 띠고
있었다는 남원진의 주장은 다른 기록들과 비교해보면 많이 다르다.
박윤식은 반란 세력들이 귀중품 약탈, 부녀자 강간, 기물 파손, 방화
등을 했고 군경과 그 가족 및 우익 반공인사들을 총살, 교살(絞殺·목졸
라 죽임), 돌과 몽둥이로 타살(打殺), 불태워 죽이는 소살(燒殺), 총검으
로 타살, 두개골 관통(여수 경찰서장 고인수), 차량으로 압사, 음부 저격
총살(여순경 국막래), 나체로 옷 벗기고 일주 후 길거리 타살(여순경 정현
자), 모래 구덩이에 파묻고 죽창으로 타살, 껍질을 벗기고 꼬챙이
로 찌르고 살가죽을 벗겨 죽이는 행위 등을 저질렀다고 기록하고
있다.[169]

반란 세력의 이처럼 끔찍한 학살 행위가 단선·단정 반대 투쟁이나,
친일 경찰에 대한 불만 및 국민 저항권 차원에서 정당화될 수 있는
것인가?

오늘날 좌파 수정주의 사관 입장에 서 있는 연구자들과 언론인,
정치인, NGO단체 사람들은 해방공간에서 발생한 폭동·반란을 용
어 세탁을 하여 정당한 의거, 민중봉기, 혹은 항쟁으로 바꿔 부른다.

용어 세탁의 차원을 넘어 특별법까지 제정하여 희생자들을 추모하고 막대한 국가 배상까지 해주도록 하고 있다. 주철희는 『불량국민들』이란 저서에서 반공국가 건설의 실험을 위해 미군과 경찰이 강경진압만을 고집했다면서 다음과 같이 주장한다.

'평화적으로 해결이 가능했던 제주 문제를 미군과 경찰은 왜 강경진압만을 고집했을까. 미군의 실정과 경찰의 추태가 두려워서 그랬다고 하기에는 너무 많은 학살이 이루어질 수밖에 없다는 것을 그들도 알고 있었다. 그런데도 강경진압을 선택했던 것은, 한반도에 반공국가를 건설할 수 있느냐 없느냐의 실험대가 제주도였기 때문이다.'[170]

또 『불량국민들』이란 책의 서문에서는 다음과 같은 구절이 발견된다.

'…여·순사건에서부터 6·25 전쟁까지 백만여 명의 민간인 학살이 있었다. 대한민국 국가 폭력의 단초를 제공한 사건이다. 국가보안법을 제정하여 국민을 탄압하고 통제하는 구실을 제공한 사건이다. 학생들도 군사 훈련을 받아야 하는 학도호국단이 만들어졌다. 빨갱이를 탄생시켰고, 불량 국민을 양산하였다. 여·순사건으로 시작된 불량 국민의 역사는 6·25 전쟁을 거쳐 독재정권의 연장에 악용되었다.'[171]

어디를 둘러봐도 제헌 국회의원 선거를 방해하기 위한 무장폭동이란 말은 눈을 씻고 봐도 찾아볼 수 없다. 남로당 및 좌익들의 폭동·반란은 사라지고 '민간인 학살' '국가 폭력' '독재정권 연장' 등등의 용어들이 등장한다. 그들은 대한민국 국군을 폄훼하는 데 앞장서고 '반공' 혹은 '빨갱이'란 단어를 극력 회피하고자 노력한다. 이 두 단어만 등장하면 거의 히스테리에 가까운 반응을 보인다. 위에서 소개한 『불량국민들』에는 '극단적인 반공주의가 만들어 낸 대한민국의 서글픈 역사'라며 다음과 같이 서술하고 있다.

'대한민국 국군의 창설에는 미국의 개입이 있었다. 일제 강점기의 잔재가 고스란히 남아 있었다. 여기에 개인의 정치적 야망이 더해졌다. 정치적 탐욕에 눈이 어두워 독재자에게 반드시 필요한 도구가 "빨갱이"였다. 빨갱이란 도구는 도깨비 방망이였다. 도깨비 방망이를 두드릴 때마다 조작된 사실이 만들어졌다. 그리고 불량 국민으로 몰아 통제하고 억압하고 죽였다.'[172]

'이승만 정부는 민생은 뒷전에 두고 오로지 공산주의자 잡는 데 혈안이 되었다. 반대세력을 공산주의자로 몰아 옭아매는 데 급급하였다. 백성들의 민생에 대한 불만과 분노는 강 건너 불구경하듯이 쳐다만 보고 있었다.'[173]

'인민해방' 위한 것이라면 학살도 정당한가?

김득중은 "남한에 거주하는 인민을 대한민국 국민으로 만든 것은 '선거'가 아니라 제주사건, 여·순사건 등에서 전면화된 국가 폭력"이었다고 주장한다.[174] 심지어 그는 "봉기군 점령지역에서 벌어졌던 우익인사에 대한 처단은 해방 후 사회적 과제가 해결되지 못한 분노의 폭발"이었다면서 마치 그것이 정당한 행위였다는 식으로 해석될 수도 있는 주장을 하고 있다.[175]

좌파 학자들은 반란군과 좌익들의 경찰·우익인사들을 대상으로 한 처형이나 학살은 축소하는 반면 국군의 토벌 과정에서 발생한 인명피해는 확대 과장한다. 이영일은 「여·순사건, 국가 폭력의 위법성과 진상규명의 방향」이란 논문에서 반란군에 의한 인명피해는 약 500여 명, 진압군에 의한 피해를 약 1만여 명으로 잡았다. 그는 1998년부터 2000년까지 3년 동안 여수지역사회연구소에서 실시한 『여·순사건 실태조사보고서(총3권)』를 기초자료로 해서 사망자 95퍼센트의 비율이 군대와 경찰에 의한 학살 만행에 의해 저질러졌다고 주장한다.[176]

그러나 국방부 전사편찬연구소가 발간한 『한국전쟁사(1)』는 여수에서의 민간인 희생을 '반란군에게 학살당한 양민 1,200여 명, 반란군에 부상한 양민 1,150여 명, 소실 및 파괴된 가옥 1,538동, 행방불명자 3,500여 명, 이재민 9,800여 명'으로 기록하고 있다.[177]

송효순의『붉은 대학살』은 순천에서 반란군에 의해 학살당한 양민이 1,134명, 행방불명자가 818명, 사살된 반란군 392명, 포로 1,512명이었다. 기타 지방에서 학살된 인명 피해는 광양 57명, 보성 80명, 구례 30명, 고흥 26명, 곡성 6명으로 기록하고 있다.

공산주의자들은 정권 장악이라는 목적을 모든 가치 판단의 기준으로 삼는다. 이 목적을 달성하는 데 도움이 되고 유익한 것은 그것이 아무리 극악무도한 폭력이나 인륜을 거스르는 살인 만행이라 해도 선(善)이라고 주장한다. 아무리 거짓말을 크게 하고 사실을 왜곡해도 그것이 자신들의 권력 장악에 도움이 되면 그 자체가 진리가 된다. 스탈린은 "프롤레타리아의 독재는 그 속에 반드시 폭력이란 개념을 포함하지 않으면 안 된다. 엄밀히 분석하면 폭력 없이는 독재는 존재할 수 없다"(『레닌주의의 여러 문제에 부쳐서』 중에서)고 강조했다.

반대로 자신들의 정권 장악에 도움이 안 되면 악(惡)으로 치부된다. '인민 해방'이라는 허울 좋은 선전 아래 인간적 상식이나 양심으로는 도저히 상상조차 하기 힘든 끔찍한 살인·방화·파괴 행위를 거리낌 없이 저지르는 이유가 바로 이것이다. 그들은 자본주의를 타도하고 자본가 계급을 없애기 위해 수단 방법을 가리지 않고, 모든 폭력적 수단을 다 동원하여 정권을 장악하려고 시도하는 것이다.

때문에 레닌은 "공산주의자는 법률 위반, 거짓말, 속임수, 사실 은폐 따위를 예사로 해치우지 않으면 안 된다"고 주장했고(『공산주의에 있어서의 좌익 소아병』 중에서), 「공산주의자의 신조」 제10항에는 "어떠한 행위도—예컨대 살인이나 양친에 대한 밀고라도—공산주의의 목적에 도움이 되면 정당화 된다"고 명문화해 놓고 있다. 인류를 무너뜨리라는 섬뜩한 지령을 하고 있는 것이다.

레닌의 볼셰비키 혁명에 의해 공산당이 정권을 장악한 이후 1918년 3월부터 그해 10월까지 8개월 사이에 공산당에게 죽음을 당한 자가 170만 명에 이르렀으며, 혁명 후 5년간에는 그 수가 2,000만 명에 달할 것으로 학자들은 추산한다. 1920년에는 내란과 테러에 겹쳐서 대흉년이 들었다. 소련의 공식 발표로 굶어 죽은 자가 500만 명에 이르렀다. 목조 가옥은 땔감용으로 파괴되어 주민들은 지하실에서 살아야 했고, 수십만 명의 부랑자는 떼를 지어 전국을 방랑했다. 스탈린의 공포 정치가 최고조에 달했던 1937~1938년에 처형된 사람의 수는 한 달 평균 약 4만 명 이상이었다.

이러한 대량 학살에는 억울한 죽임이 따르게 마련인데, 죄 없는 자에 대한 무차별 학살에 대한 항의의 소리가 높아지자 레닌은 이렇게 말했다.

"그런 항의는 뜻밖이다. 우리는 과오를 통해서 배운다."[178]

5부

축복으로 끝난 비극

1948년 8월 15일 대한민국이 건국되자 미군은 8월 15일부터 철수를 시작하여 12월 15일까지 완료할 예정이었다. 그러나 14연대 반란사건으로 1949년 6월 말까지로 철수 시한을 연기했다.

북한도 1948년 9월 9일 조선민주주의인민공화국 수립을 선언하면서 38선을 사이에 두고 남북한은 자기들이 한반도 유일의 합법정부라고 주장하는 상황이 됐다. 따라서 국제적 승인의 획득 여부가 정통성 확보와 국제무대에서의 생존을 위한 최우선 과제로 부상했다.

이승만 대통령은 대한민국 건국이 공표되기 나흘 전인 1948년 8월 11일, 유엔에서 대한민국의 승인을 받기 위해 장면을 수석대표로 하는 특별사절단을 제3차 유엔총회가 열리는 파리로 파견했다.

그리고 유엔에서 승인 외교를 벌이는 와중에 14연대 반란사건이 터졌다. 이런 국제 정세로 미루어 볼 때 14연대 반란은 대한민국의 유엔 승인을 방해하기 위한 공산주의자들의 고차원적 도발이었을 가능성도 배제할 수 없다.

당시 남한에서 미군이 철수하면 남한은 어떻게 되었을까를 예측한 두 사람이 있다. 좌파 학자로 분류되는 브루스 커밍스는 해방 후 미국과 소련이 한반도에서 손을 뗐더라면 좌익 세력이 신속하게 한반도를 장악했을 것이라고 분석했다. 즉 과거의 중국이나 현재의 베트남이 공산세계에 편입되었던 것과 비슷한 경로를 거쳐 한반도에 좌익 세력이 주도하는 민족주의 정권이 들어섰을 것이 분명하다는 주장이다.

미국의 정치학자 그렉 브라진스키도 브루스 커밍스와 같은 견해를 내놓고 있다. 그는 미국이 한반도에서 손을 떼었다면 한국이 공산화는 되었을지언정 분단되지는 않았을 것이며, 국제 공산주의 사회의 어딘가에 편입되었다가 1990년대 중반에 다른 공산주의 국가들처럼 자연스럽게 사회주의 경제 모델을 포기했을 것이라고 분석했다.[179]

이처럼 위태로운 상황에서 출범한 대한민국 정부의 정통성을 정면으로 부정한 사건이 바로 '여수·순천 10·19사건'으로 명칭이 바뀐

14연대 반란사건이다. 홍영기(순천대 사학과 교수)는 여순 사건이 일반의 관심은커녕 학계의 주목을 받지 못하는 이유는 체제를 부정하는 반란의 성격이 강한 까닭에 금단의 주제로서 망각되기를 강요당해 왔기 때문이라고 지적한다.[180]

14연대 소속 남로당 세포들의 반란으로 시작되어 다수의 병사들이 가담하고, 여수·순천 일대의 민간인이 합세한 14연대 반란사건은 "조선인민공화국을 보위하고 충성을 맹세"했으며, "이승만 분단정권의 분쇄를 위한 봉기"였으니 누가 무슨 말을 하든 대한민국을 반역한 명백한 반란이다.

지리산으로 도주한 반란자들은 이른바 '남부군'이 되어 투쟁을 하던 중 1951년 11월 3일 '려수병란 삼주년 기념좌담회'를 열었다. 이 좌담회에는 14연대 반란 사건에 참여한 경력이 있는 5명의 빨치산들이 참여했는데, 그들은 김일성과 북한에 대한 적극적 지지를 표명한 반면, 미국과 이승만 정권은 격렬히 비판했다.[181]

대한민국 국군이 창설된 것은 건국 2주 후인 1948년 9월 1일이다. 이날 조선경비대는 대한민국 육군으로, 조선해안경비대는 해군으로 전환되었다. 1949년 5월 5일 해군 내에 해병대를 설치했고, 같은 해 10월 1일 육군에 예속되어 있던 항공부대를 공군으로 독립시킴으로써 육·해·공군 3군 체제를 갖추게 되었다.

경찰을 온존시킨 이유

당시 이승만의 절체절명의 과제는 남한 내의 좌익 및 공산당들과 북한에서 남파된 게릴라들의 파상적인 대한민국 전복 활동으로부터 국가를 지켜내는 일이었다. 제헌국회 내의 진보 성향 의원들을 비롯한 이승만 반대세력들은 미군 철수 결의안을 제출하고, 1948년 9월 22일 반민족행위자 처벌법을 통과시켰다. 이 법에 의해 반민족행위를 한 자들을 체포 조사할 수 있도록 국회 내에 반민족행위특별조사위원회(반민특위)가 설치되었는데, 이는 국회가 사법권까지 보유함으로써 위헌 논란이 일었으나 이승만 대통령은 거부권을 행사하지 않았다.

당시 국내 정황은 1948년 4월 3일부터 제주도에서 발생한 좌익 폭동이 기승을 부리고 여수와 순천 일대에서 14연대가 반란을 일으켜 호남 지방 민심이 크게 흉흉해지고 있었다. 이 와중에 대구에 위치하고 있던 6연대마저 세 차례에 걸쳐 반란을 일으키는 등 안보 위기가 심각해진 상황이었다.

반민특위 소속 특별검찰이 1949년 6월 4일 경찰 간부 3명을 반민족행위자로 체포하자 해방 이래 3년간 치안을 유지하고 공산세력을 소탕하는 데 앞장서 온 경찰들은 강력 반발했다. 경찰은 6월 6일 반민특위 사무실을 습격하여 반민특위의 특별경찰대를 무장 해제시켰다.

같은 날 서울경찰청은 반민특위의 불법적 간섭으로 임무 수행이 불가능하여 서울지역 경찰관 9,000명 전원이 사퇴하겠다는 청원서를 이승만 대통령에게 제출했다. 이승만 대통령은 "현재 대한민국은 친일파 숙청보다는 공산세력의 진압이 시급하며, 공산세력을 먼저 진압하지 않으면 대한민국이 망한다"고 경찰들을 설득했다. 그리고 1949년 9월 23일 반민특위법을 개정하여 반민특위를 해체했다.

이러한 역사적 사실의 진행 상황으로 볼 때 반민특위 해체의 진짜 이유는 친일 청산을 통한 민족정기 회복보다 더 시급한 과제가 남로당 및 좌익들의 반란과 북한의 거듭된 남침 도발에 맞서 국가 안보를 지켜내는 것이 우선일 수밖에 없는 시대 상황 때문이다.

건국 당시부터 대한민국은 생존을 위협받는 심각한 안보 및 치안 위기 상태의 연속이었다. 각지에서 준동하는 빨치산과 좌익분자들의 폭동과 파괴행위는 신생 국가의 생존을 위협했다.

임동원의 연구에 의하면 1948년 2월부터 1950년 4월까지 남로당의 폭력투쟁으로 인한 피해는 사망 3만 6,000명, 부상 1만 1,000명, 가옥 손실 5만 호와 이로 인한 피해자가 31만여 명에 달했다.[182] 해방 후 한국의 상황을 연구한 브루스 커밍스는 빨치산 투쟁이 절정에 달했던 1949년 10월 무렵 빨치산 규모는 8만 9,900여 명, 빨치산의 출몰 횟수는 1,330회나 되었다고 추산했다. 14연대 반란사건이 발생한 1948년 10월부터 1949년 8월 사이에 전개된 빨치산 토벌작전에서 빨치산 9,500여 명이 사살, 부상 또는 생포되었다.

박헌영은 남로당 총책 김삼룡에게 "남조선 전 당원을 동원해 4월에 봉기하여 서울을 불바다로 만들어 남조선을 해방하고, 1949년 9월 20일 조선인민공화국 총선을 실시할 것이다. 서울시 책임은 홍민표에게 맡겨 총궐기하라"고 지령을 내렸다. 이에 김삼룡은 홍민표에게 "수류탄 1만 개를 만들어 6만 당원을 동원하여 4월에 서울시를 불바다로 만들라"는 박헌영의 지령을 전달했다.

남로당 서울시당은 1949년 2월 선반 시설이 있는 공작소를 매수하여 폭동에 필요한 수류탄을 만들기 시작했다. 제1차로 250개, 제2차로 6,000개의 수류탄을 9월 19일까지 만들 계획 아래 다이너마이트 40개, 앰플 400개(앰플은 유리관에 비산과 염산을 넣어 얼굴에 던지는 데 쓰였다) 등과 함께 4만여 원의 자금이 지급되었다.[183]

거물 간첩 성시백의 역할

무장 폭동이 계속 지연되자 김삼룡은 홍민표를 평양으로 소환하려

했다. 평양에 가면 죽을 것이 뻔하게 된 홍민표는 의도적으로 체포
되어 남로당 핵심간부 16명을 전향시켰다. 정부는 이때 귀순한 홍
민표 이하 남로당 핵심 간부들을 '홍민표 반'으로 만들어 남로당 잔
당 숙청작전에 돌입했다.[184] 정부는 1949년 10월 25일부터 30일까
지를 좌익분자 자수 기간으로 설정했고, 자수 기간을 11월 30일까
지 연장했다.

그 결과 전국에서 33만 명이 자수했고, 1950년 3월 1일에는 남로
당 특별공작원 196명이 경찰 당국에 체포됐다. 3월 17일에는 남로
당 서울지도부를 이끌던 김삼룡과 이주하가 체포되면서 남로당은
결정적 타격을 받았다. 김삼룡의 아지트는 효제동, 이태원, 공덕동
등 7곳이었다. 그는 농부 모자를 쓰고 가짜 수염을 붙여 변장하고 자
전거를 타고 다녔다.

남로당원 33만 명의 자수는 "6·25 남침이 일어나면 남로당원
20만 명이 폭동을 일으킬 것"이라는 박헌영의 호언장담을 수포로 돌
아가도록 하는 결정적 역할을 했다. 1949년 7월, 남로당 지하조직을
총지도하고 있던 서울 지도부는 각 지방 당에 다음과 같은 지시를
내렸다.

'결정적 시기가 불원간 도래한다. 결정적 시기를 맞이하기 위하여
각 지방 당은 정권 접수를 위한 준비를 하라. 또한 인민군이 진격하

게 되므로 각 도당은 해방지구를 1, 2개 확보하라. 모든 당 조직은 군사조직으로 개편하고 결정적 투쟁을 전개하라. 돈 있는 사람은 돈을 바치고 집 있는 사람은 집을 바쳐서 무기를 준비하라.'[185]

해방공간에서 남쪽에서 암약했던 수많은 북한 공작원들이 있었는데, 그중에서도 가장 눈여겨봐야 할 인물이 김일성이 직접 남파한 성시백이다[186]. '남반부 정치위원회 총책'이었던 성시백은 박헌영이 조직한 남로당과는 달리 김일성이 직접 남한에 침투시킨 거물 간첩이었다. 김일성은 남한의 남로당을 감시하고 남한 내에 김일성 직속 조직을 만들기 위해 1947년 5월 성시백을 남파한 것이다.

1905년 황해도 평산에서 태어나 서울 중동학교, 일본 주오대 법학과에 유학한 성시백은 일본 유학시절 공산주의의 세례를 받았다. 25세 때 중국 상하이(上海)로 건너가 중국 공산당에 입당한 그는 정향백, 혹은 정백이란 가명으로 장제스 군대에 침투하여 중령까지 진급하여 장제스 군대의 비밀을 빼내 중국 공산당에 제공하는 프락치 역할을 수행했다. 이때 충칭(重慶)의 임시정부 요원들과 가까이 지내는 관계가 되었다.

해방 후 북한에서 조선공산당 북조선분국의 사회부(이후 통일전선부로 개칭) 부부장을 지낸 성시백은 1947년 5월 김일성으로부터 특수 공작임무를 부여받고 거액의 공작금을 받아 서울로 잠입했다. 그에게 부여된 임무는 '남한에 북로당 남조선특별정치위원회'를 구축하여 고도의 공작을 펼치는 것이었다.

성시백은 북에서 제공받은 자금으로 「조선중앙일보」, 「광명일보」 등 10개의 신문사를 인수하여 직접 운영하면서 1948년 5·10 선거 때는 막대한 자금을 풀어 국회의원 후보들을 매수했다. 제헌국회의원 당선자 198명 중 성시백으로부터 물질적 후원을 받은 사람이 62명이나 될 정도였다. 그는 5·10 선거를 이용하여 국회의원을 매수하는 등 수단 방법을 가리지 않고 좌익 네트워크를 강화해 나갔다.

성시백은 김일성의 특사로 김구에게 파견되어 남북연석회의에 김구를 참석시키는 공작을 성공시킴으로써 김일성으로부터 두터운 신임을 받았다. 그는 1950년 5월 15일 체포되었는데, 6·25 발발 후 서울이 함락되기 직전인 6월 27일 육군형무소에서 간첩죄로 처형되었다. 그가 1947~1950년 기간 중 남한에서 진행한 고도의 공작은 북한 「로동신문」(1997년 5월 26일) 2면에 게재된 '민족의 령수를 받들어 용감하게 싸운 통일혁명렬사'라는 제목의 특집 보도를 통해 그 일면을 엿볼 수 있다.

'그는 괴뢰(남한) 국방부부터 사령부, 헌병대, 육군 정보국에 이르기까지 조직선을 늘리고 적군 와해공작을 벌였다. 괴뢰 정부, 경찰, 정보, 남조선 미군부대와 장개석의 영사관까지 정보 조직선을 그물

처럼 펴놓았다.'

입법·사법·행정부에
북한 간첩 대대적으로 침투

1949년 국회의원 10여 명을 매수하여 유엔한국위원단에 외국군 철퇴와 군사고문단 설치에 반대하는 진언서를 제출한 프락치 사건을 일으킨 배후조종 인물이 성시백이고, 1949년 8월 이승만과 장제스의 진해 비밀회담 내용도 이 회담 통역을 맡았던 주중 한국내사관의 김석민을 통해 빼돌려 북에 보고했다. 또 주한 미국대사관 직원이던 김우식을 통해 미국 정부의 훈령과 기밀문서를 빼내 김일성에게 보냈다.

「로동신문」 보도에 의하면 "성시백은 적들이 북침을 개시하면 우리 인민군대가 즉시 반격으로 남진의 길에 오를 수 있다는 것을 예견하여 적 후방을 교란하기 위한 '적구(敵區)공작'에도 힘을 넣었다"고 보도했는데, 국군 내에 대규모 좌익세력이 형성된 것도 성시백의 역할이었다.

오제도 검사가 체포된 남로당 주요 간부 홍민표의 협조를 얻어 성시백의 자택에서 찾아낸 비밀문서를 통해 성시백과 접선한 국군

2사단 정보참모 김 모 소령을 체포했고, 1949년 춘천 주둔 제8연대 2개 대대(표무원·강태무 지휘)의 월북 사건도 성시백의 공작에 의한 것이었다. 또 이승만 대통령과 육군 수뇌부만 아는 1949년 5월 38선 최전방 국군 배치도를 빼내 북으로 보냈다.

북한의 「로동신문」은 "만약 성시백이 체포되지 않았다면 한국의 역사가 달라졌을 것"이라고 주장한다. 이처럼 최고 거물 간첩이었던 성시백 사건은 연루자가 112명이나 되었는데, 그가 검거된 지 40일 후 6·25가 터지는 바람에 수사가 중단되었고, 연루자들도 대부분 재판을 받지 않은 상황에서 탈옥, 월북하는 바람에 구체적인 전모가 드러나지 않았다. 그 결과 성시백이 진행한 '적구(敵區)공작'의 대상에 누가 포함되었으며, 국군 와해공작의 대상이 누구였는지 아직까지 그 전모가 밝혀지지 않고 있다.

당시 반공 검사였던 선우종원의 증언에 의하면 공산당은 사법기관, 행정부 등 대한민국의 3권에 완벽하게 침투해 있었다고 한다. 치안국 경무국장 김정제가 북한 간첩이었을 정도다. 이처럼 살벌했던 남과 북의 저강도 전쟁이 벌어지고 있는 엄중한 시기에 친일 경력의 군인이나 친일 경찰의 체포나 청산보다 더 시급하고 절실한 과제는 공산 세력의 전복 활동으로부터 국가를 지켜내는 일이었다.

특히 반민특위 활동 기간은 14연대 반란사건과 겹치는 시기였다.

당시 이승만 정부는 국가보안법을 제정하여 군대 등 사회 각계각층에 침투해 있던 공산분자들을 색출하는 데 총력을 기울이고 있었다. 신생 대한민국 정부는 일제시절 군 경력자나 경찰 경력자를 모두 제거하고 새로운 사람을 선발·훈련시켜 배치할 만한 시간적 재정적 여유가 없었다.

이승만 대통령은 군대와 경찰을 무장하고 훈련시키는 데 필요한 새원 마련을 위해 화폐를 발행하려 했지만, 미 원조 당국의 인플레 억제 방침에 의해 좌절되었다. 이런 상황에서 군대와 경찰에서 일제 경력자를 모두 제거했더라면 군대와 경찰이 무력화되고 반공태세가 와해되어 대한민국의 생존 자체가 불가능했을지도 모른다.[187]

친일파 청산이 중요한 과제였던 것은 사실이지만, 공산세력과 국운을 건 싸움을 하고 있는 최악의 혼란기에 일제 출신 군인과 경찰관을 척결했어야 마땅하다는 주장은 치안과 안보를 총체적으로 취약하게 만듦으로써 남한이 공산화되건 말건 상관없다는 주장으로 오해될 가능성도 없지 않다.

대한민국 지키기가 급선무였다

좌파 연구자들은 건국 직후의 그 혼란스러운 상황에서조차 "완전한 민주주의를 했어야 하는데 이승만은 그렇지 못했다"고 주장한다. 알렉산더 솔제니친은 좌파들의 비현실적인 주의·주장에 대해 이렇게 반박한다.

"세계에서 전체주의와 대치하여 방어의 제1선에 있는 어느 나라가 완전한 민주주의를 유지할 수 있을 것인가? 여러분은, 미국은 할 수 있단 말인가? 세계의 민주국가들 예컨대 미국, 영국, 캐나다, 오스트레일리아를 통합하더라도 그렇게는 할 수 없을 것이다."[188]

이승만 정부는 공산세력의 정부 전복활동에 대처하기 위해 1949년도 예산의 60퍼센트 정도를 국방비와 치안유지비에 투입하는 등 가능한 모든 수단을 다 동원했다.[189] 신생국가의 공산화를 막고 국가 생존을 위해 수단 방법 가리지 않고 합법·비합법 투쟁을 무시로 일삼는 공산 빨치산과 투쟁하는 극한 상황에서 민주적이고 합리적인 방식만으로는 한계가 있을 수밖에 없었다. 이 과정에서 억울한 희생자들도 적지 않았을 것이다.

그러기에 건국과 같은 혼란기에는 '부당한 행위'가 있더라도 그것을 비난할 수 없다고 말한 사람이 마키아벨리다. 마키아벨리는 건국의 시기에는 여우와 사자의 기질을 겸비한 교활하면서도 잔인한 지도자가 필요하다고 역설했다.[190]

1949년 정부가 국가운영을 위해 처음으로 세금을 거둔 액수는 계획된 예산의 5퍼센트에 불과했다. 때문에 몇 차례 경정예산을 편성했음에도 불구하고 그 해 거둔 세금은 예산의 15퍼센트에 불과했다. 인력과 예산 부족이란 한계, '나라의 주인'이 된 국민의 절대다수는 절대빈곤과 문맹 상태였다. 정치세력 중에는 민주주의가 무엇인지조차 몰라 이를 실천할 수 있는 세력이 존재하지 않았다.

당시 이승만 정부가 만난(萬難)을 무릅쓰고 공산세력의 발호와 도전에 단호하게 응전하지 않았다면 오늘날 대한민국은 존재하지 않았을 것이다. 국가를 살려내기 위한 내전 상황에서 일부 주민들의 억울한 피해가 발생했다고 해서 그 자체를 침소봉대하고 확대 과장하여 대한민국 건국의 정당성을 부정하고, 정당한 토벌행위를 악으로 몰아가는 행위가 공공연하게 자행되고 있는 것이 작금의 현실이다.

좌파 연구자들의 저작이나 논문들은 국군 14연대의 군사반란을 '봉기군'으로 서술하여 정당성을 부여하면서 군경의 진압의 불가피성이나 필요성은 배제한 채, 그리고 건국 초기 2개월 밖에 안 된 신생국의 총체적 어려운 점은 외면한 채 오직 현재적 관점과 민주적 척도에서 진압군의 무자비한 '양민학살'에만 강조점을 두는 편향적 태도를 견지하고 있다.[191]

대한민국은 2차 세계대전 후 세계가 미국과 소련이라는 국가를 중심으로 한 냉전 체제 하에서 분단국가로 수립된 한계를 가지고 있었다. 북쪽의 공산정권은 남쪽에서 자신들을 추종하는 남로당 및 좌익세력과 연대하여 내부 균열을 통해 남한 정부를 붕괴시키고 공산통일정부를 수립하고자 집요하게 공격을 가했다. 이러한 시도가 이승만 정부의 강력한 반공정책으로 인해 실패하자 1950년 6월 25일, 소련과 중공의 힘을 빌려 직접 남한을 무력 침략하여 '국토완정'을 달성하고자 했다.

외부의 적보다 내부의 적이 더 위험

14연대 반란사건 참여자들은 대한민국의 국민되기를 거부하고 조선인민공화국에 충성하며, 무상몰수·무상분배에 의한 토지개혁을 주장하고 나섰다. 대한민국 영토 내에서 대한민국 법령을 인정하지 않고, 정권을 부정했으며, 공산주의를 해야 한다고 무장 반란을 일으킨 사건이었으니 이승만 정부에겐 '내부의 적'이 누구인지를 분명하게 인식시키는 계기가 되었다.

독일의 법학자 칼 슈미트는 정치의 핵심은 적군과 아군을 구별하는 것이라고 설파했다. 14연대 반란사건을 계기로 '외부의 적'보다 더 위험한 존재가 '내부의 적'이란 사실도 확실하고 분명하게 밝혀졌다. 신생 대한민국은 죽느냐 사느냐의 갈림길에서 생존을 위해 공산세력과 처절한 전쟁을 벌여야 했다.

자신들의 체제를 부정하고 적의 승리를 돕는 내부의 적을 "같은 민족이니까" 하며 구경만 할 정신 나간 정부는 이 세상에 존재하지 않는다. 적을 먼저 타도하지 못하면 내가 타도 당하는 것이 전쟁터의 살벌한 교훈이다.

중국의 국공내전 과정에서 장제스의 국부군 군대가 마오쩌둥의 군대에 쉽게 무너진 가장 큰 원인은 군 내부에 침투한 공산당의 책동 때문이었다. 미국이 제공한 최신 무기와 장비로 무장한 장제스의 국부군은 내부에 공산당이 대대적으로 침투하여 사기를 저하시키고, 인민해방군을 만나면 싸우지도 않고 미국이 제공한 무기와 장비를 가지고 집단 투항한 사례가 비일비재했다.

14연대 반란은 비극으로 점철된 사건이었지만, 한편에선 새옹지마(塞翁之馬)의 계기였다. 이 사건을 계기로 숙군작업을 통해 군부에 침투한 붉은 세력을 거의 대부분 제거함으로써 대한민국 국군은 6·25 남침을 당했을 때 와해되지 않고 용맹하게 싸워 이 나라를 구해냈다. 이런 차원에서 볼 때 14연대 반란사건은 존 메릴이 말한 것처럼 '축복으로 끝난 비극'이었다.

참고문헌

단행본

공보처, 『대통령 이승만 박사 담화집(1~3)』

국방부 전사편찬위원회, 『한국전쟁사(1~2)』 국방부, 1967

국회사무처, 『여수반란사건 자료집(I)』 선인, 2001

그레고리 핸더슨 지음, 박행웅·이종삼 역, 『소용돌이의 한국정치』 한울, 2000

그렉 브라진스키 지음, 나종남 옮김, 『대한민국 만들기 1945~1987』 책과 함께, 2012

김남식, 『남로당 연구』 돌베개, 1984

김득중, 『빨갱이의 탄생-여·순사건과 반공국가의 탄생』 선인, 2015

김득중, 국립순천대 지리산권문화연구원 여순연구센터, 『여·순사건 자료집(Ⅱ)』 도서출
　　판 선인, 2015

김원, 『젊은 대한민국사 위기』 백년동안, 2015

김점곤, 『한국전쟁과 노동당 전략』 박영사, 1973

김정렬, 『항공의 경종』 도서출판 대회, 2010

김충남, 『당신이 알아야 할 한국현대사』 기파랑, 2016

김학민·이창훈 저, 『박정희 장군, 나를 꼭 죽여야겠소-한국 현대사의 미스터리 황태성 사
　　건의 전모』 푸른역사, 2015

남정옥, 『백선엽』 백년동안, 2015

니콜로 마키아벨리 지음, 강정인·안선재 옮김, 『로마사 논고』 한길사, 2003

류형석, 『삼팔선(1~4)』 삶과 꿈, 2016

리영희, 『역정-나의 청년시대』 창작과 비평사, 1989

민주주의민족전선, 『조선 해방 일년사』 문우인서관, 1946

박갑동, 『박헌영-그 일대기를 통한 현대사의 재조명』 도서출판 인간사, 1983

박갑동, 『통곡의 언덕에서』 서당, 1991

박명수, 『건국투쟁-민주공화국인가, 인민공화국인가?』 백년동안, 2015

박병엽 구술, 유영구·정창현 엮음, 『조선민주주의인민공화국의 탄생-전 노동당 고위간부
　가 겪은 건국 비화』 선인출판사, 2014

박윤식, 『제주 4·3 폭동』 도서출판 휘선, 2011

백선엽, 『군과 나』 시대정신, 2010

백선엽, 『실록 지리산』 고려원, 1992

브루스 커밍스 지음·김자동 옮김, 『한국전쟁의 기원』 일월서각, 1993

선우종원, 『격랑 80년-선우종원 회고록』 인물연구소, 1998

선우종원, 『나의 조국 대한민국』 BGI출판사, 2010

손진, 『서북청년회가 겪은 건국과 6·25』 건국이념보급회 출판부, 2014

송건호·진덕규 외 지음, 『해방전후사의 인식(1~6)』 한길사, 1989

송효순, 『붉은 대학살』 갑자문화사, 1979

순천시사편찬위원회, 『순천시사(市史)』 1997

스칼라피노·이정식 공저, 한홍구 옮김, 『한국 공산주의 운동사(1~3)』 돌베개, 1986

유영익 편, 『이승만 대통령 재평가』 연세대학교 출판부, 2007

윤원구, 『공산주의의 본질』 건국이념보급회 출판부, 2014

이만규, 『여운형선생 투쟁사』 민주문화사, 1946

이범석 장군 기념사업회 편, 『철기 이범석 평전』 삼육출판사, 1992

이인호·김영호·강규형 편, 『대한민국 건국의 재인식』 기파랑, 2009

이정식 지음·허동현 엮음, 『21세기에 다시 보는 해방 후사』 경희대 출판문화원, 2012

이정식, 『대한민국의 기원』 일조각, 2011

이주영, 『서북청년회』 백년동안, 2015

이철승, 『대한민국과 나·이철승의 현대사 증언(1·2)』 시그마북스, 2011

이한림, 『세기의 격랑』 팔복원, 2005

임동원, 『혁명전쟁과 대공전략: 게릴라전을 중심으로』 탐구당, 1967

장준익, 『북한인민군대사』 서문당, 1991

전현수, 『쉬띄꼬프 일기 1946~1948』 국사편찬위원회, 2004

존 메릴 지음, 이종찬·김충남 공역, 『한국전쟁의 기원과 진실』 두산동아, 2004

주철희, 『불량국민들』 북랩, 2013

중앙일보 현대사연구팀, 『발굴 자료로 쓴 한국현대사』 중앙일보사, 1996

한재덕, 『김일성을 고발한다』 내외문화사, 1965

현길언, 『섬의 반란, 1948년 4월 3일』 백년동안, 2015

잡지 및 논문

김계유, 「1948년 여순봉기」 『역사비평』 1991년 겨울호

김용직, 「자유민주주의와 방어적 국가형성」 『한국정치외교사논총』 제35집 2호, 2014

남원진, 「역사를 문학으로 번역하기 그리고 반공 내셔널리즘」 『상허학보』(21권), 2007

반충남, 「14연대 반란과 송욱 교장」 「월간 말」 1993년 6월호

신평길, 「남로당과 여순반란사건」 『북한』 1994년 9월호

유관종, 「여수 제14연대 반란사건(상)」 『현대공론』 1989년 2월호

이영일, 「여·순사건, 국가 폭력의 위법성과 진상규명의 방향」 『지역과 전망』(14권), 2005

이주천, 「여순 10·19사건과 수정주의 해석의 재검토」 제56회 이승만 포럼 발표 논문
    (2015년 10월 15일)

주

1. 윤원구, 『공산주의의 본질』 건국이
   념보급회 출판부, 2014, 57쪽.
2. 윤원구, 앞의 책, 59쪽.
3. 윤원구, 앞의 책, 61쪽.
4. 윤원구, 앞의 책, 219쪽.
5. 윤원구, 앞의 책, 22쪽.
6. 윤원구, 앞의 책, 295쪽.
7. 이주영, 『서북청년회』, 백년동안,
   2015, 54~55쪽.
8. 이주영, 앞의 책, 62쪽.
9. 「매일신보」 1945년 8월 17일.
10. 이만규, 『여운형선생 투쟁사』 민주
    문화사, 1946, 191쪽.
11. 민주주의민족전선, 『조선 해방 일년
    사』 문우인서관, 1946, 80~81쪽.
12. 그레고리 핸더슨 지음, 박행웅·이
    종삼 역, 『소용돌이의 한국정치』 한
    울, 2000, 229쪽.
13. 박명수, 『건국투쟁-민주공화국인
    가, 인민공화국인가?』, 백년동안,
    2015, 17쪽.

14. 김세중, 「군 통수권자로서의 이승
    만 대통령」 유영익 편, 『이승만 대
    통령 재평가』 연세대학교 출판부,
    2007, 243쪽.
15. 선우종원, 『격랑 80년-선우종원 회
    고록』 인물연구소, 1998, 93쪽.
16. 이주영, 앞의 책, 40쪽.
17. 선우종원, 앞의 책, 94쪽.
18. 정식 명칭은 '국민혁명군 제8로군'
    이며, 1927년 난창(南昌) 폭동 때
    는 홍군(紅軍)으로 불렸다. 제2차
    국공합작 후 국민혁명군 제8로군
    으로 개칭하고 신4군(新四軍)과 함
    께 항일전의 최전선을 담당했다.
    1947년에 인민해방군으로 명칭을
    바꾸었다.
19. 이정식 지음·허동현 엮음, 『21세기
    에 다시 보는 해방 후사』 경희대 출
    판문화원, 2012, 59쪽.
20. 스칼라피노·이정식 공저, 한홍구 옮
    김, 『한국 공산주의 운동사(2)』 돌
    베개, 1986, 385~386쪽.
21. 김학민·이창훈 저, 『박정희 장군, 나
    를 꼭 죽여야겠소-한국 현대사의
    미스터리 황태성 사건의 전모』 푸

른역사, 2015, 120쪽.

22. 박갑동, 『박헌영-그 일대기를 통한 현대사의 재조명』, 도서출판 인간사, 1983, 152쪽.

23. 이철승, 『대한민국과 나-이철승의 현대사 증언(1)』, 시그마북스, 2011, 152쪽.

24. 박윤식, 『제주 4·3 폭동』, 도서출판 휘선, 2011, 53~54쪽.

25. 브루스 커밍스 지음·김자동 옮김, 『한국전쟁의 기원』, 일월서각, 1993, 445쪽.

26. 박갑동, 앞의 책, 154쪽.

27. 경찰관 살해 관련 내용은 류형석, 『삼팔선(제3권)』, 삶과 꿈, 2016, 164~172쪽 참조.

28. 송효순, 『붉은 대학살』, 갑자문화사, 1979, 72~87쪽.

29. 윤원구, 앞의 책, 142~146쪽 참조.

30. 김남식, 『남로당 연구』, 돌베개, 1984, 243쪽.

31. 박갑동, 앞의 책, 156쪽.

32. 존 메릴 지음, 이종찬·김충남 공역, 『한국전쟁의 기원과 진실』, 두산동아, 2004, 54쪽

33. 박갑동, 앞의 책, 156쪽.

34. 전현수, 『쉬띄꼬프 일기 1946~1948』, 국사편찬위원회, 2004, 22~23쪽.

35. 중앙일보 현대사연구팀, 『발굴 자료로 쓴 한국현대사』, 중앙일보사, 1996, 236~237, 242쪽.

36. 전현수, 앞의 책, 24쪽.

37. 조선공산당의 미숙성 관련 내용은 이정식, 『대한민국의 기원』 일조각, 2011, 113~116쪽 참조.

38. 김점곤, 『한국전쟁과 노동당 전략』, 박영사, 1973, 72쪽.

39. 박갑동, 앞의 책, 157쪽.

40. 박갑동, 앞의 책, 157쪽.

41. 전현수, 앞의 책, 29쪽.

42. 전현수, 앞의 책, 43쪽.

43. 박갑동, 앞의 책, 194쪽.

44. 박갑동, 앞의 책, 195쪽.

45. 한재덕, 『김일성을 고발한다』, 내외문화사, 1965, 119쪽.

46. 이정식, 앞의 책, 359쪽.

47. 이정식, 앞의 책, 163쪽.

48. 존 메릴 지음, 이종찬·김충남 공역, 앞의 책, 56쪽.

49. 김점곤, 앞의 책, 79~80쪽.

50. 김점곤, 앞의 책, 81~82쪽.

51. 이정식, 앞의 책, 172~173쪽.

52. 박홍순, 「대한민국 건국과 유엔의 역할」, 이인호·김영호·강규형 편, 『대한민국 건국의 재인식』 기파랑, 2009, 108쪽.

53. 장준익, 『북한인민군대사』 서문당, 1991, 19쪽.

54. 장준익, 앞의 책, 77~78쪽.

55. 장준익, 앞의 책, 78쪽.

56. 박윤식, 앞의 책, 19쪽.

57. 김점곤, 앞의 책, 186~187쪽.

58. 김학민·이창훈 저, 『박정희 장군, 나를 꼭 죽여야겠소-한국 현대사의 미스터리 황태성 사건의 전모』 푸른역사, 2015, 124쪽.

59. 전쟁기념사업회, 『한국전쟁사(제2권)』, 259~260쪽.

60. 김점곤, 앞의 책, 183쪽.

61. 전쟁기념사업회, 앞의 책, 258쪽.

62. 김점곤, 앞의 책, 211쪽.

63. 스칼라피노·이정식 공저, 한홍구 옮김, 앞의 책, 390쪽.

64. 존 메릴 지음, 이종찬·김충남 공역, 앞의 책, 63쪽.

65. 존 메릴 지음, 이종찬·김충남 공역, 앞의 책, 75쪽.

66. 존 메릴 지음, 이종찬·김충남 공역, 앞의 책, 94~95쪽.

67. 박갑동, 앞의 책, 198쪽.

68. 제주 4·3사태 관련 내용은 존 메릴 지음, 이종찬·김충남 공역, 앞의 책, 64~69쪽 참조.

69. 김점곤, 앞의 책, 145쪽.

70. 현길언, 『섬의 반란, 1948년 4월 3일』, 백년동안, 2015, 45쪽.

71. 문청송, 『한라산은 알고 있다. 묻혀진 4·3의 진상』 17쪽. 현길언, 앞의 책, 38~39쪽에서 재인용.

72. 아라리연구회 편, 『제주민중항쟁』, 소나무, 1988, 408~413쪽. 현길언, 앞의 책, 45쪽에서 재인용.

73. 존 메릴 지음, 이종찬·김충남 공역, 앞의 책, 111쪽.

74. 존 메릴 지음, 이종찬·김충남 공역, 앞의 책, 112쪽.

75. 송효순, 앞의 책, 101쪽.

76. 제주도 진압작전 관련 부분은 존 메릴 지음, 이종찬·김충남 공역, 앞

의 책 101~102쪽 참조.

77. 제주도에서 빨치산들의 만행은 류
형석, 앞의 책, 204~205쪽 참조.

78. 박병엽 구술, 유영구·정창현 엮음,
『조선민주주의인민공화국의 탄생-
전 노동당 고위간부가 겪은 건국
비화』 선인출판사, 2014, 294쪽.

79. 존 메릴 지음, 이종찬·김충남 공역,
앞의 책, 108~109쪽.

80. 이한림, 『세기의 격랑』, 팔복원,
2005, 91~92쪽.

81. 김남식, 앞의 책, 380~381쪽.

82. 유관종, 「여수 제14연대 반란사건
(상)」, 『현대공론』, 1989년 2월호,
432~433쪽.

83. 이범석 장군 기념사업회 편, 『철기
이범석 평전』 삼육출판사, 1992,
106~107쪽.

84. 일부 자료에는 이재복이 도지샤(同
志社)대학 신학부 출신이라고 기록
되어 있다. 김학민·이창훈, 『박정희
장군, 나를 꼭 죽여야겠소』 푸른역
사, 2015, 158쪽 참조.

85. 김학민·이창훈, 앞의 책, 158~159쪽.

86. 조 동무는 전남도당의 방침을 교육

하고 지시하며 연대 상황을 보고하
는 일을 맡았는데, 키가 컸다고 한
다. 김남식은 그의 본명을 박태남
이라고 밝혔다.

87. 김득중, 『빨갱이의 탄생-여·순사건
과 반공국가의 탄생』 선인, 2015,
73쪽.

88. 김점곤, 앞의 책, 105쪽.

89. 박갑동, 앞의 책, 212쪽.

90. 박갑동, 앞의 책, 214쪽.

91. 박갑동, 『통곡의 언덕에서』 서당,
1991, 285쪽.

92. 김남식, 앞의 책, 388쪽.

93. 김득중, 앞의 책, 89쪽.

94. 신평길, 「남로당과 여순반란사건」
『북한』 1994년 9월호, 104~105쪽.

95. 이주천, 「여순 10·19사건과 수정
주의 해석의 재검토」 제56회 이승
만 포럼 발표 논문(2015년 10월 15
일).

96. 김점곤, 앞의 책, 197쪽.

97. 박갑동, 앞의 책, 196쪽.

98. 류형석, 『삼팔선(재3권)』 삶과 꿈,
2016, 14쪽.

99. 송효순, 앞의 책, 104쪽.

100. 김점곤, 앞의 책, 191~192쪽.

101. 김득중, 앞의 책, 219~220쪽.

102. 김계유, 「1948년 여순봉기」, 『역사
비평』, 1991년 겨울호, 262쪽.

103. 김득중, 앞의 책, 170쪽.

104. 이주천, 앞의 논문.

105. 주철희, 『불량국민들』, 북랩, 2013,
190쪽.

106. 여러 지료에는 김영준이 처형된 것
으로 나오는데 김득중은 '김영준이
한민당 위원장이었음에도 불구하
고 사형을 모면했다'고 기술하고 있
다. 김득중, 앞의 책, 151쪽.

107. 「여수반란사건에 관한 보고」, 제1회
국회속기록 제97호, 국회사무처(단
기 4281년 11월 6일), 『여수반란사
건 자료집(Ⅰ)』, 선인, 2001, 242쪽.

108. 김계유, 앞의 자료, 277~279쪽.

109. 주철희, 앞의 책, 232쪽.

110. 반충남, 「14연대 반란과 송욱 교
장」, 「월간 말」, 1993년 6월호.

111. 백선엽, 『실록 지리산』, 고려원,
1992, 168쪽.

112. 김득중, 앞의 책, 162쪽.

113. 백선엽, 앞의 책, 169쪽.

114. 김계유, 앞의 자료, 268쪽.

115. 공보처, 대통령 이승만 박사 담화
집(1) 14~17쪽.

116. 윤기남, 「내가 겪은 여·순사건(1)」,
순천시사편찬위원회, 『순천시사(市
史)』, 1997, 814쪽.

117. 남정옥, 『백선엽』, 백년동안, 2015,
67~68쪽.

118. 송효순, 앞의 책, 157~158쪽.

119. 김득중, 앞의 책, 258~259쪽.

120. 林英樹, 「內側から見た朝鮮戰爭」,
民族問題研究會 編, 『朝鮮戰爭史』,
コリア評論社, 1967, 16~17쪽. 김
득중, 앞의 책, 241쪽에서 재인용.

121. 국방부 전사편찬위원회, 앞의 책,
567~568쪽.

122. 공보처, 『대통령 이승만 박사 담화
집(1)』, 14~17쪽.

123. 부역자 색출 관련 내용은 황남준,
「전남지방정치와 여·순사건」, 『해방
전후사의 인식(3)』, 한길사, 1989,
470~471쪽 참조.

124. 「서울신문」 2016년 4월 3일.

125. 존 메릴 지음, 이종찬·김충남 공역,
앞의 책, 145쪽.

126. 김득중, 앞의 책, 41쪽.

127. 이주천, 앞의 논문.

128. 김득중, 앞의 책, 150쪽.

129. 김득중, 앞의 책, 150쪽.

130. 존 메릴 지음, 이종찬·김충남 공역, 앞의 책, 146쪽.

131. 김득중, 국립순천대 지리산권문화연구원 여순연구센터, 『여·순사건 자료집(Ⅱ)』 도서출판 선인, 2015, 37쪽.

132. 김득중, 앞의 책, 353쪽.

133. 「서울신문」 1948년 10월 31일.

134. 황남준, 「전남지방정치와 여·순사건」 『해방전후사의 인식(3)』 한길사, 1989, 461

135. 「호남신문」 1948년 10월 29일자.

136. 황남준, 「전남지방정치와 여·순사건」 앞의 책, 467쪽.

137. 김남식, 앞의 책, 383~385쪽.

138. 박윤식, 앞의 책, 85족.

139. 존 메릴 지음, 이종찬·김충남 공역, 앞의 책, 158쪽.

140. 「반란지구 시찰보고」 제2회 국회정기회의 속기록 제28호, 국회사무처(단기 4282년 2월 10일), 『여·순사건 자료집(Ⅰ), 선인, 2001, 516쪽.

141. 「반란지구 시찰보고」 제2회 국회정기회의 속기록 제28호, 국회사무처(단기 4282년 2월 10일), 앞의 책, 517쪽.

142. 국방부 전사편찬위원회, 『한국전쟁사(1)』 481~482쪽.

143. 장준익, 앞의 책, 189쪽.

144. 이기봉, 앞의 책, 467~469쪽.

145. 박윤식, 앞의 책, 174~177쪽 참조.

146. 김용직, 「자유민주주의와 방어적 국가형성」 『한국정치외교사논총』 제35집 2호, 2014, 29쪽.

147. 손진, 『서북청년회가 겪은 건국과 6·25』 건국이념보급회 출판부, 2014, 7쪽.

148. 김충남, 『당신이 알아야 할 한국현대사』 기파랑, 2016, 121쪽.

149. 박윤식, 앞의 책, 100쪽.

150. 김득중, 앞의 책, 528쪽.

151. 김득중, 앞의 책, 63쪽.

152. 주철회, 앞의 책, 97쪽.

153. 백선엽, 『군과 나』 시대정신, 2010, 416쪽.

154. 김정렬, 『항공의 경종』 도서출판 대

희, 2010, 102쪽.

155. 남정옥, 앞의 책, 74쪽.

156. 「자유신문」, 1949년 3월 4일.

157. 김원, 『젊은 대한민국사 위기』 백년 동안, 2015, 59쪽.

158. 존 메릴 지음, 이종찬·김충남 공역, 앞의 책, 187쪽.

159. 남정옥, 앞의 책, 77쪽.

160. 김학민·이창훈, 앞의 책, 175~176쪽.

161. 리영희, 『역정-나의 청년시대』 창작 과 비평사, 1989, 118~119쪽.

162. 김남식, 앞의 책, 389쪽.

163. 김학민·이창훈 저, 앞의 책, 120쪽.

164. 김학민·이창훈 저, 앞의 책, 149~150쪽.

165. 백선엽, 『군과 나』 시대정신, 2009,

166. 김학민·이창훈, 앞의 책, 171쪽.

167. 김정렬, 앞의 책, 103~111쪽

168. 남원진, 「역사를 문학으로 번역하 기 그리고 반공 내셔널리즘」, 『상허 학보』(21권), 2007, 48쪽.

169. 박윤식, 앞의 책, 42~64쪽 참조.

170. 주철희, 앞의 책, 54쪽.

171. 주철희, 앞의 책, 6쪽.

172. 주철희, 앞의 책, 116쪽.

173. 주철희, 앞의 책, 214쪽.

174. 김득중, 앞의 책, 563쪽.

175. 김득중, 앞의 책, 598쪽.

176. 이영일, 「여·순사건, 국가 폭력의 위 법성과 진상규명의 방향」, 『지역과 전망』(14권), 2005, 84·86쪽.

177. 국방부 군사편찬연구소, 『한국전쟁 사(제1권)』 국방부, 1967, 452쪽.

178. 윤원구, 앞의 책, 213~214쪽.

179. 그렉 브라진스키 지음, 나종남 옮 김, 『대한민국 만들기 1945~1987』 책과 함께, 2012, 419쪽.

180. 홍영기, 「여·순사건에 관한 자료의 특징과 성격」, 『여·순사건 자료집 (Ⅰ)』 선인, 2001, 13쪽.

181. 홍영기, 앞의 자료, 17쪽.

182. 임동원, 『혁명전쟁과 대공전략: 게 릴라전을 중심으로』 탐구당, 1967, 237~242쪽.

183. 김남식, 「1948~50년 남한내 빨치산 활동의 양상과 성격」, 『해방전후사 의 인식(4)』 한길사, 1993, 224쪽.

184. 선우종원, 앞의 책, 101쪽.

185. 김남식, 「1948~50년 남한 내 빨치 산 활동의 양상과 성격」, 앞의 책,

224쪽.

186. 성시백 관련 내용은 『해방 20년
사』 희망출판사, 354쪽, 선우종원,
『나의 조국 대한민국』 BGI출판사
2010, 167쪽, 류형석, 『삼팔선(3)』
삶과 꿈, 2016, 95~103쪽 참조.

187. 김충남, 『당신이 알아야 할 한국현
대사』 기파랑, 2016, 115쪽.

188. 알렉산더 솔제니친, 「미국에 경고
한다」(1975년 6월 30일), 윤원구,
앞의 책, 307쪽.

189. 김충남, 앞의 책, 116쪽.

190. 니콜로 마키아벨리 지음, 강정인·안
선재 옮김, 『로마사 논고』 한길사,
2003, 108쪽.

191. 이주천, 앞의 논문.

대구 10월폭동/제주4·3사건/여·순 반란사건

펴낸날	초판 1쇄 2017년 2월 1일
	초판 4쇄 2022년 6월 15일

지은이	김용삼
펴낸이	김광숙
펴낸곳	백년동안
출판등록	2014년 3월 25일 제406-2014-000031호

주소	경기도 파주시 광인사길 30
전화	031-941-8988
팩스	070-8884-8988
이메일	on100years@gmail.com

ISBN	979-11-86061-56-5 04300
	979-11-86061-55-8 04300(세트)

※ 값은 뒤표지에 있습니다.
※ 잘못 만들어진 책은 구입하신 서점에서 바꾸어 드립니다.

이 도서의 국립중앙도서관 출판시도서목록(CIP)은 서지정보유통지원시스템 홈페이지(http://seoji.nl.go.kr)와 국가자료공동목록시스템(http://www.nl.go.kr/kolisnet)에서 이용하실 수 있습니다.(CIP제어번호: CIP2017002691)